高等职业教育土建类专业系列教材

工　程　经　济

主　编　安淑名　杨　晶
副主编　王固琴　白　蓉
参　编　成文婧　刁　静
主　审　陈晓冬　张国畅

机 械 工 业 出 版 社

本教材是根据教育部对高职高专教育的教学基本要求，坚持从培养学生掌握工程经济技术分析能力出发，以工作中必需、够用的原则进行课程整合，设计教材内容。本书内容包括：工程经济基础知识、资金的时间价值及计算、工程项目经济评价方法、不确定性分析、设备更新的经济分析、工程项目的可行性研究、价值工程和工程财务。本教材力求做到突出实训，达到学练结合的目的，体现高职高专应用性的特点。

本书可作为高职高专工程造价、工程监理、建筑工程技术、建筑经济管理等专业及相关专业的教材，也可作为成人教育土建类及相关专业的培训教材，还可供工程管理人员和财务管理人员学习参考使用。

为方便教学，本书配有电子课件及章末习题解答，凡使用本书作为教材的教师可登录机械工业出版社教育服务网 www. cmpedu. com 注册下载。咨询电话：010 – 88379375。

图书在版编目（CIP）数据

工程经济/安淑名，杨晶主编．—北京：机械工业出版社，2013. 7（2026. 1 重印）
高等职业教育土建类专业系列教材
ISBN 978-7-111-42498-7

Ⅰ. ①工…　Ⅱ. ①安…②杨…　Ⅲ. ①工程经济学 – 高等职业教育 – 教材　Ⅳ. ①F062. 4

中国版本图书馆 CIP 数据核字（2013）第 127240 号

机械工业出版社（北京市百万庄大街 22 号　邮政编码 100037）
策划编辑：李　莉　责任编辑：李　莉　孙晶晶
版式设计：霍永明　责任校对：刘秀芝
封面设计：赵颖喆　责任印制：郜　敏
河北虎彩印刷有限公司印刷
2026 年 1 月第 1 版 · 第 12 次印刷
184mm × 260mm · 14. 25 印张 · 348 千字
标准书号：ISBN 978-7-111-42498-7
定价：39. 80 元

电话服务	网络服务
客服电话：010-88361066	机　工　官　网：www. cmpbook. com
010-88379833	机　工　官　博：weibo. com/cmp1952
010-68326294	金　书　网：www. golden-book. com
封底无防伪标均为盗版	机工教育服务网：www. cmpedu. com

前　言

本书是工程造价、工程监理等专业的一门主干课程，在专业教学中占有非常重要的地位。

本教材是根据教育部《关于加强高职高专教育人才培养工作的意见》和《国家中长期教育改革和发展规划纲要（2010—2020年）》的精神，坚持从培养学生掌握工程经济技术分析能力出发，以工作中必需、够用的原则进行课程整合，本着“以就业为导向，以能力为本位，以岗位需求和职业能力标准为依据，以促进学生的职业发展生涯为目标”这一指导思想，设计教材的内容体系。

本教材力求突出以下特色：

(1) 创新性。本教材试图对工程经济学的基本理论与方法进行较为完善的阐述与介绍，并结合学生要取得的相关岗位职业资格证书的考试内容，补充了国内以往同类教材较少专门论述工程财务等内容，内容阐述力求通俗、简明，删减了较深奥的理论论述和公式推导。

(2) 整合性。本教材从岗位分析入手，在内容的安排、分配与衔接、实例选编方面进行整合，具有较高的整合性。

(3) 实践性。本教材紧密结合我国工程项目前期管理的实践，注重与国家现行各项法规或标准相衔接。并且书中附有充足的实际案例和例题对基础理论加以说明和演示，力求进一步缩短理论学习与实际操作之间的距离，突出了教材的实用性与可操作性，切实落实“管用、够用、实用”的教学指导思想。

本教材由甘肃建筑职业技术学院安淑名、杨晶任主编，宁夏建设职业技术学院王固琴和甘肃建筑职业技术学院白蓉任副主编，兰州石化公司化肥厂经济师陈晓冬、兰州志为科技有限公司张国畅经理任主审。书中第一、第五章由杨晶编写，第八章由安淑名编写，第六、第七章由王固琴编写，第三章由白蓉编写，第二章由甘肃建筑职业技术学院成文婧编写，第四章由河南工业职业技术学院刁静编写。

授课学时安排参考如下：

	内容	理论学时	实践学时	备注
第一章	工程经济基础知识	2	3	理解
第二章	资金的时间价值及计算	4	6	重点
第三章	工程项目经济评价方法	6	6	重点、难点
第四章	不确定性分析	3	4	难点
第五章	设备更新的经济分析	3	4	重点
第六章	工程项目的可行性研究	3	4	熟悉
第七章	价值工程	5	2	重点
第八章	工程财务	6	7	重点、难点
合计		32	36	

本教材在编写过程中参考了一些文献资料和网络资源，借鉴了一些新的研究成果，在此对相关作者表示衷心的感谢。本教材的编写得到了各位参编人员所在院校的大力支持和协助，得到了相关专家、同仁的精心指导，在此一并深表感谢。

由于时间仓促，编者水平有限，加之工程经济的内容随着经济的发展将不断丰富和更新，书中不妥之处恳请广大师生及读者批评指正。

编　者

目　　录

前言
第一章　工程经济基础知识 …… 1
第一节　工程经济概述 …… 1
第二节　工程经济分析的基本要素 …… 5
思考题 …… 13
第二章　资金的时间价值及计算 …… 14
第一节　现金流量 …… 14
第二节　资金的时间价值 …… 15
第三节　等值计算 …… 26
思考题 …… 30
第三章　工程项目经济评价方法 …… 32
第一节　工程项目经济评价指标 …… 32
第二节　工程项目方案经济评价 …… 45
思考题 …… 64
第四章　不确定性分析 …… 67
第一节　盈亏平衡分析 …… 67
第二节　敏感性分析 …… 71
第三节　概率分析 …… 76
思考题 …… 82
第五章　设备更新的经济分析 …… 83
第一节　设备更新的原因及特点 …… 83
第二节　设备的经济寿命 …… 85
第三节　设备更新经济分析案例 …… 89
思考题 …… 95
第六章　工程项目的可行性研究 …… 97
第一节　可行性研究概述 …… 97
第二节　工程项目财务评价 …… 103
第三节　工程项目国民经济评价 …… 121
思考题 …… 129
第七章　价值工程 …… 130
第一节　价值工程的基本原理 …… 130
第二节　价值工程的工作程序和方法 …… 134
第三节　价值工程在工程项目方案评选中的应用举例 …… 143
思考题 …… 147
第八章　工程财务 …… 149
第一节　项目资金筹措与融资 …… 149
第二节　工程项目成本管理 …… 168
第三节　工程项目财务分析 …… 181
第四节　与工程财务有关的税收及保险规定 …… 189
思考题 …… 200
附录　复利系数表 …… 202
参考文献 …… 220

第一章　工程经济基础知识

【学习目标】通过本章学习，理解工程经济中有关“工程”、“工程技术”和“经济”的含义；了解工程经济的起源、性质及重要性、工程经济研究的对象和分析方法、工程经济分析的基本要素；掌握工程经济的基本概念及工程技术与经济之间的关系；重点掌握固定资产折旧的概念与计算。

第一节　工程经济概述

一、工程经济的重要性

（一）工程经济（Engineering Economics）的产生背景

工程经济最早起源于西方发达国家。1887 年，美国铁路工程师韦林顿在其所著的《铁路位置经济评价》一书中第一次将成本分析方法应用于铁路的最佳长度和曲率选择上，把项目投资和经济分析结合在一起。在书中，他将工程经济学描述为“少花钱、多办事的艺术”。1920 年，戈尔德曼在他的《财务工程学》一书中第一次提出把复利公式应用于投资方案评价，他批评了当时研究工程技术问题不考虑成本、不求节约的错误倾向。书中说道：“有一种奇怪而遗憾的现象，就是许多作者在他们的工程学著作中，没有或很少考虑成本问题。实际上，工程师的最基本责任是分析成本，以达到真正的经济性，即赢得最大可能数量的货币，获得最佳财务效益。”随着西方工业化的进程，1930 年“工程经济分析之父”格兰特出版了《工程经济原理》一书，书中以复利计算为基础对固定资产投资经济评估的原理作了阐述，同时指出，人的经验判断在投资决策中具有重要作用。此书的问世奠定了工程经济学的基础。第二次世界大战结束后，随着西方经济的复苏，工业投资机会急剧增加，出现了资金短缺的局面。因此，如何使有限的资金得到最有效的利用，便成为投资者与经营者普遍重视的问题。这种客观形势，进一步推动了工程经济分析理论与实践的发展。1951 年，迪安在《投资预算》一书中具体阐述了贴现法（即国内所说的动态经济评价法），以及合理分配资金的某些方法在工程经济分析中的应用。在随后的 20 年里，学术界对贴现法（动态经济评价法）与非贴现法（静态经济评价法）以及贴现法的多种形式的应用进行了比较深入的探讨。近代工程经济学的发展侧重于用概率统计进行风险性、不确定性等新方法的研究以及非经济因素的研究。从 20 世纪 60 年代末期开始，贴现法已成为工程经济分析所采用的主要方法。与此同时，风险与不确定投资决策、公用事业投资决策、固定资产更新决策、多阶段投资决策以及多目标决策等不同类型的项目投资经济评价与决策方法也相继建立起来，计算机与概率论以及数理统计等数学方法在投资经济分析中也得到了应用。除此之外，对工程经济分析中如何反映税收、物价变动、资金成本等因素的影响也作了探讨，在此基础上，工程经济分析已发展为经济与工程技术相结合、有广泛使用价值的应用经济科学。1982 年，J. L. 里格斯出版了《工程经济学》，该书成为了国外诸多高校的教材，这对完善工程经济学的学科体系建设起到了很好的促进作用。

工程经济学在我国虽然起步较晚，从20世纪70年代引入工程经济学理论后，工程经济学的理论研究和应用在我国实际工作中就得到了快速推广。现在，在项目投资决策分析、项目评估和管理中都已广泛地应用工程经济学的原理和方法。

（二）工程经济学的概念与重要性

1. 工程经济学的概念

工程经济学是一门边缘性学科，它是研究工程技术实践活动经济效果的学科；是以工程项目为主体，以技术—经济系统为核心，研究如何有效利用资源以最小的投入获得最大产出，以提高社会效益与经济效益的学科。

2. 工程技术管理人员学习工程经济学的重要性

1）现今，工程技术管理人员不仅要提出有创新性的技术发明，还要能够对其实施的结果进行熟练的财务评价。

2）在密切而复杂地联系着的现代工业、公共部门和政府之中，成本和价值的分析比以往更为细致、广泛（如工人的安全、环境影响、消费者保护）。缺少这些分析，整个项目往往很容易成为一种负担，而收益不大。

3）工程技术管理人员所从事的工作主要是以技术为手段，将自然资源（矿物、能源、农作物、信息、资金等）转化为有益于人类的产品或服务，以满足人们物质和文化生活的需要。他们的工作内容既要注重技术的先进、合理，也要重视方案的经济性。

4）工程技术管理人员的任何工程技术活动（包括工程管理者的决策和管理的职能等）都不能脱离经济性，并且要以经济尺度（即宏观经济效益与微观经济效益）来考核工程技术和工程管理活动的效果。

（三）工程技术与经济

1. 工程的含义

所谓工程，一般是指将自然科学的原理应用于工农业生产而形成的各学科的总称。如土木工程、水利工程、交通工程、化学工程和机电工程等。人们在日常生活中还习惯将某个具体的工程项目简称为工程，如锅炉大修技术改造及改扩建工程、城市自来水厂或污水处理厂工程等；此外生产经营活动中的新产品、新工艺、新设备等的研发项目也有工程项目的含义。而工程经济中的工程既包括工程技术方案、技术措施，也包括工程项目。

2. 工程技术的含义

工程技术就是指人类利用和改造自然的手段和方法。它不仅包含劳动者的技艺，还包括部分取代这些技艺的物质手段。因此，工程技术是包括劳动工具、劳动对象等一切劳动的物质手段（硬技术）和体现为工艺、方法、程序、信息、经验、技巧和管理能力的非物质手段（软技术）。也可以说，工程技术是为实现投资目标的系统的物质形态技术、社会形态技术和组织形态技术等，这里不仅包括相应的生产工具和物资设备，还包括生产的工艺过程或作业程序及方法，以及在劳动生产方面的经验、知识、能力和技巧。

3. 工程经济学中“经济”的含义

经济一般包括四个方面的含义：一是社会生产关系，是指人类社会发展到一定阶段的社会经济制度，它是社会生产关系的总和，是政治和思想等上层建筑赖以存在的基础。二是国民经济的总称，如我国的社会产业部门的总称（第一产业、第二产业、第三产业）。三是人类的经济活动，即对物质资料的生产、交换、分配和消费活动。四是节约或节省，即人们在日常工作与生活中的节约，既包括对社会资源的合理利用与节省，也包括个人家庭生活开支的节约。工程经济学中的“经济”主要应用了经济学中节约的含义，主要是指在工程项目全寿命周期内为实现投资目标或获得单位效用而对投入资源的节约。

随着科学技术的进步和社会经济的发展，人们在生产实践中越来越体会到工程经济的重要性。因为很多重大工程的失误不是由于科学技术上的原因，而是经济分析上的原因。如英法两国联合试制的协和号超音速客机在技术上完全达到了原来的设计要求，是世界上最先进的客机，但是由于它耗油量太大，噪声太大，尽管速度快，但并不能吸引足够的客商，由此蒙受了极大的损失。这是国际上公认的重大工程技术失误的一个例子。因此，一个优秀的工程师不仅要对他所提出的方案的技术可能性负责，也必须对其经济合理性负责，这就要求他掌握工程经济学所探讨的客观规律和所体现的这种思想方法以及经济意识。

4. 工程技术与经济之间的关系

随着人类社会的进步，人们对物质需求的水平也在不断提升。工程建设是实现人们这一愿望的主要手段，同时经济是人们所追求和期待的目标，工程与经济之间是手段和目的的关系。同时，人们将科学技术应用到建设实践的同时还需看它是否有利于社会再生产、是否能带来经济发展。所以说，技术是工程的前提，经济是工程的目的。

科学技术及作为其表现形式的工程是支撑经济发展的永恒动力，以其先进的生产力推动着经济的发展。反过来，经济状况又制约和刺激着工程建设、技术进步。总之，经济环境和技术环境是密不可分的，它们相互依存、协调发展，两者之间存在着以下关系：

（1）技术进步是经济发展的重要条件和手段

经济发展是以技术进步为基础的。技术进步极大地改变了劳动手段和方式、改善了劳动条件和环境；同时还使人类在广度和深度上更合理地利用自然资源，并且随着信息化时代的到来还造就了发达的商品经济体系（比如，电子商务技术的应用），这极大地推动了社会经济的发展。

（2）经济条件是技术进步的物质基础

技术进步是有前提和条件的，它的发展不能脱离一定的社会经济基础。任何一项技术的产生和发展，都是由于社会经济发展的需要而引起的，并在一定的社会经济条件下得以推广和应用。例如，一个企业的在设备更新方案选择时在很大程度上是受其经济实力制约的。

（3）工程技术与经济必须协调发展

技术与经济之间的关系可能会出现两种情况：一种情况是技术进步通常能推动经济的发展，技术与经济是协调一致的；另一种情况是，先进的技术方案有时会受到自然、社会条件以及人等因素的制约，不能充分发挥作用，实现最佳经济效益，技术与经济之间存在着矛盾。工程经济学的任务就是研究工程技术方案的经济性问题，建立起工程技术方案的先进性与经济的合理性之间的联系桥梁，使两者能够协调发展。

（4）经济的发展为技术的进步创造了更广阔的发展空间

技术进步可以提高社会生产效率，为经济的持续发展提供内在动力。而技术进步总是一定的经济环境中，经济发展的水平也在很大程度上决定社会的技术进步的内容、质量与速度。因为现代科学的高投入需要坚实的物质基础作为其发展的基本保障，同时经济发展的需要也在客观上推动着技术的不断更新与发展。因此，经济发展是技术进步的起因、归宿和基础。

二、工程经济学研究的对象和分析方法

1. 研究对象

工程经济学的研究对象是针对各种工程项目（或投资项目）进行技术经济分析所采用的一般方法，即研究采用何种方法、建立何种方法体系，才能正确估价工程项目的有效性，才能寻求到技术与经济的最佳结合点。其核心是工程项目的经济性分析。

传统工程经济学主要面对的是一些微观技术经济问题，如某项工程的建设问题、某企业的技术改造问题、某项技术措施的评价问题、多种技术方案的选择问题等。而随着社会和经济的发展，现代工程经济学面对的问题越来越广泛，从微观的技术经济问题延伸到了宏观的技术经济问题，如能源问题、环境保护问题、资源开发利用问题、国家的经济政策和体制问题等。工程经济学解决问题的延伸产生了新的工程经济分析方法，丰富了工程经济学的内容；但不应将工程经济学研究的对象与对这些问题的经济研究完全等同起来。工程经济学无法解释这些问题的所有经济现象，它着重解决的是如何对这些问题进行经济评价和分析，这也是工程经济学区别于其他经济学的一个显著特征。

2. 分析方法

综上所述，工程经济学是工程技术与经济核算相结合的边缘性学科，是自然科学、社会科学密切交融的一门综合性及应用性学科。其分析方法主要包括：

1）理论联系实际的方法。

2）定量分析与定性分析相结合的方法。

3）系统分析和平衡分析的方法。

4）静态评价与动态评价相结合的方法。

5）统计预测与不确定分析方法。

6）风险分析法。

7）价值工程法。

因上述分析方法为本书后续章节的主要内容，故在此不再赘述。

三、与相关学科的关系

1. 工程经济学与西方经济学

工程经济学是西方经济学的重要组成部分。它研究问题的出发点，分析的方法和主要指标内容都与西方经济学一脉相承。西方经济学是工程经济学的理论基础，而工程经济学则是西方经济学的具体化和延伸。

2. 工程经济学与投资项目评估学

工程经济学侧重于方法论科学，而投资项目评估学侧重于实质性科学。投资项目评估学具体研究投资项目应具备的条件，工程经济学为投资项目评估学提供分析的方法依据。

3. 工程经济学与投资效果学

投资效果学，就是研究投资效益在宏观和微观上不同的表现形式和指标体系。工程经济学与投资效果学采用的经济指标主要在于投资效果学在同一个指标中必须包含投入与产出的内容，反映投入与产出的相对对比关系，而工程经济学中的分析指标不含有此项内容。

四、学科特点

1）工程经济学强调是技术可行基础上的经济分析。

2）工程技术的经济分析和评价与所处的客观环境关系密切。

3）工程经济是对新技术各可行方案的未来“差异”进行经济效果分析比较的科学。

4）工程经济所讨论的经济效果问题几乎都和“未来”有关。

五、工程经济分析的一般过程

确定目标→调查研究、收集资料→设计各种可能方案→方案综合分析评价→确定最优方案。

第二节　工程经济分析的基本要素

工程项目的建设本质是一个投资活动，投资、成本与费用、折旧、收入、利润及税金是工程建设项目经济分析的基本要素，下面首先介绍有关投资方面的内容。

一、投资

（一）投资的概念

投资是工程经济分析中的重要经济概念。投资是投资主体、投资环境、资金投入、投资产出和投资目的等诸多要素的统一，一般有广义和狭义两种理解。广义的投资是指一切为了获得收益或避免风险而进行的资金经营活动；狭义的投资是指为了保证项目投产和生产经营活动的正常进行而投入的活劳动和物化劳动价值总和，即为了未来获得收益而预先支付的资金总和。

（二）投资的构成

工程项目的投资也称为总投资，是指用于工程项目全过程（建设阶段及经营阶段）的全部活劳动和物化劳动的投资总和，按其性质可分为固定资产投资、流动资产投资、无形资产投资（专利权）和递延资产投资（开办费）。一般情况下，将投资划分为固定资产投资和流动资产投资两大部分；按工程项目的进度可划分为基本建设投资、投产前支出和流动资金三部分。其中，基本建设投资主要是指用于固定资产的费用；投产前的支出是指项目投产前的准备费用，包括开办费、可行性研究费、咨询服务费、人员培训费和项目规划费等；流动资金是指项目投产后，为进行正常的生产所需要的周转资金。流动资金用于购买原材料，形成生产储备，然后投入生产，经加工制成产品，通过销售环节收回资金。但根据现行工程造价规定，工程项目中所指的工程造价不含流动资产投资。建设项目的工程投资费用构成具体见表1-1。

1. 建筑安装工程费

建筑安装工程费是指建设单位支付给从事建筑安装工程施工单位的全部生产费用。建筑安装工程费由直接费、间接费、计划利润和税金四部分组成。建筑安装工程费又可分为建筑工程费和安装工程费。建筑工程是指各种建筑物、构筑物的建造工程，如各种房屋、设备基础、为施工而进行的建筑场地的布置、原有建筑物和障碍物的拆除、平整场地及建筑场地的清理及绿化等。所谓建筑工程费是指构成固定资产实体的各种工程费，它是建设项目投资的主要部分，占投资的比例很大。安装工程是指永久性的需要安装设备的装配、装置工程，包括给排水、电气照明、空调通风、弱电设备及电梯和试验等各种需要安装的机械设备的装配与装置工程；与设备相连的工作台、梯子等装设工程；附属于被安装设备的管线敷设工程；被安装设备的绝缘、保温与油漆等工程和为测定安装工程质量而对单个设备进行的试车工作。在安装工程上耗费的所有投入，就是安装工程费。

表 1-1　建设项目的工程投资费用构成

<table>
<tr><td rowspan="15">建设项目总投资</td><td rowspan="14">固定资产投资</td><td rowspan="4">建筑安装工程费</td><td colspan="2">直接费</td></tr>
<tr><td colspan="2">间接费</td></tr>
<tr><td colspan="2">计划利润</td></tr>
<tr><td colspan="2">税金</td></tr>
<tr><td rowspan="3">设备及工具、器具购置费</td><td rowspan="2">设备购置费</td><td>设备原价</td></tr>
<tr><td>设备运杂费</td></tr>
<tr><td colspan="2">工具、器具及生产家具购置费</td></tr>
<tr><td rowspan="3">工程建设其他费用</td><td colspan="2">土地使用费</td></tr>
<tr><td colspan="2">与项目建设有关的其他费用</td></tr>
<tr><td colspan="2">与未来企业生产经营有关的其他费用</td></tr>
<tr><td rowspan="2">预备费</td><td colspan="2">基本预备费</td></tr>
<tr><td colspan="2">涨价预备费</td></tr>
<tr><td colspan="3">建设期贷款利息</td></tr>
<tr><td colspan="3">固定资产投资方向调节税</td></tr>
<tr><td>流动资产投资</td><td colspan="3">流动资金</td></tr>
</table>

（1）直接费。直接费是指在工程施工过程中直接耗费的构成工程实体或有助于工程形成的各种费用。它是由直接工程费和措施费组成。直接工程费是指在施工过程中耗费的构成工程实体的各项费用，包括人工费、材料费、施工机械使用费。措施费是指为完成工程项目施工，发生于该工程施工前和施工过程中非工程实体项目的费用，它主要包括环境保护费、文明施工费、安全施工费、临时设施费（包括临时设施的搭设、维修、拆除费或摊销费）、夜间施工费、二次搬运运费、大型机械设备进出场及安装费、混凝土模板及支架费、脚手架费、已完工程及设备保护费、施工排水降水等费用。

（2）间接费。间接费是指建筑安装企业为组织施工和进行经营管理，以及间接为建筑安装生产服务的各项费用，包括企业管理费和规费。

（3）计划利润和税金。计划利润和税金是建筑安装企业职工为社会所实现的那部分价值在建筑安装工程造价中的体现，利润等于一定的基数乘以营业额，土建工程和安装工程基数不同；税金即为建筑安装企业根据国家税法规定所应缴纳的税金，主要是营业税、城市维护建设税及教育费附加。

2. 设备及工具、器具购置费

设备及工具、器具购置费由设备购置费和工具、器具及生产家具购置费组成。设备购置费是指按照项目设计文件要求，建设单位购置或自制达到固定资产标准的设备和扩建项目配置的首套工器具及生产家具所需的费用。工具、器具及生产家具购置费是指新建或扩建项目初步设计规定的，保证初期正常生产必须购置的没有达到固定资产标准的设备、仪器、工卡模具、器具、生产家具和备品等的购置费用。

工具、器具及生产家具购置费 = 设备购置费 × 定额费率

在工程建设中，如果设备及工具、器具购置费用占建设投资比重越大，就越说明生产技术的进步和资本有机构成的提高。

3. 工程建设其他费用

工程建设其他费用是指未纳入以上两项的，由项目投资支付的，为保证工程建设顺利完成和交付使用后能够正常发挥效用而发生的各项费用的总和，主要包括土地使用费，与项目建设有关的其他费用，与未来企业生产经营有关的其他费用。其中与项目建设有关的其他费用包括建设单位管理费（指建设项目从立项、筹建、联合试运转、竣工验收交付使用及后评估等全过程管理所需费用）、勘察设计费、研究试验费、建设单位临时设施费、工程监理费、工程保险费、引进技术和进口设备其他费用、专利费、科学研究费和职工培训费等。与未来企业生产经营有关的其他费用包括联合试运转费、生产准备费、办公和生活家具购置费等。

4. 预备费

预备费又称不可预见费，分为基本预备费和涨价预备费。预备费是指在初步设计文件及概算中难以事先预料而在建设期可能发生的工程和费用，包括：

（1）在进行技术设计、施工图设计和施工过程中，在批准的初步设计和概算范围内所增加的工程和费用。

（2）由于一般自然灾害造成的损失和预防自然灾害所采取的预防措施费用。

（3）竣工验收时，竣工验收组织为鉴定工程质量，必须开挖和修复隐蔽工程的费用。

（4）涨价预备费。涨价预备费是指建设项目在建设期内由于价格等变化引起工程造价变化的预测预留费用。

不可预见费按上述各项费用的3% ~7%估算。但应当注意以下三种不属于不可预见费：一是因技术政策、地质条件发生重大变化，需对原批准的初步设计作全面修改而增加的工程费用；二是建设项目施工过程中，发生不可抗拒的重大自然灾害所造成的损失；三是因管理不善或设计、施工质量低劣而造成的返工、窝工等费用。此费用不构成工程成本，而由责任单位承担。

5. 建设期贷款利息

建设期贷款利息也称为资本化利息。建设期贷款利息包括向国内银行和其他非银行金融机构贷款、出口信贷、外国政府贷款、国际商业银行贷款以及在境内发行的债券等在建设期内应偿还的借款利息。按我国财务规定，在筹建期间应计利息支出，计入开办费；与购建固定资产或者无形资产、递延资产有关的，在资产尚未交付使用或已投入使用但尚未办理竣工决算之前，计入购建固定资产、无形资产、递延资产的价值；在生产期间，计入财务费用；在清算期间的，计入清算损益。

6. 固定资产投资方向调节税

固定资产投资方向调节税简称投资方向调节税。国家为了贯彻产业政策并调控固定资产

的投资方向和结构，对在我国境内进行固定资产的投资方向和结构，对在我国境内进行固定资产投资的单位和个人征收的一种税。对投资经济行为课征的一种特定目的税，属行为税性质。凡在我国境内进行固定资产投资的单位和个人，均为投资方向调节税的纳税人。中外合资经营企业、中外合作经营企业和外资企业的固定资产投资不征收固定资产投资方向调节税。投资方向调节税实行差别比例税率，分别为0、5%、10%、15%、30%五个档次。投资方向调节税以投资项目实际完成的投资额或建筑工程实际完成的投资额为计税依据，其计算公式为：

应纳税额投资额×适用税率

企业缴纳的投资方向调节税应计入工程项目的投资总额，构成固定资产价值的一部分，可先计入在建工程。此外，还应在应交税金账户下设置的应交投资方向调节税明细账，反映投资方向调节税的计算和缴纳情况。

根据财政部、国家税务总局财税字［1999］299号文件规定，2012年11月9日公布的《国务院关于修改和废止部分行政法规的决定》（国务院令第628号）废止了《中华人民共和国固定资产投资方向调节税暂行条例》（1991年4月16日中华人民共和国国务院令第82号发布）。该税种自2000年1月1日起暂停征收。

7. 流动资金

流动资金是指项目投产后为维持正常经营，用于购买原材料、燃料动力、支付工资等所必不可少的周转资金。

二、成本与费用

（一）成本与费用的概念

费用有广义和狭义之分，广义的费用泛指企业在生产经营活动中的各种耗费，包括生产费用和期间费用；狭义的费用是指企业为销售商品、提供劳务等日常活动所发生的经济利益的流出，即期间费用，具体表现为资产的减少或负债的增加，最终是净资产的减少。

成本是指企业为生产一定种类和数量的产品所发生的费用，即产品的生产成本（制造成本）。

费用与成本是两个不同的概念，它们之间既有联系又有区别。其联系表现为：①费用是计算成本的前提，没有费用的发生，也就没有成本的形成。②成本是将一定范围内的费用归集到某一具体成本计算对象上，是一种对象化的费用。费用与成本的区别主要是：①费用是按时期来归集的，它与一定的会计期间相联系。②成本则是按对象来归集的，它与某一具体对象相联系。

（二）建筑施工企业费用分类

建筑施工企业的费用（简称施工费用）可根据不同的标准予以分类，主要分类方法有以下几种：

1. 施工费用按经济性质划分

施工费用按经济性质的不同可将其分为物化劳动费用和活劳动费用两大部分。同时为了便于分析和考核施工费用的构成情况，满足企业在实际工作中对成本的管理，往往将施工费用划分为若干个费用要素。建筑施工企业的费用要素一般包括外购材料、外购动力、职工薪酬、固定资产折旧费、修理费用、租赁费、税金（营业税、房产税、车船使用税、印花税、土地使用税等)、利息支出和其他支出（邮电费、差旅费、保险费、劳动保护费等）。

2. 施工费用按经济用途划分

施工费用按经济用途，便于区分生产成本和经营管理成本，从而有助于加强成本管理，控制成本费用支出。按经济用途可将施工费用划分为计入成本的施工生产费用（人工费、材料费、机械使用费、其他直接费、间接费用）和计入当期损益的期间费用（管理费用、财务费用和销售费用）。

3. 施工费用按计入工程成本的方法划分

施工费用按计入工程成本的方法划分为直接费用和间接费用两类。直接费用是指直接为某一工程施工而发生的费用，因而在费用发生时，就可以根据原始凭证直接计入该工程的实际成本。间接费用是指若干个工程施工对象共同发生的费用，因而应采用适当的方法，按照一定的标准，把这些共同性费用分配后分别计入各个工程的实际成本。

三、折旧

（一）固定资产折旧的性质

固定资产可以长期参加企业的施工生产经营活动而仍然保持其原有的实物形态，但其价值将随着固定资产的使用而逐渐转移到工程（或产品）成本或有关费用中去。固定资产的这种价值转移方式称为“折旧”，转移到工程（或产品）成本或有关费用中去的那部分价值称为“折旧额”或“折旧费”。

固定资产折旧实际上是一个固定资产成本的分配过程，即系统地、合理地将同定资产的成本按其使用期限进行分摊的过程。从本质上讲，折旧是一种费用，只不过这一费用没有在计提期间付出实实在在的货币资金。随着营业收入的实现，计入工程（或产品）成本、费用中的折旧费，就从营业收入中得到了相应的补偿，并转化为货币资金。

（二）固定资产折旧的影响因素

固定资产折旧的影响因素主要有三个方面。

1. 折旧的基数

计算固定资产折旧的基数一般为取得固定资产的原始成本，即固定资产的账面原价。企业在具体计提折旧时，应以月初可提取折旧的固定资产账面原价为依据，当月增加的固定资产，当月不提折旧，当月减少的固定资产，当月照提折旧。选用双倍余额递减法计算固定资产折旧的企业，应以固定资产的账面净值作为计提折旧的依据。

2. 预计净残值

预计净残值是指固定资产的预计残值扣除预计清理费用后的余额。其中：①预计残值是指预计固定资产报废清理时可以收回的器材、零件等残余价值。由于它并未转移到成本、费用中去，因此，应在计算折旧时预先估计，从固定资产原价中扣除。②预计清理费用是指预计固定资产报废清理时所发生的拆卸、搬运等费用，是使用固定资产的一种必要的追加耗费，因此，也应预先加以估计，连同固定资产原值一起由使用期间的成本、费用负担。

3. 预计使用年限

固定资产使用年限的长短直接影响到各期应提的折旧额。在确定固定资产的使用年限时，不仅要考虑固定资产的有形损耗，还要考虑固定资产的无形损耗。由于固定资产的有形损耗和无形损耗难以准确估计，因此，固定资产的使用年限也只能根据固定资产的结构、负荷程度、工作条件、维修条件和技术进步情况等因素，通过实践来预计。

（三）固定资产折旧的计算方法

1. 平均年限法

平均年限法也称直线法或年限平均法。它是指根据固定资产原值和确定的折旧年限平均计算折旧额的一种方法。实际上它是将固定资产的应提折旧总额均衡地分摊到使用期限内各个会计期间的一种方法。其计算公式如下：

固定资产年折旧额 =（固定资产原值 - 预计残值 + 预计清理费用）/预计使用年限

或

固定资产年折旧额 = 固定资产原值 ×（1 - 预计净残值率）/预计使用年限

固定资产月折旧额 = 固定资产年折旧额 ÷ 12

在实际工作中，折旧额一般是根据固定资产原值乘以折旧率来计算的。固定资产折旧率，是指一定时期内固定资产折旧额占固定资产原值的比率。其计算公式如下：

固定资产年折旧率 = 固定资产年折旧额/固定资产原值 × 100%

或

固定资产年折旧率 =（1 - 预计净残值率）/折旧年限 × 100%

月折旧率 = 固定资产年折旧率 ÷ 12

月折旧额 = 固定资产原值 × 月折旧率

上述固定资产折旧率是按单项固定资产单独计算的，称为“个别折旧率”。采用个别折旧率，计提的折旧额比较准确，但同一规格、型号的同定资产，由于原值不同因而有不同的折旧率，在实际工作中需要分别计算每项固定资产的折旧额，因此计算的工作量较大。为了简化核算手续，减少计算的工作量，现行制度规定，企业一般应采用分类折旧率计算固定资产的折旧额。分类折旧率是指按照固定资产的类别分别计算的平均折旧率。它是以个别折旧率为基础，先计算出企业现有各项固定资产的年折旧率，然后计算出每项固定资产的年折旧额，再用同一类固定资产的年折旧额之和除以该类固定资产原值之和，计算出该类固定资产的年分类折旧率。其计算公式如下：

某类固定资产年分类折旧率 = 该类各项固定资产年折旧额之和/该类各项固定资产原值之和 × 100%

某类固定资产月分类折旧率 = 该类固定资产年分类折旧率 ÷ 12

某类固定资产的月折旧额 = 该类各项固定资产原值之和 × 该类固定资产月分类折旧率

【例 1-1】 某建筑施工企业有载重汽车 5 辆，每辆载重汽车的原值为 16 万元，年折旧率为 10%；自卸汽车 5 辆，每辆自卸汽车的原值为 20 万元，年折旧率为 8%，平板拖车 1 辆，其原值为 15 万元，年折旧率为 8%；机动翻斗车 10 辆，每辆机动翻斗车的原值为 5 万元，年折旧率为 8%；混凝土搅拌运输车 5 辆，每辆混凝土搅拌运输车的原值为 20 万元，年折旧率为 10%。则该企业运输车辆的年分类折旧率、月分类折旧率和月折旧额可计算如下：

载重汽车年折旧额 = 16 万元 × 5 × 10% = 8 万元

自卸汽车年折旧额 = 20 万元 × 5 × 8% = 8 万元

平板拖车年折旧额 = 15 万元 × 1 × 8% = 1.2 万元

机动翻斗车年折旧额 = 5 万元 × 10 × 8% = 4 万元

混凝土搅拌运输车年折旧额 = 20 万元 × 5 × 10% = 10 万元

运输车辆年折旧额之和 = 8 万元 + 8 万元 + 1.2 万元 + 4 万元 + 10 万元 = 31.2 万元

运输车辆原值之和 = 16 万元 × 5 + 20 万元 × 5 + 15 万元 × 1 + 5 万元 × 10 + 20 万元 × 5 = 345 万元

运输车辆年分类折旧率 = 31.2 万元 ÷ 345 万元 × 100% = 9%

运输车辆月分类折旧率 = 9% ÷ 12 = 0.75%

运输车辆月折旧额 = 345 万元 × 0.75% = 25875 元

采用分类折旧率，可以将同类固定资产的原值汇总起来，用同一个折旧率计算折旧额，计算工作比较简单，但不如按个别折旧率计算的折旧额准确。

此外，还有综合折旧率，即按照企业全部固定资产综合平均计算的折旧率。采用综合折旧率计算固定资产的折旧额，计算工作量最小，但准确性也最差，因此，在实际工作中企业一般很少采用。

2. 工作量法

工作量法是指根据固定资产在施工生产经营过程中所完成的工作量（或生产量）计算折旧额的一种方法。它实际上也是直线法，只不过是按照固定资产所完成的工作量来计算每期的折旧额。工作量法在实际应用时又有台班折旧法、行驶里程法等。其基本计算公式如下：

每一工作量折旧额 = 固定资产原值 ×（1 - 预计净残值率）/预计的总工作量

月折旧额 = 该项固定资产当月工作量 × 每一工作量折旧额

【例 1-2】 某建筑施工企业有自卸汽车一辆，其账面原值为 500 000 元，预计净残值率 5%，预计的总行驶里程数为 500 000km，本月实际行驶 2 000km，则该自卸汽车本月应提折旧额可计算如下：

单位里程折旧额 = 500 000 元 ×（1 - 5%）÷ 500 000km = 0.95 元/km

本月应提折旧额 = 2 000km × 0.95 元/km = 1 900 元

工作量法主要适宜于运输车辆，各期使用时间不均衡的大型施工机械，以及大型精密设备的折旧计算。

3. 加速折旧法

加速折旧法又称递减折旧费用法或快速折旧法，是指固定资产每期计提的折旧费用，在使用早期提得多，在使用后期则提得少，从而相对加快折旧速度的一种方法。根据《企业会计准则第 4 号——固定资产》的规定，企业可以采用的加速折旧法，主要有两种具体方法。

（1）双倍余额递减法

它是指在不考虑固定资产预计净残值的情况下，以固定资产的期初账面净值作为折旧基数，以直线法折旧率的双倍作为折旧率来计算固定资产折旧额的一种方法。其计算公式如下：

年折旧率 = 2 ÷ 折旧年限 × 100%

月折旧率 = 年折旧率 ÷ 12

月折旧额 = 固定资产账面净值 × 月折旧率

必须注意，不能将固定资产的账面净值降低到其预计净残值以下，即历年计提的累计折旧额不应超过该项固定资产原值扣除预计净残值后的余额，也不能出现应提折旧额未提足而使得账面净值大于预计净残值的情况。因此，在固定资产使用的后期，如果发现使用双倍余额递减法计算的折旧额小于采用直线法计算的折旧额时，就可以改用直线法计提折旧，为了操作方便，采用双倍余额递减法计提折旧的固定资产，应当在其折旧年限到期前两年内，将固定资产净值扣除预计净残值后的净额平均摊销，即改用直线法平均计算最后两年的折旧额。

【例 1-3】 某建筑施工企业有设备一台，其账面原价为 25 000 元，预计净残值为 2 000 元，规定的折旧年限为 5 年，采用双倍余额递减法计提折旧。则该固定资产的年折旧率和各年应提的折旧额可计算如下：

年折旧率 = 2 ÷ 5 × 100% = 40%

第一年应提折旧额 = 25 000 元 × 40% = 10 000 元

第二年应提折旧额 = （25 000 - 10 000）元 × 40% = 6 000 元

第三年应提折旧额 = （25 000 - 10 000 - 6 000）元 × 40% = 3 600 元

第四年应提折旧额 = （25 000 - 10 000 - 6 000 - 3 600 - 2 000）元 ÷ 2 = 1 700 元

第五年应提折旧额 = （25 000 - 10 000 - 6 000 - 3 600 - 2 000）元 ÷ 2 = 1 700 元

至于每年各月份应提的折旧额，可以根据年折旧额除以 12 来计算，或用年折旧率除以 12，求出月折旧率，再根据年初固定资产的账面净值乘以月折旧率来计算。

（2）年数总和法

年数总和法又称“年限积数法”、“合计年限法”和“级数递减法”。它是指将固定资产的原值减去预计净残值后的余额乘以一个逐年递减的分数（即折旧率）来计算各年折旧额的一种方法。这个分数的分子代表固定资产尚可使用的年数，分母则代表使用年数的逐年数字之和。其计算公式如下：

$$年折旧率 = \frac{折旧年限 - 已使用年数}{[折旧年限 \times (折旧年限 + 1)] \div 2} \times 100\%$$

年折旧额 = （固定资产原值 - 预计净残值） × 年折旧率

月折旧率 = 年折旧率 ÷ 12

月折旧额 = （固定资产原值 - 预计净残值） × 月折旧率

【例 1-4】 仍以前述“双倍余额递减法”中列举的资料为例，如采用年数总和法计提折旧，则该固定资产各年的折旧率依次为 5/15，4/15，3/15，2/15，1/15，各年应提的折旧额可计算如下：

第一年应提折旧额 = （25 000 - 2 000）元 × 5/15 = 7 667 元

第二年应提折旧额 = （25 000 - 2 000）元 × 4/15 = 6 133 元

第三年应提折旧额 = （25 000 - 2 000）元 × 3/15 = 4 600 元

第四年应提折旧额 = （25 000 - 2 000）元 × 2/15 = 3 067 元

第五年应提折旧额 = （25 000 - 2 000）元 × 1/15 = 1 533 元

至于每年各月份应提的折旧额，可以根据年折旧额除以 12 来计算，也可以根据当年的折旧基数乘以月折旧率来计算，年度内各月份的折旧额也是相等的。

四、收入

（一）收入的概念

2006 年我国颁布的《企业会计准则第 14 号——收入》对收入作出了明确的定义：收入

是指企业在日常活动中形成的，会导致所有者权益增加的、与所有者投入资本无关的经济利益总流入。

（二）收入的分类

收入可以按照不同的标准进行分类。按照收入的性质，可以分为商品销售收入、劳务收入、让渡资产使用权取得的收入等。按照企业经营业务的主次分类，可以分为主营业务收入和其他业务收入。不同行业的主营业务收入所包括的内容不同，建筑施工企业的主营业务收入是建造合同收入。建筑施工企业的其他业务收入主要包括销售产品和材料、提供机械作业和运输作业劳务、出租固定资产、出租无形资产等取得的收入。主营业务收入一般占企业营业收入的比重较大，对企业的经济效益产生较大的影响，其他业务收入一般占企业营业收入的比重较小，对企业的经济效益影响不大。主营业务收入和其他业务收入的划分标准，一般应按照营业执照上注明的主营业务和兼营业务加以确定。但在实际工作中，如果营业执照上注明的兼营业务量较大，且是经常发生的收入，也可归为主营业务收入。

五、利润及税金

建筑施工企业的利润，是企业在一定会计期间的经营成果。企业的利润总额集中反映了企业经济活动各个方面的效益，是衡量企业经营管理水平和经济效益的重要综合指标。

建筑施工企业的利润总额由营业利润、营业外收支净额两部分组成。其计算公式如下：

利润总额 = 营业利润 + 营业外收支净额

其中：

营业利润 = 营业收入 - 营业成本 - 营业税金及附加 - 期间费用 - 资产减值损失 + 公允价值变动净损益 + 投资净收益

期间费用 = 管理费用 + 财务费用 + 销售费用

建筑施工企业销售费用发生额较少时，可以将销售费用与管理费用合并。

营业外收支净额 = 营业外收入 - 营业外支出

企业的利润总额减去所得税后的余额称为净利润。其计算公式如下：

净利润 = 利润总额 - 所得税

应纳所得税是按照税法规定计算企业应当缴纳的所得税。企业所得税的税率为25%。其计算公式为：

应纳所得税 = 应纳税所得额 × 适用所得税税率

思　考　题

1. 简述工程经济的概念及学习工程经济学的意义。
2. 简述工程技术与经济的辩证关系。
3. 简述工程经济的学科特点。
4. 简述工程经济分析的一般过程。
5. 简述工程经济常采用的分析方法。

第二章　资金的时间价值及计算

【学习目标】通过本章的学习，了解资金时间价值产生的条件；掌握资金时间价值的概念、现金流量的概念、现金流量图的画法、利息的计算方法、名义利率与实际利率概念及计算，掌握资金等值的概念及影响资金等值的因素、资金等值计算。

第一节　现 金 流 量

一、现金流量的概念

所谓现金流量，是指拟建项目在建设或运营中实际发生的以现金或现金等价物表现的资金流入和资金流出的总称。通常，把流入该项目的资金称为现金流入，如销售收入和回收固定资产余值等，用 CI 表示；反之把流出该项目的资金称为现金流出，如投资和经营成本等，用 CO 表示；把某个时点上实际发生的现金流入与现金流出的差额称为净现金流量，用 NCF 表示；而现金流入、现金流出、净现金流量统称为现金流量，用 CF 表示。

建设项目的现金流量是以项目作为一个独立系统，反映项目整个计算期内的实际收入或实际支出的现金活动。项目计算期也称项目寿命期，是指对拟建项目进行现金流量分析时应确定的项目的服务年限。一般分为四个时期：建设期、投产期、达产期和回收处理期。

确定现金流量应注意如下问题：现金流量发生时点，实际发生数额，现金流量的方向，从不同的角度有不同的结果（如税收，从企业角度来看是现金流出，从国家角度来看是现金流入）。

二、现金流量图

在工程经济分析中，为便于反映系统发生的现金流量大小和相应的时间，以便进行经济指标的计算，可以采用现金流量图来反映系统经济活动的全过程。所谓现金流量图就是反映经济系统资金运动状态的图式，即把经济系统的现金流量绘入一幅时间坐标图中，表示出各现金流入、流出与相应时间的对应关系，如图 2-1 所示。

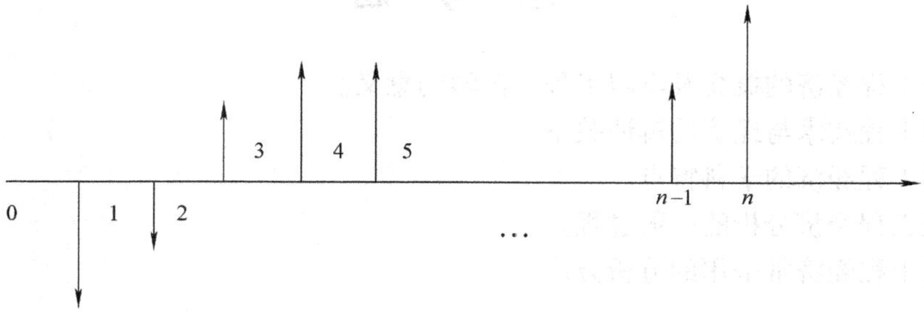

图 2-1　项目现金流量图

现以图 2-1 说明现金流量图的作图方法和规则：

1）图中以横轴为时间轴，向右延伸表示时间的延续，轴线被等分为若干段，轴上每一刻度表示一个时间单位或一个计息周期（可取年、半年、季或月等）；零点为第一期的起点。

2）相对于时间坐标轴的垂直箭线代表不同时点的现金流量的大小及资金流动的方向。在时间轴上方的箭线表示现金流入，即表示效益；在时间轴下方的箭线表示现金流出，即表示费用或损失。

3）现金流量的方向（流入或流出）是对特定的系统而言的。对于同一方案的同一笔资金，如果对项目的一方来说是现金流入，则对另一方来说是现金流出，因而分析计算时首先要确定立足点。

4）在现金流量图中，箭线的长短与现金流量的大小本应成比例，但由于经济系统中各时点现金流量的数额常常相差悬殊，而无法成比例绘出，故在现金流量图绘制中，箭线长短只是示意性地体现各时点现金流量数额的差异，并在各箭线上方或下方注明其现金流量的数值即可。

5）箭线与时间轴的交点即为现金流量发生的时点。

总之，从上述内容可知，现金流量图包括三个要素：现金流量大小，即现金流量的数额多少；现金流量流向，即现金的流入或流出；现金流量时点，即现金流入或流出所发生的时间点。

第二节　资金的时间价值

一、资金时间价值的概念

（一）资金时间价值的含义

在市场经济条件下，即使不存在通货膨胀，等量资金在不同时点上的价值量也不相等。今天的 1 元钱和将来的 1 元钱不等值，前者要比后者的价值大。比如，若银行存款年利率为 10%，将今天的 1 元钱存入银行，一年以后就会是 1.10 元。可见，经过一年时间，这 1 元钱发生了 0.1 元的增值，今天的 1 元钱和一年后的 1.10 元钱等值。人们将资金在使用过程中随时间的推移而发生增值，其增值的这部分资金称为原有资金的时间价值。

在不考虑风险因素和通货膨胀的条件下，只要将货币进行有目的的投资，就会产生资金时间价值，它会随时间的推移而发生增值。资金具有时间价值，即使两笔金额相等的资金，如果发生在不同时期，其实际价值量是不相等的。因此，一定金额的资金必须注明其发生的时间，才能表明其准确的价值。

（二）研究资金时间价值的意义

在工程项目方案的经济评价中，时间是一项重要的因素，研究资金时间因素，就是研究时间因素对方案经济效果（或经济效益）的影响，从而正确评价项目投资方案的经济效果（或经济效益）的问题。

具体来讲，研究资金时间价值的意义主要体现在：

1）资金时间价值是市场经济条件下的一个经济范畴。无论社会是何种体制，只要存在商品生产和商品交换，就必然存在资金的时间价值，而且随时在发生作用。因此必须对它进行研究。过去，我国在长时间内对此忽视了理论上的研究和实践中的应用，出现了争建设项目、争基建投资的现象，因此造成严重浪费和资金积压，大大降低了资金的经济效益。

2）重视资金时间价值可以促使建设资金合理利用，使有限的资金发挥更大的作用。随着我国财政体制的变革，已将基本建设投资由国家无偿拨款改为由建设银行有息贷款，并要求在预定的时间内按复利还本付息，这将促进资金使用效益的提高。

3）随着我国加入 WTO，市场将进一步开放，我国企业也要参与国际竞争，要用国际通行的项目管理模式与国际资本打交道。只有考虑资金的时间价值，才能平等地参与国内国际的市场竞争。

总之，无论进行了什么样的经济活动，都必须认真考虑资金时间价值，千方百计缩短建设周期，加速资金周转，节省资金占用数量和时间，提高资金的经济效益。

（三）引起资金时间价值的原因

资金的时间价值有两个含义：其一是将货币用于投资，通过资金的运动而使货币增值；其二是将货币存入银行，相当于个人失去了对这些货币的使用权，从而按时间计算这种牺牲的代价。

社会主义市场经济条件下，存在着商品的生产，受商品生产的规律所制约，必须通过生产与流通，货币的增值才能实现。因此，为了使有限的资金得到充分的利用，就必须运用“资金只有运动才能增值”的规律，加速资金周转，提高经济效益。

资金之所以会产生时间价值，是因为以下几方面的原因：

1）货币增值因素。资金在“流通领域→生产领域→流通领域……”的循环往复运动中，每经历一个周期就实现一次增值。这也是生产的本质和投资的目的。资金增值的来源是劳动所创造的剩余价值。

2）通货膨胀因素。人们手持货币总是用于购买所需的商品与服务，而社会平均物价水平从总体上看是在不断上涨的。同样量的货币因通货膨胀引起货币的贬值，意味着其价值随时间增加而减少。因此，要通过资金的时间价值对其损失作补偿。

3）时间风险因素。一般来说，未来的预期收入具有不确定性，时间越长，不确定性也越大，意味着风险也随时间增加而增加。因此，对于同样量的货币，人们更愿意现在拥有而不是将来拥有。这就隐含着人们对未来的不确定性需要用一定量的货币作为补偿。

二、资金时间价值度量

资金的时间价值一般用利息和利率来衡量。利息是利润的一部分，是利润的分解或再分配。利率是指一定时期内积累的利息总额与原始资金的比值，即利息与本金之比。它是国家调控国民经济、协调部门经济的有效杠杆之一。

资金时间价值的计算方法采用复利方式计息。因为利息就是资金时间价值的一种重要表现形式，而且通常用利息作为衡量资金时间价值的绝对尺度，用利率作为衡量资金时间价值的相对尺度。

（一）利息

在借贷过程中，债务人支付给债权人的超过原借款本金的部分，就是利息，即：

$$I = F - P \tag{2-1}$$

式中　I——利息；

F——还本付息总额；

P——本金。

从本质上看，利息是由贷款产生的利润的一种再分配。在工程经济研究中，利息常被看做是资金的一种机会成本，这是因为如果放弃资金的使用权力，相当于失去了获取收益的机会，也就相当于付出了一定的代价。所以，利息就成了投资分析平衡现在与未来的杠杆，投资这个概念本身就包含着现在和未来两方面的含义。事实上，投资就是为了在未来获得更大收益而对目前的资金进行某种安排，很显然，未来收益应当超过现在的投资，正是这种预期的价值增长才能刺激人们从事投资。因此，在工程经济学中，利息是指占用资金所付出的代价或者是放弃现期消费所得的补偿。

贷款要计算利息，固定资金和流动资金的使用也采取有偿和付息的方法，其目的都是为了鼓励企业改善经营管理，鼓励节约资金，提高投资的经济效果。

（二）利率

在经济学中，利率的定义是从利息的定义中衍生出来的。也就是说，在理论上先承认了利息，再以利息来解释利率。在实际计算中，正好相反，常根据利率计算利息，利息的大小用利率来表示。

（1）利率就是在单位时间内（如年、半年、季、月、周、日等）所得利息与借款本金之比，通常用百分数表示，即：

$$i = \frac{I}{P} \times 100\% \tag{2-2}$$

式中　i——利率；

I——利息；

P——借款本金。

用于表示计算利息的时间单位称为计息周期，计息周期通常为年、半年、季，也可以为月、周或日。

（2）利率是各国发展国民经济的杠杆之一，利率的高低由如下因素决定：

1）利率的高低首先取决于社会平均利润的高低，并随之变动。在通常情况下，平均利润率是利率的最高界限。如果利率高于利润率，借款者就会因无利可图而不去借款。

2）在平均利润率不变的情况下，利率高低取决于金融市场上的借款资本的供求情况。借款资本供过于求，利率便下降；反之，供小于求，利率便会上升。

3）借出资本要承担一定的风险，而风险的大小也影响利率的高低。风险越大，借出方要求的利率也就越高。

4）通货膨胀对利率的波动有直接影响。

5）借出资本的期限长短对利率也有重大影响。贷款期限长，不可预见因素多，风险大，利率也就高；反之，贷款期限短，不可预见因素少，风险小，利率也就低。

（3）利率在技术经济活动中的作用。利率作为一种经济杠杆，在经济活动中起着十分重要的作用。在市场经济条件下，利率的作用表现在以下几个方面：

1）影响社会投资的多少。利润是企业的经营目标，利息是影响投资的重要因素。用借入本金进行投资的企业将利息计入成本，并在此基础上获得一个平均或更高的利润率；用自有资金进行投资的企业，要将存款的利率作为自己投资的最低利润率，并在此基础上追求更高的利润率。当利率降低时，投资增加；反之，则投资减少。

2）影响社会资金的供给量。一国投资利率的提高会增加居民的储蓄倾向，也会吸引国际投资进入该国市场，因而能增加该国社会资金供给量。资金供给的增加，能降低贷出资本的利率从而扩大社会投资。若筹资利率下降，则会减少该国资金供给和投资。

3）利率是调节经济政策的工具。正因为利率可以影响投资的多少和社会资金的供给，各国都制定了相应的政策利用利率来调节宏观经济。当经济过热或发生通货膨胀时，各国中央银行就会通过提高再贴现率，以此影响商业银行提高贷款利率，抑制投资需要，从而使经济降温；当一国经济增长缓慢或衰退、萧条时，中央银行往往降低再贴现率，以此影响商业银行降低贷款利率，刺激社会投资，刺激经济发展。在市场经济中，利率对经济有较大的调节作用。

【例2-1】 张某年初借本金10 000元，一年后付息800元，试求这笔借款的年利率。

解：根据式（2-2）计算年利率为：

$$i = \frac{I}{P} \times 100\% = \frac{800\text{元}}{10\ 000\text{元}} \times 100\% = 8\%$$

三、资金时间价值计算

（一）单利计算

单利计息是指只对原始本金计算利息，不把先前已取得的利息再计算利息的方法。其计算公式为：

$$F = P(1 + i \times n) \tag{2-3}$$

式中 F——第 n 期期末的本利和（本金与全部利息总和）

P——本金。

i——利率；

n——计息期数（资金占用期内计算利息的次数）。

【例2-2】 张某借款1 000元，按8%的年利率单利计息，求第四年年末所欠的总金额。

解：$F = P(1 + i \times n) = 1\ 000\text{元} \times (1 + 8\% \times 4) = 1\ 320\text{元}$

即到期后应归还的本利和为1 320元。

单利法虽然考虑了资金的时间价值，但仅是对本金而言，而没有考虑每期所得利息再进入社会再生产过程从而实现增值的可能性，这是不符合资金运动的实际情况的。因此，单利法不能完全反映资金的时间价值，在应用上有局限性，通常仅适用于短期投资及期限不超过一年的借款项目。

（二）复利计算

资金时间价值通常是按复利计算的。复利不同于单利，它是指在一定期间（如一年）按一定利率将本金所生利息加入本金再计利息，即“利滚利”。也就是说，它既涉及本金上的利息，也涉及利上所生的利息。

1. 基本概念

在资金时间价值复利计算中，有三个最基本的现金流量概念，现分述如下：

（1）现值

现值是“现在值”的简称，是指发生在“现在”时刻的资金值，或指资金在“现在”时刻的价值，用 P 表示。现值是一个相对概念，一笔资金被称为现值是相对将来某个时刻而言的，如果这笔资金相对过去某个时刻来说就不能称为现值了。

（2）终值

终值是指站在现在时刻来看，发生在未来某时刻的资金值，又称未来值、将来值，用 F 表示。不过，严格地说，终值与未来值、将来值是有区别的，但一般都混用。

（3）年值

年值是指每期等额发生的资金值，又称等年值、年金及等额年金，用 A 表示。即发生在（或折算为）某一特定时间序列各计息期末（不包括零期）的等额资金序列的价值。由于在工程经济评价中，资金发生的时间间隔通常为一年，因而在习惯上称为年值。

2. 资金时间价值复利计算公式

（1）一次支付系列。一次支付又称整付，是指所分析的系统的现金流量，无论是流入还是流出均在某一个时点上一次发生。它又包括两个计算公式：

1）一次支付终值复利公式。如果有一笔资金，按年利率 i 进行投资，n 年后本利和应该是多少？也就是已知 P，i，n，求终值 F。解决此类问题的公式称为一次支付终值公式，即

$$F = P(1+i)^n \tag{2-4}$$

该公式根据复利的定义求得，其计算过程见表 2-1。

表 2-1　终值计算过程

计息期	期初金额（1）	本期利息额（2）	期末本利和 F_1 =（1）+（2）
1	P	Pi	$F_1 = P + Pi = P(1+i)$
2	$P(1+i)$	$P(1+i)i$	$F_2 = P(1+i) + P(1+i)i = P(1+i)^2$
3	$P(1+i)^2$	$P(1+i)^2 i$	$F_3 = P(1+i)^2 + P(1+i)^2 i = P(1+i)^3$
…	…	…	…
n	$P(1+i)^{n-1}$	$P(1+i)^{n-1} i$	$F_n = P(1+i)^{n-1} + P(1+i)^{n-1} i = P(1+i)^n$

其现金流量图如图 2-2 所示。

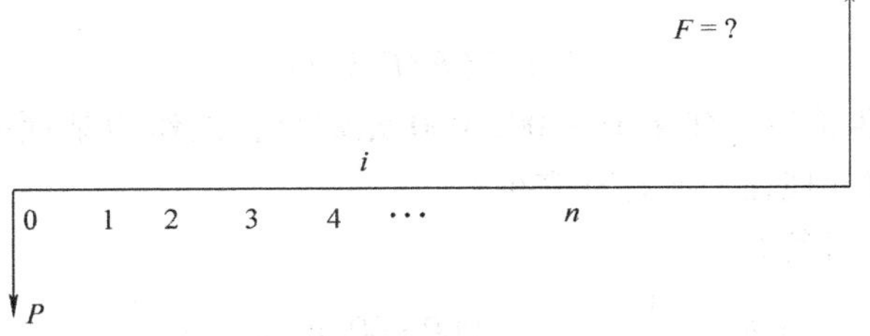

图 2-2　一次支付终值现金流量图

式（2-4）中的 $(1+i)^n$ 称为一次支付终值系数，用（F/P，i，n）表示，则式（2-4）又可写成：

$$F = P(F/P,i,n) \tag{2-5}$$

为了计算方便，通常按照不同的利率 i 和计息周期数 n 计算出 $(1+i)^n$ 的值，并也可通过查表求得。在计算 F 时，只要从复利表中查出相应的复利系数再乘以本金即可。

【例 2-3】 某人借款 10 000 元，年复利率 $i=10\%$，试问 5 年末连本带利一次需偿还多少？

解：按式（2-4）计算得：

$$F = P(1+i)^n = 10\,000\text{元} \times (1+10\%)^5 = 10\,000\text{元} \times 1.610\,51 = 16\,105.1\text{元}$$

如果利用复利系数表查表来计算，在已知 P、i 和 n 的情况下，则按式（2-5）求得：

$$F = P(F/P,i,n) = 10\,000\text{元} \times (F/P,10\%,5) = 10\,000\text{元} \times 1.610\,5 = 16\,105\text{元}$$

2）一次支付现值复利公式。如果在 n 年后得到一笔资金 F，在年利率为 i 的情况下，现在应该投资多少？也即是已知 F，i，n，求现值 P。解决此类问题用到的公式称为一次支付现值公式，其计算公式由一次支付终值公式可得：

$$P = \frac{F}{(1+i)^n} = F(1+i)^{-n} \tag{2-6}$$

其现金流量图如图 2-3 所示。

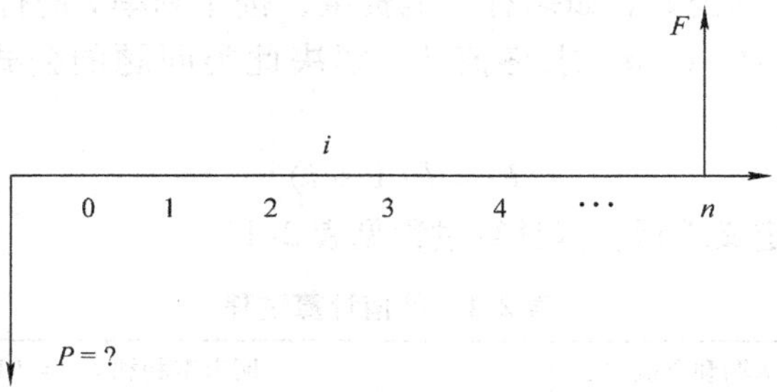

图 2-3　一次支付现值现金流量图

在式（2-6）中，$\frac{1}{(1+i)^n}$ 又称为现值系数，记为 $(P/F, i, n)$，它与终值系数 $(F/P, i, n)$ 互为倒数，同样可通过查表求得。在工程经济分析中，一般是将未来时刻的资金价值折算为现在时刻的价值，该过程称为“折现”或“贴现”，其所使用的利率常称为折现率或贴现率。故 $\frac{1}{(1+i)^n}$ 或 $(P/F, i, n)$ 也可称为折现系数或贴现系数。因此，式（2-6）常写成：

$$P = F(P/F,i,n) \tag{2-7}$$

【例 2-4】 某企业希望 5 年末有 1 000 000 元资金，以作为某项固定资产的更新款项，年复利率 $i=10\%$，试问现在一次存款多少？

解：由式（2-6）计算得：

$$P = F\frac{1}{(1+i)^n} = 1\,000\,000\text{元} \times \frac{1}{(1+10\%)^5}$$
$$= 1\,000\,000\text{元} \times 0.620\,9 = 620\,900\text{元}$$

如果利用复利系数表查表来计算，在已知 F、i 和 n 的情况下，则由式（2-7）得：

$$P = F(P/F,i,n) = 1\,000\,000 \times (P/F,10\%,5)$$
$$= 1\,000\,000\text{元} \times 0.620\,9 = 620\,900\text{元}$$

在工程经济分析中，现值比终值使用更为广泛。现值评价常常是选择现在为同一时点，把方案预计的不同时期的现金流量折算成现值，并按现值的代数和大小作出决策。因此，在工程经济分析时应当注意以下两点：

1）正确选取折现率。折现率是决定现值大小的一个重要因素，必须根据实际情况灵活选用。

2）要注意现金流量的分布情况。例如，在投资额一定的情况下，是早投资还是晚投资，是集中投资还是分期投资，它们的投资现值是不一样的。

（2）等额支付系列。等额支付是指所分析的系统中现金流入与现金流出可在多个时间点上发生，而不是集中在某一个时间点，即形成一个序列现金流量，并且这个序列现金流量额的大小是相等的。它包括四个基本公式：

1）等额支付系列年金终值复利公式。其含义是指在一个时间序列中，在利率为 i 的情况下连续在每个计息期的期末支付一笔等额的资金 A，求 n 年后由各年的本利和累计而成的终值 F。即已知 A，i，n，求 F。类似于平常储蓄中的零存整取。其现金流量图如图 2-4 所示。

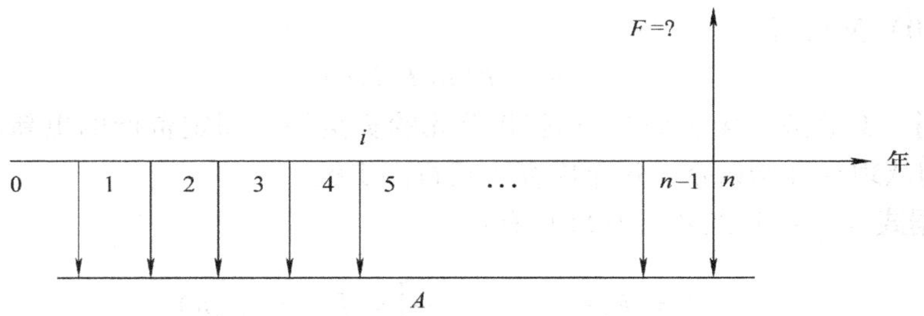

图 2-4　等额支付年金终值现金流量图

根据一次支付终值公式可得：

$$F = A(1+i)^{n-1} + A(1+i)^{n-2} + \cdots + A(1+i) + A = A\left[\frac{(1+i)^n - 1}{i}\right] \quad (2\text{-}8)$$

式中 $\frac{(1+i)^n - 1}{i}$——年金终值系数，记为（F/A，i，n）。式（2-8）也可以表示为：

$$F = A(F/A,i,n) \quad (2\text{-}9)$$

【例 2-5】 某大型工程项目总投资 10 亿元，5 年建成，每年末投资 2 亿元，年利率为 7%，求 5 年末的实际累计总投资额。

解：根据式（2-8）可得：

$$F = A\left[\frac{(1+i)^n - 1}{i}\right] = 2 \times \left[\frac{(1+7\%)^5 - 1}{7\%}\right] = 11.5 \text{ 亿元}$$

$$F = A(F/A,i,n) = 2 \text{ 亿元} \times (F/A,7\%,5) = 2 \text{ 亿元} \times 5.7507 = 11.5 \text{ 亿元}$$

此题表示若全部资金是贷款得来，需要支付 1.5 亿元的利息。

2）等额支付系列偿债基金公式。其含义是指为了筹集未来 n 年后需要的一笔偿债资金，在利率为 i 的情况下，求每个计息期末应等额存储的金额。即已知 F，i，n，求 A。其现金流量图如图 2-5 所示。

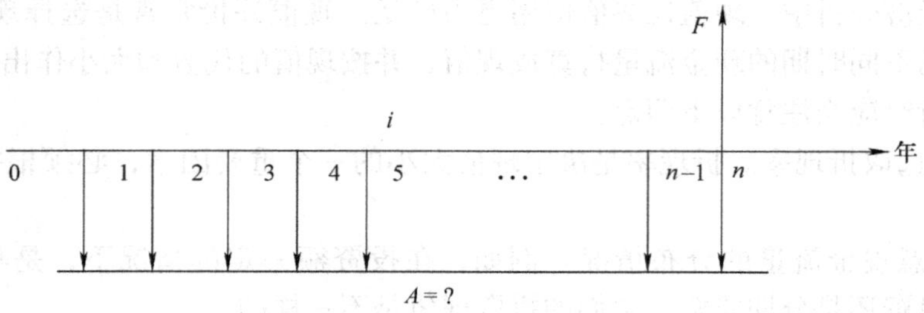

图2-5　等额支付偿债基金现金流量图

其计算公式可根据等额支付终值公式推导得出：

$$A = F\left[\frac{i}{(1+i)^n - 1}\right] \tag{2-10}$$

式中　$\frac{i}{(1+i)^n - 1}$——偿债基金系数，记为（A/F，i，n），它与年金终值系数（F/A，i，n）互为倒数。

式（2-10）又可写为：

$$A = F(A/F,i,n) \tag{2-11}$$

【例2-6】　某企业5年后需要一笔50万元的资金用于固定资产的更新改造，如果年利率为5%，问从现在开始该企业每年应存入银行多少钱？

解：根据式（2-10）及式（2-11）有：

$$\begin{aligned} A &= F\left[\frac{i}{(1+i)^n - 1}\right] = F(A/F,i,n) \\ &= 50\text{万元} \times (A/F,5\%,5) = 50\text{万元} \times 0.181\ 0 \\ &= 9.05\text{万元} \end{aligned}$$

即每年末应存入银行9.05万元。

3）等额支付现值公式。其含义是：在n年内每年等额收支一笔资金A，则在利率为i的情况下，求此等额年金收支的现值总额。即已知A，i，n，求P。其现金流量图如图2-6所示。

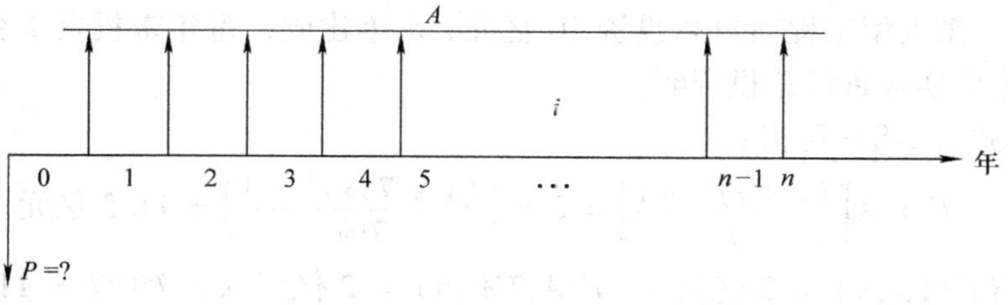

图2-6　等额支付现值现金流量图

其计算公式应用一次支付现值公式可得：

$$P = \frac{A}{(1+i)} + \frac{A}{(1+i)^2} + \cdots + \frac{A}{(1+i)^n} = A \times \frac{(1+i)^n - 1}{i(1+i)^n} = A(P/A,i,n) \tag{2-12}$$

式中　$\frac{(1+i)^n-1}{i(1+i)^n}$——等额分付现值系数，记为（$P/A$，$i$，$n$）。

式（2-12）又可写为：

$$P=A(P/A,i,n) \tag{2-13}$$

【例 2-7】　设立一项基金，计划从现在开始 10 年内，每年年末从基金中提取 50 万元，若已知年利率为 10%，问现在应存入基金多少钱？

解：根据式（2-12）和式（2-13）有：

$$\begin{aligned}P&=A\times\frac{(1+i)^n-1}{i(1+i)^n}=A(P/A,i,n)\\&=A(P/A,10\%,10)=50\text{万元}\times 6.1446\\&=307.23\text{万元}\end{aligned}$$

4）等额支付资金回收公式。其含义是指期初一次投资数额为 P，欲在 n 年内将投资全部收回，则在利率为 i 的情况下，求每年应等额回收的资金。即已知 P，i，n，求 A。其现金流量图如图 2-7 所示。

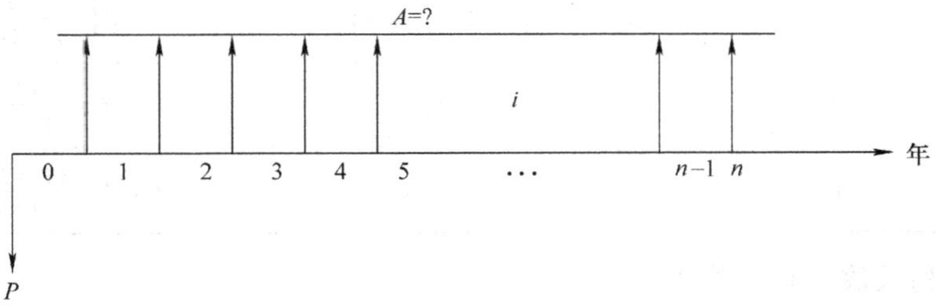

图 2-7　等额支付资金回收现金流量图

资金回收公式可根据等额支付现值公式变换可得：

$$A=P\times\frac{i(1+i)^n}{(1+i)^n-1}=P(A/P,i,n) \tag{2-14}$$

式中　$\frac{i(1+i)^n}{(1+i)^n-1}$——资金回收系数，与等额支付现值系数互为倒数，记为（A/P，i，n）。

式（2-14）又可写为：

$$A=P(A/P,i,n) \tag{2-15}$$

注意：资金回收系数是一个重要的系数，它的含义是对应于工程项目的单位初始投资，在项目寿命周期内每年至少应该回收的金额。在工程项目经济分析中，如果对应于单位初始投资的每年的实际回收金额小于相应的资金回收金额，就表示在给定利率 i 的条件下，在项目的寿命周期内不可能将全部投资收回。

【例 2-8】　某项目投资 100 万元，计划在 8 年内全部收回投资，若已知年利率为 8%，问该项目每年平均净收益至少应达到多少万元？

解：根据式（2-14）和式（2-15）有：

$$\begin{aligned}A&=P\times\frac{i(1+i)^n}{(1+i)^n-1}=P(A/P,i,n)\\&=100\text{万元}\times 0.174=17.4\text{万元}\end{aligned}$$

即每年的平均净收益至少应达到 17.4 万元，才可以保证在 8 年内将投资全部收回。

3. 常用资金时间价值公式小结

以上介绍的 6 个基本公式在工程经济分析中经常用到，其中以复利终值（或现值）公式为最基本的公式，其他公式都是在此基础上经初等数学运算得到的。为便于理解和查阅，将这 6 个公式列于表 2-2 中。公式中的 6 个系数，可根据不同的 i 值和 n 值进行计算，也可以直接查复利系数表得到。

表 2-2　6 个基本资金时间价值复利公式

公式名称	已知	欲求项	系数符号	公式
一次支付终值	P	F	$(F/P, i, n)$	$F = P(1+i)^n$
一次支付现值	F	P	$(P/F, i, n)$	$P = F(1+i)^{-n}$
年金终值	A	F	$(F/A, i, n)$	$F = A\left[\frac{(1+i)^n - 1}{i}\right]$
偿债基金	F	A	$(A/F, i, n)$	$A = F\left[\frac{i}{(1+i)^n - 1}\right]$
资金回收	P	A	$(A/P, i, n)$	$A = P \times \frac{i(1+i)^n}{(1+i)^n - 1}$
年金现值	A	P	$(P/A, i, n)$	$P = A \times \frac{(1+i)^n - 1}{i(1+i)^n}$

（1）各复利系数之间的关系

以上 6 个公式是相互联系的，为便于记忆，整理公式中系数关系如下：

1）倒数关系

$$(P/F, i, n) = \frac{1}{(F/P, i, n)}$$

$$(P/A, i, n) = \frac{1}{(A/P, i, n)}$$

$$(F/A, i, n) = \frac{1}{(A/F, i, n)}$$

2）乘积关系

$$(F/P, i, n)(P/A, i, n) = (F/A, i, n)$$

$$(F/A, i, n)(A/P, i, n) = (F/P, i, n)$$

$$(A/F, i, n)(F/P, i, n) = (A/P, i, n)$$

3）特殊关系

$$(A/F, i, n) + i = (A/P, i, n)$$

（2）运用上述复利公式要注意的问题

1）方案的期初投资，假设发生在寿命期初。

2）寿命期内各项收入或支出，均假设发生在相应期的期末。

3）上期的期末即下期的期初。

4）P 是在计算期的期初发生（零时点），F 在计算期末即当前以后第 n 年年末发生，A

是在考察期间各年年末发生。

5）当问题包括 P 和 A 时，P 在第一期期初，第一个 A 发生在第一期期末。

6）当问题包括 F 和 A 时，F 和最后一个 A 同时在最后一期期末发生。

7）利用公式进行资金的时间价值计算时，要充分利用现金流量图。现金流量图不仅可以清晰、准确地反映现金收支情况，而且有助于准确确定计息期数，使计算不致发生错误。

四、名义利率与实际利率

在复利计算中，利率周期通常以年为单位，它可以与计息周期相同，也可以不同。当利率周期与计息周期不一致时，就出现了名义利率和实际利率的概念。

由前述已知，单利与复利的区别在于复利法包括了利息的利息。实质上名义利率和实际利率的关系与单利和复利的关系一样，所不同的是名义利率和实际利率是用在计息周期小于利率周期时出现的情况。

（一）名义利率

所谓名义利率 r 是指计息周期利率 i 乘以一个利率周期内的计息周期数 m 所得的利率周期利率，即：

$$r = i \times m \tag{2-16}$$

若月利率为1%，则年名义利率为12%。很显然，计算名义利率时忽略了前面各期利息再生的因素，这与单利的计算相同。通常所说的利率周期利率都是名义利率。

【例2-9】 张某借款100元，年利率为5%，若按一年一期复利计息，一年后所欠本利和为多少？若将“一年一期复利计息”改为“半年一期复利计息”，结果又如何？

解：(1) 按一年一期复利计息。一年后的本利和为：$F=100$ 元×（1+5%）=105元

(2) 按半年一期复利计息。第一个半年后本利和为：100元+100元×2.5%=102.5元；第二个半年后本利和为：102.5元+102.5元×2.5%=105.06元，其实一年后张某所欠105.06元。

（二）实际利率

若用计息周期利率来计算利率周期利率，并将利率周期内的利息再生因素考虑进去，这时所得的利率周期利率称为利率周期实际利率（又称有效利率）。

根据利率的概念即可推导出实际利率的计算式。

已知名义利率 r，一个利率周期内计息 m 次，则计息周期利率为 $\frac{r}{m}$，在某个利率周期初有资金 P，根据一次支付终值公式可得该利率周期的本利和 F，即：

$$F = P\left(1+\frac{r}{m}\right)^m$$

根据利息的定义可得该利率周期的利息，为：

$$I = F - P = P\left(1+\frac{r}{m}\right)^m - P = P\left[\left(1+\frac{r}{m}\right)^m - 1\right]$$

再根据利率的定义可得该利率周期的实际利率为 i_{eff}：

$$i_{eff} = \frac{I}{P} = \left(1+\frac{r}{m}\right)^m - 1 \tag{2-17}$$

现设年名义利率 $r=10\%$，则年、半年、季、月、日的年实际利率见表2-3。

表 2-3 实际利率与名义利率的关系

年名义利率 r	计息期	年计息次数 m	计息期利率 $i=r/m$	年实际利率 i_{eff}
10%	年	1	10%	10%
	半年	2	5%	10.25%
	季	4	2.5%	10.38%
	月	12	0.833%	10.47%
	日	365	0.027 4%	10.52%

从表2-3可以看出，每年计息次数 m 越多，i_{eff} 与 r 相差越大，所以，在工程经济分析中，如果各方案的计息期不同，就不能简单地使用名义利率来评价，而必须换算成实际利率进行评价，否则会得出不正确的结论。

通过上述分析与计算，可知名义利率与实际利率间存在下述关系：

（1）当计息周期为一年时，名义利率与实际利率相等，计息周期短于一年时，实际利率大于名义利率。

（2）名义利率不能完全地反映资金的时间价值，实际利率才能真实地反映资金的时间价值。

第三节 等值计算

一、等值计算的含义

前述已知，资金有时间价值，即使金额相同，因其发生在不同时点，其价值就不相同；反之，不同时点绝对值不等的资金在时间价值的作用下却可能具有相等的价值，这些不同时期、不同数额但其“价值等效”的资金称为等值，又叫做等效值。

在工程经济分析中，等值是一个十分重要的概念，它提供了一个计算某一经济活动有效性或者进行方案比较、优选的可能性。资金等值计算公式和复利计算公式的形式是相同的。前面所讲的是计息周期等于资金收付周期的等值计算，直接套公式即可。

【例2-10】 设年利率 $i=10\%$，复利计息，现在的20 000元与6年末的多少元等值？

解：$F=P(F/P,i,n)=20\,000$ 元 $\times(F/P,10\%,6)=20\,000$ 元 $\times 1.771\,6=35\,432$ 元

利用等值的概念，可以把不同时点发生的资金换算成同一时点的等值资金，然后再进行比较。所以，在工程经济分析中，方案比较都是采用等值概念来进行分析、评价和选定。但是计息周期与资金收付周期也有不同之时，不能直接采用复利公式，要修改相关条件，灵活进行转化，然后才能进行等值计算。下面介绍一下计息周期小于或大于资金收付周期的等值计算。

二、计息周期小于资金收付周期的等值计算

计息周期小于资金收付周期的等值计算方法有如下两种：

（1）按收付周期实际利率计算

（2）按计息周期利率计算，即：

$$F = P(F/P,\ r/m,\ mn)$$
$$P = F(P/F,\ r/m,\ mn)$$
$$F = A(F/A,\ r/m,\ mn)$$
$$P = A(P/A,\ r/m,\ mn)$$
$$A = F(A/F,\ r/m,\ mn)$$
$$A = P(A/P,\ r/m,\ mn)$$

【例 2-11】 某人现在存款 1 000 元，年利率 10%，计息周期为半年，复利计息，问 5 年末存款金额为多少？

解： 现金流量如图 2-8 所示。

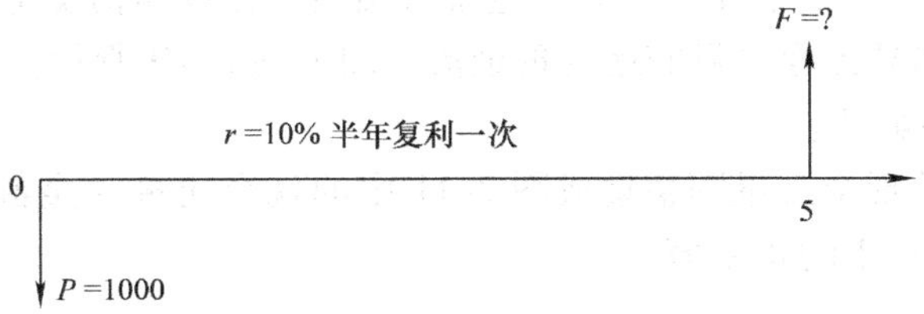

图 2-8　例 2-11 的现金流量

（1）按年实际利率计算

$$i_{\text{eff}} = (1 + \frac{10\%}{2})^2 - 1 = 10.25\%$$

则　$F = 1\,000(F/P, 10.25\%, 5) = 1\,000$ 元 $\times 1.629\,5 = 1\,629.5$ 元

（2）按计息周期利率计算

$$F = 1\,000(F/P, 10\%/2, 2\times 5) = 1\,000(F/P, 5\%, 10)$$
$$= 1\,000 \text{ 元} \times 1.628\,9 = 1\,628.9 \text{ 元}$$

上述两种方法计算结果略有差异，是因为按实际利率计算时，实际利率不是整数，无表可查，在利率间用线性内插计算时引起系数有微小差异。此差异虽是允许的，但计算较繁琐，故在实际运用中常采用计息期利率来计算。但应注意，对等额系列流量，只有计息周期与收付周期一致时才能按计息期利率计算，否则，只能用收付周期实际利率来计算。

【例 2-12】 每半年存款 1 000 元，年利率 8%，每季计息一次，复利计息，问 5 年末存款金额为多少？

解： 现金流量如图 2-9 所示。

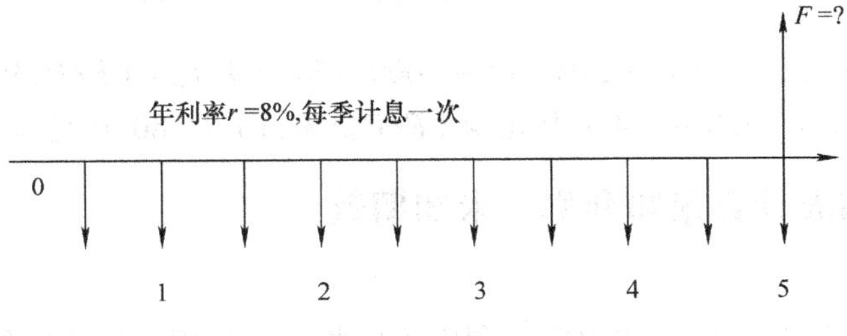

图 2-9　例 2-12 的现金流量

由于本例计息周期小于收付周期，不能直接采用计息期利率计算，故只能用实际利率来计算。

计息期利率 $i=r/m=8\%/4=2\%$

半年期实际利率 $i_{eff}=(1+2\%)^2-1=4.04\%$

则 $F=1\ 000(F/A,4.04\%,2\times5)=1\ 000$ 元 $\times12.029=12\ 029$ 元

三、计息周期大于资金收付周期的等值计算

当计息周期大于收付周期时，在一个计息期内所收或付出的款项不计利息，也就是说在相邻两次计息期间存入或取出的款项在该计息期内不计当期利息。因此，处理原则是计息期间的现金流出相当于在本期末发生，而现金流入相当于在本期初发生。

【例 2-13】 已知某工程项目的逐月现金流量图如图 2-10 所示，计息期为季度，年利率为 12%，求 1 年末的金额。

解：将图 2-10 的现金流量图整理成图 2-11 中的现金流量（金额单位：万元）。这样即可按季度利率计算 1 年末的将来值。

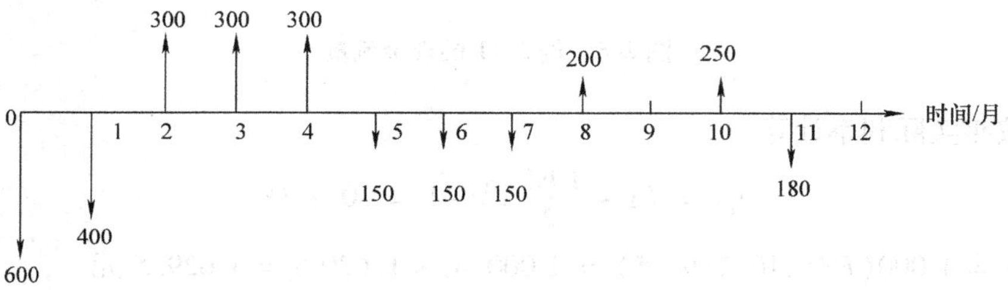

图 2-10　某工程项目的逐月现金流量

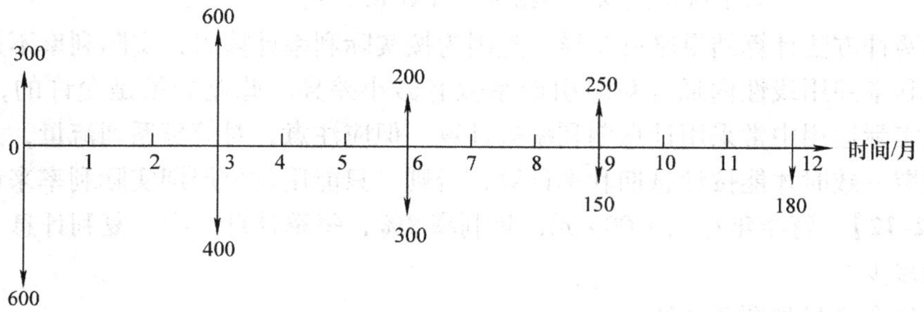

图 2-11　某工程项目的逐月现金流量整理图

$F=(300-600)$ 万元 $\times(F/P,3\%,4)+(600-400)$ 万元 $\times(F/P,3\%,3)+(200-300)$ 万元 $\times(F/P,3\%,2)+(250-150)$ 万元 $\times(F/P,3\%,1)-180$ 万元 $=-302.2$ 万元

四、利用复利表计算未知利率、未知期数

（一）内插法

内插法一般是指数学上的直线内插，利用等比关系，是用一组已知的未知函数的自变量的值和与它对应的函数值来求一种未知函数其他值的近似计算方法。内插法的应用非常广

泛，在工程经济和财务管理中也应用，如在货币时间价值的计算中，求未知利率 i 及年限 n 等。

数学内插法即“直线插入法”。其原理是，若 A（i_1，b_1），B（i_2，b_2）为两点，则点 $P(i,b)$ 在上述两点确定的直线上。而工程上常用的为 i 在 i_1，i_2 之间，b 在 b_1 和 b_2 之间。从而 P 在点 A、B 之间，故称“直线内插法”。

数学内插法说明点 P 反映的变量遵循直线 AB 反映的线性关系，即 A、B、P 三点共线，则有公式：

$(b-b_1)/(i-i_1)=(b_2-b_1)/(i_2-i_1)$ = 直线斜率，变换即得所求。

当然应用线性内插法是有误差的，但这种误差对方案评价来说影响甚微，不影响方案评价的结论。

（二）计算未知利率

在工程经济进行等值计算时，有时会遇到这样一种情况：即现金流量 P、F、A 以及计算期 n 均为已知量，而利率 i 为待求的未知量。比如，求方案的收益率，国民经济的增长率等就属于这种情况。这时，可以借助查复利表利用线性内插法近似地求出 i 来。

【例 2-14】 已知现在投资 300 元，9 年后可一次获得 525 元。求利率 i。

解：（1）画出现金流量图 2-12。

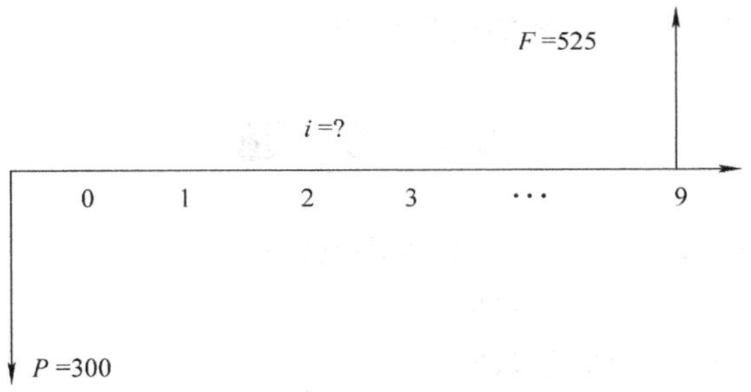

图 2-12　例 2-14 的现金流量图

（2）根据公式 $F=P(F/P,i,n)$ 得

$$525\text{元}=300\text{元}\times(F/P,i,9)$$

$$(F/P,i,9)=1.750$$

从复利表上查到，当 $n=9$ 时，1.750 落在利率 6% 和 7% 之间。从 6% 的位置查到 1.689，从 7% 的位置上查到 1.838。用直线内插法可得：

$$i=6\%+\frac{(1.750-1.689)\times(7\%-6\%)}{(1.838-1.689)}=6.41\%$$

（三）计算未知期数

同样，有时会遇到这样一种情况：即现金流量 P、F、A 以及利率 i 均为已知量，而计算期 n 为待求的未知量。这时，也可以借助查复利表利用线性内插法近似地求出 n 来。

【例 2-15】 某企业贷款 200 万元，建一工程，第二年底建成投产，投产后每年收益 40 万元。若年利率为 10%，问在投产后多少年能归还 200 万元的本息？

解：（1）画现金流量图 2-13。

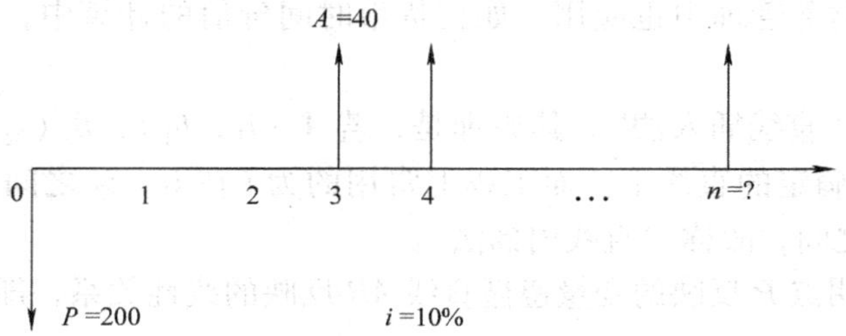

图 2-13　该企业工程的现金流量

（2）已投产之日第二年底（即第三年初）为基准期，计算 F_P：

$$F_P = 200(F/P,10\%,2) = 200\text{ 万元} \times 1.210 = 242\text{ 万元}$$

（3）计算返本期

由 $P = A(P/A,i,n)$ 得：

$$(P/A,i,n-2) = P/A = 242/40 = 6.05$$

查复利表得：$(P/A,10\%,9) = 5.759\,0$

$$(P/A,10\%,10) = 6.144\,6$$

由线性内插法得：$(n-2) = 9.754\,7$

也就是说在投产后 9.754 7 年才能返还投资。

思　考　题

1. 什么是现金流量？现金流量图由哪些因素构成？
2. 资金时间价值的衡量尺度有哪些？
3. 什么是终值、现值、年值及等值？
4. 什么是名义利率和实际利率？二者之间有何区别？
5. 计算下述情况的现值是多少？

（1）某人第 6 年年末偿还 5 500 元借款，存款利率（复利）为 9%。

（2）某人第 15 年年末获得 6 200 元，年利率为 12%，每月计息一次。

6. 计算下列等额支付的将来值是多少？

（1）某人每年年末存入 400 元，年利率为 6%，连续存款 10 年。

（2）某人每月月末存入银行 150 元，连续存款 2 年，年利率为 10%，每半年计息一次。

7. 计算下述情况将来值的年值是多少？

（1）某人欲第 8 年末获得 15 000 元，从现在起每年年末存入银行一笔钱，年利率为 8%。

（2）第 10 年末欲得 20 000 元，从现在起每年年末存入银行一笔钱，年利率为 10%，每半年计息一次。

8. 某人用 50 万元购置了某设备，欲在 10 年内全部回收该投资，假设 10 年该设备的残值为 0，基准收益率为 12%，则每年均等的折旧费应计提多少？

9. 某人在孩子 5 岁时将一笔款项存入银行，准备在孩子 18 岁和 24 岁时可以分别取出

10 000 元，假如银行的利率是 7%，按复利计算，则现在应存款多少？

10. 某设备初期投资为 100 000 元，该设备的寿命期为 10 年，净收益发生于每年末且数值相等。基准收益率为 10% 时，试问年净收益为多少该投资合适？

11. 某人现在 40 岁，现有存款 5 000 元，因为在他 60 岁时将退休，退休时他想有 50 000 元存款。假设退休时他可以一次从单位获得 10 000 元的退休金。从现在起准备每年年末等额存入银行一笔钱，那么，为退休时有 50 000 元存款，则应存款多少钱？假设存款利率为 7%。

12. 某人想买一辆新的轿车，从银行获得的名义利率为 18%，每月以复利计息一次，总共贷款 100 000 元，40 个月等额偿还贷款，试问每月要支付多少元？

13. 某人每月存款 1 000 元，期限为 1 年，年利率为 8%，每季计息一次，按复利计息，试问年末他的存款金额为多少？

14. 建设银行贷款给某投资者。年利率为 5%，第 1 年初贷给 3 000 万元，第 2 年初贷给 2 000 万元，该投者第 3 年末开始用盈利偿还贷款，按协议至第 10 年年末还清。问该投资者每年年末应等额偿还多少万元？

15. 某建筑企业购买了一台机械，估计能使用 20 年，每 4 年要大修一次，每次大修费用为 1 000 元，现在存入银行多少钱，才足以支付 20 年寿命期间的大修理支出？设年利率为 10%，每季计息一次。

16. 如果第一年年初投资 10 000 元，从第一年年末起 6 年内每年年末可获利 3 000 元，问此项投资的利率为多少？

17. 如果年利率为 8%，现在投资 10 万元，经过多少年可以收回 25 万元？

第三章　工程项目经济评价方法

【学习目标】通过本章学习，熟悉各种静态与动态指标的含义、特点；掌握静态、动态经济效果评价指标的计算方法和评价准则、各指标之间的关系；了解工程项目方案的类型；掌握工程项目各种方案的经济效果评价方法。

第一节　工程项目经济评价指标

在工程经济研究中，经济效果评价是指对评价方案计算期内各种有关技术经济因素和方案投入与产出的有关财务、经济资料数据进行调查、分析、预测，对方案的经济效果进行计算、评价，分析比较各方案的优劣，从而确定和推荐最佳方案的过程。

评价工程项目方案经济效果的好坏，一方面取决于基础数据的完整性和可靠性，另一方面则取决于选取的评价指标体系的合理性，只有选取正确的评价指标体系，经济评价的结果能与客观实际情况相吻合，才具有实际意义。工程项目经济评价指标是衡量和比较工程项目可行性并据以进行方案决策的定量化标准与尺度，它由一系列综合反映投资效益、投入产出关系的量化指标构成的。

在工程经济分析中，常用的经济评价指标体系如图 3-1 所示。

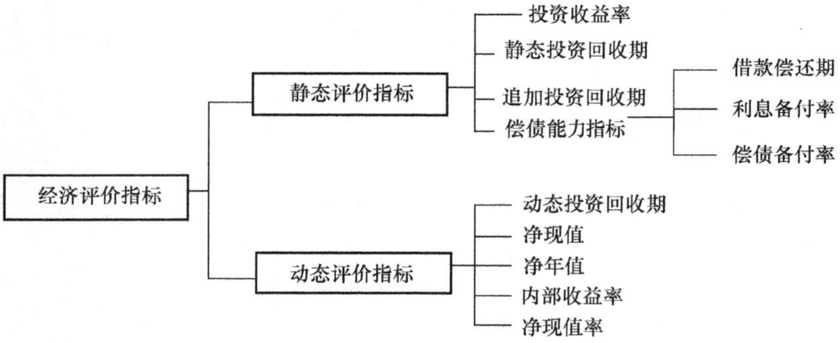

图 3-1　常用的经济评价指标体系

一般在方案比较时以动态评价方法为主。在方案初选阶段，可采用静态评价方法。

在进行工程项目方案经济评价时，应根据评价深度要求、可获得资料的多少以及工程项目方案本身所处的条件，选用多个指标，从不同侧面反映工程项目的经济效果。

一、静态评价指标

静态评价指标，也称为非贴现指标，是指在不考虑时间因素对货币价值影响的情况下直接通过现金流量计算出来的经济评价指标。静态评价指标主要有：投资收益率、静态投资回收期、追加投资回收期和偿债能力等。它常应用于可行性研究初始阶段的粗略分析和评价，以及方案的初选阶段。

（一）投资收益率

投资收益率也叫做投资效果系数，是指投资方案达到设计生产能力后一个正常生产年份的年净收益总额与方案投资总额的比率。它表明投资方案正常生产年份中，单位投资每年所创造的年净收益额。对生产期内各年的净收益额变化幅度较大的项目，则应计算生产期内年平均净收益额与项目总投资的比率。

1. 计算公式

$$R = A/K \tag{3-1}$$

式中　R——投资收益率；

K——项目总投资，包括固定资产投资和流动资金等；

A——项目达产后正常生产年份的净收益额或年平均净收益额。

按分析目的不同，A 可以是年利润总额或年平均利润总额，也可以是年利税总额或年平均利税总额。

2. 评价准则

将计算出的投资收益率 R 与所确定的基准投资收益率 i_c 进行比较：

1）若 $R \geqslant i_c$，则方案在经济上可以考虑接受。

2）若 $R < i_c$，则方案在经济上是不可行的。

【例 3-1】 某项目现金流量表见 3-1，假定全部投资中没有借款，现已知 $i_c = 20\%$，试以投资收益率指标判断项目的可行性。

表 3-1　现金流量表　（单位：万元）

项目＼年份	0	1	2	3	4	5	6	7	8
投资	1300								
收入	0	400	300	200	200	200	200	200	200

解：由表中数据可得

$$A = (400 + 300 + 200 \times 6)\text{万元}/8 = 237.5\text{ 万元}$$

$$R = 237.5\text{ 万元}/1300\text{ 万元} = 0.183 < i_c = 20\%$$

故项目应予以拒绝。

3. 投资收益率指标的优点与不足

投资收益率指标的经济意义明确、直观，计算简便，在一定程度上反映了投资效果的优劣，可适用于各种投资规模。但不足的是，该指标没有考虑投资收益的时间因素，忽视了资金具有时间价值的重要性；指标计算的主观随意性太强，换句话说，就是正常生产年份的选择比较困难，如何确定带有一定的不确定性和人为因素。因此，以投资收益率指标作为主要的决策依据不太可靠。

（二）静态投资回收期

投资回收期也称返本期，是反映投资回收能力的重要指标。静态投资回收期是在不考虑资金时间价值的条件下，以方案的净收益回收其总投资（包括建设投资和流动资金）所需要的时间。投资回收期可以自项目建设开始年算起，也可以自项目投产年开始算起，但应予以注明。

1. 计算公式

$$\sum_{t=0}^{P_t}(CI - CO)_t = 0 \tag{3-2}$$

式中 P_t——投资回收期（年）；

CI——现金流入量；

CO——现金流出量；

$(CI - CO)_t$——第 t 年的净现金流量。

静态投资回收期可根据项目现金流量表计算。其具体计算又分以下两种情况：

（1）项目建成投产后各年的净现金流量均相同，则静态投资回收期的计算公式如下：

$$P_t = K/A \tag{3-3}$$

式中 K——项目总投资；

A——每年相等的净现金流量，即 $A = (CI - CO)_t$。

由式（3-3）可看出，投资回收期与投资收益率互为倒数关系。即：

$$P_t = 1/R \tag{3-4}$$

【例 3-2】 某建设项目估计总投资 2 800 万元，项目建成后各年净收益为 320 万元，则该项目的静态投资回收期为：

$$P_t = 2\ 800\text{ 万元}/320\text{ 万元} = 8.75\text{ 年}$$

（2）项目建成投产后各年的净收益不相同，则静态投资回收期可根据累计净现金流量求得，也就是在现金流量表中累计净现金流量由负值转向正值之间的年份。其计算公式为：

$$P_t = \text{累计净现金流量开始出现正值的年份数} - 1 + \frac{\text{上年累计净现金流量的绝对值}}{\text{当年的净现金流量}} \tag{3-5}$$

【例 3-3】 某项目现金流量表的数据见表 3-2，计算该项目的静态投资回收期。

解：根据式（3-5），可得：

$$P_t = (6-1)\text{年} + \frac{200}{500}\text{年} = 5.4\text{ 年}$$

表 3-2 现金流量表 （单位：万元）

计 算 期	0	1	2	3	4	5	6	7	8
1. 现金流入				800	1 200	1 200	1 200	1 200	1 200
2. 现金流出		600	900	500	700	700	700	700	700
3. 净现金流量		-600	-900	300	500	500	500	500	500
4. 累计净现金流量		-600	-1 500	-1 200	-700	-200	300	800	1 300

2. 评价准则

将计算出的静态投资回收期（P_t）与所确定的基准投资回收期（P_c）进行比较：

（1）若 $P_t \leqslant P_c$，表明项目投资能在规定的时间内收回，则项目（或方案）在经济上可以考虑接受。

（2）若 $P_t>P_c$，则项目（或方案）在经济上是不可行的。

3. 投资回收期法的优点与不足

投资回收期法的最大优点是计算比较简单。通过与标准投资回收期比较，能够判别投资方案是否可行，并且能够判别方案的优劣程度。投资回收期越短，说明项目能在较短的时间内收回投资额，在未来承担的风险也就小。但以上这些优势只是对单方案评价而言的。由于这种方法没有考虑方案收回投资以后的收益及经济效果情况，容易使人接受短期效益好的方案，忽视短期效益低，而长期效益高的方案。

（三）追加投资回收期

投资回收期和投资收益率两个指标，所反映的是工程项目总投资与项目建成后正常生产状况下所获得的利润之间的关系。但利润的取得不仅是总投资的结果，还取决于每年所花费经营费用（成本）的大小。所以在可行性研究中，对不同技术方案进行评价时，不仅要分析方案的投资额，还要分析项目建成后，该方案的生产成本的高低。追加投资回收期指标，就是用于对不同方案进行评价择优的。

追加投资指的是不同技术方案所需投资的差额。追加投资回收期，是指一个工程项目建设方案，用其方案与另一对比方案的成本相比较而出现的成本节约额来回收追加投资的期限。

1. 计算公式

$$T=\frac{K_1-K_2}{C_2-C_1}=\frac{\Delta K}{\Delta C} \tag{3-6}$$

式中　T——追加投资回收期；

K_1、K_2——不同方案的投资额，其中 $K_1>K_2$；

C_1、C_2——不同方案的年生产成本，其中 $C_2>C_1$；

ΔK——追加的投资；

ΔC——节约的年生产成本额。

2. 评价准则

将计算出的追加投资回收期（T）与所确定的基准投资回收期（P_c）进行比较：

（1）若 $T\leqslant P_c$，应选择投资额大的方案，说明在规定的投资回收期限内，多增加的投资能够用净收益的增加额或成本的节约额加以回收。

（2）若 $T>P_c$，应选择投资额小的方案，说明在规定的投资回收期限内，多增加的投资无法用净收益的增加额或成本的节约额加以回收。

【例3-4】 某项工程建设有两个设计方案，第一方案采用比较先进的技术设备，投资额为4 000万元，年成本为629万元；第二方案的投资额为3 000万元，年成本为900万元。两个方案的年销售收入均为1 200万元。若基准投资回收期为5年，试采用追加投资回收期法判断应选择哪个方案。

解：根据式（3-6），可得：

$$T=\frac{4\,000-3\,000}{900-629}\text{年}=3.69\text{年}<P_c=5\text{年}$$

所以，应选择投资额大的方案，即方案一。

（四）偿债能力指标

工程项目方案偿债能力是指项目实施企业偿还到期债务的能力。举债经营已经成为现代企业经营的一个显著特点，企业偿债能力的大小，是项目投资主体和债权人共同关心的指标，已成为判断和评价项目经济效果的重要方面。

1. 借款偿还期

借款偿还期是指根据国家财政规定及投资项目的具体财务条件，以项目可作为偿还贷款的收益（利润、折旧及其他收益）来偿还项目投资借款本金和利息所需要的时间。它是反映项目借款偿债能力的重要指标。

（1）计算公式

$$I_d = \sum_{t=1}^{P_d} (R_p + D + R_0 - R_r)_t \tag{3-7}$$

式中 P_d——借款偿还期（从借款开始年计算，当从投产年算起时，应予以注明）；

I_d——投资借款本金和利息（不包括已用自有资金支付的部分）之和；

R_p——第 t 年可用于还款的利润；

D——第 t 年可用于还款的折旧和摊销费；

R_0——第 t 年可用于还款的其他收益；

R_r——第 t 年企业留利。

在实际工作中，借款偿还期可直接从财务平衡表推算，以年表示。其具体推算公式如下：

$$P_d = （借款偿还后出现盈余的年份数 - 1）+ \frac{盈余当年应偿还借款额}{盈余当年可用于还款的余额} \tag{3-8}$$

【**例3-5**】 已知某项目借款还本付息数据见表3-3。计算该项目的借款偿还期。

表3-3 借款还本付息计算表　（单位：万元）

序号	计算期	1	2	3	4	5	6
1	本年借款						
1.1	本金	400	600				
1.2	利息（i=6%）	12	42.72	54.283 2	36.540 2	14.732 6	1.808 3
2	还款资金来源			300	400	400	400
2.1	利润总额			200	310	310	310
2.2	用于还款的折旧和摊销费			150	150	150	150
2.3	还款期企业留利			50	60	60	60
3	年末借款累计	412	1 054.72	809.003 2	445.543 4	60.276	

注：各年利息计算如下：

$$i_1 = \frac{1}{2} \times 400\text{万元} \times 6\% = 12\text{万元}$$

$$i_2 = (400 + 12 + \frac{1}{2} \times 600)\text{万元} \times 6\% = 42.72\text{万元}$$

$$i_3 = (400 + 12 + 600 + 42.72 - \frac{1}{2} \times 300)\text{万元} \times 6\% = (1\,054.72 - \frac{1}{2} \times 300)\text{万元} \times 6\% =$$

54.283 2 万元

$i_4=(1\ 054.72-300+54.283\ 2-\frac{1}{2}\times400)$ 万元 $\times6\%=(809.003\ 2-\frac{1}{2}\times400)$ 万元 $\times6\%=36.540\ 2$ 万元

$i_5=(809.003\ 2-400+36.540\ 2-\frac{1}{2}\times400)$ 万元 $\times6\%=(445.543\ 4-\frac{1}{2}\times400)$ 万元 $\times6\%=14.732\ 6$ 万元

$i_6=(445.543\ 4-400+14.732\ 6)$ 万元 $\times\frac{1}{2}\times6\%=1.808\ 3$ 万元

解：根据式（3-8），可以得到：

$$P_d=(6-1)+\frac{60.276\text{ 万元}+1.808\ 3\text{ 万元}}{400\text{ 万元}}=5.155\text{ 年}$$

（2）评价准则

借款偿还期满足贷款机构的要求期限时，即认为项目是有借款偿债能力的。

借款偿还期指标适用于那些计算最大偿还能力、尽快还款的项目，不适用于那些预先给定借款偿还期的项目。对于预先给定借款偿还期的项目，应采用利息备付率和偿债备付率指标分析项目的偿债能力。

2. 利息备付率

利息备付率也称已获利息倍数，是指投资方案在借款偿还期内的息税前利润与当期应付利息费用的比值。利息备付率从付息资金来源的充裕性角度反映投资方案偿付债务利息的保障程度。

（1）计算公式

$$\text{利息备付率}=\frac{\text{税息前利润}}{\text{当期应付利息费用}} \tag{3-9}$$

式中　税息前利润——利润总额与计入总成本费用的利息费用之和，即税息前利润 = 利润总额 + 计入总成本费用的利息费用；

当期应付利息——计入总成本费用的全部利息。

利息备付率可以分年计算，也可以按整个借款期计算。但分年的利息备付率更能反映偿债能力。

（2）评价准则

利息备付率越高，表明利息偿付的保障程度越高。对于正常经营的项目，利息备付率应当大于2。否则，表示项目的付息能力保障程度不足。尤其是当利息备付率低于1时，表示项目没有足够资金支付利息，偿债风险很大。另外，利息备付率指标还需要将该项目的指标与企业其他项目进行比较，来分析决定本项目的指标水平。

3. 偿债备付率

偿债备付率是指投资方案在借款偿还期内各年可用于还本付息的资金与当期应还本付息金额的比值。偿债备付率表示可用于还本付息的资金偿还借款本息的保障程度。

（1）计算公式

$$\text{偿债备付率}=\frac{\text{可用于还本付息的资金}}{\text{当期应还本付息的金额}} \tag{3-10}$$

式中，可用于还本付息的资金包括可用于还款的折旧和摊销、成本中列支的利息费用、可用于还款的利润等；当期应还本付息的金额包括当期应还贷款本金额及计入成本费用的利息。

偿债备付率可以分年计算，也可以按项目的整个借款期计算。同样，分年计算的偿债备付率更能反映偿债能力。

（2）评价准则

偿债备付率越高，表明可用于还本付息的资金保障程度越高。正常情况应当大于 1，且越高越好。当指标小于 1 时，表示当年资金来源不足以偿付当期债务，需要通过短期借款偿付已到期债务。

二、动态评价指标

动态评价指标又称为贴现指标，是指在分析项目或方案的经济效益时，要对发生在不同时间的效益、费用计算资金的时间价值，将现金流量进行等值化处理后计算评价指标。动态评价指标能较全面地反映投资方案整个计算期的经济效果，主要用于详细可行性研究中对方案的最终决策，或对计算期较长以及处在终评阶段的技术方案进行评价。动态评价指标主要有：动态投资回收期、净现值、净年值和内部收益率等。

（一）动态投资回收期

动态投资回收期是指将投资方案各年的净现金流量按基准收益率折成现值之后，再推算投资回收期，这是它与静态投资回收期的根本区别。动态投资回收期就是累计现值等于零时的年份。

1. 计算公式

$$\sum_{t=0}^{P'_t}(CI-CO)_t(1+i_c)^{-t}=0 \tag{3-11}$$

式中　P_t——动态投资回收期；

　　　i_c——基准收益率。

在实际应用中根据项目的现金流量表中的净现金流量现值，用下列近似公式计算：

$$P'_t=(\text{累计净现值开始出现正值的年数}-1)+\frac{\text{上一年累计净现值的绝对值}}{\text{出现正值年份净现值}} \tag{3-12}$$

【例 3-6】 数据与例 3-3 相同，某项目财务现金流量见表 3-4，已知基准投资收益率 $i_c=8\%$。试计算该项目的动态投资回收期。

表 3-4　某项目财务现金流量表　　（单位：万元）

计算期	0	1	2	3	4	5	6	7	8
净现金流量		-600	-900	300	500	500	500	500	500
净现金流量现值		-555.54	-771.57	238.14	367.5	340.3	315.1	291.75	270.15
累计净现金流量现值		-555.54	-1 327.11	-1 088.97	-721.47	-381.17	-66.07	225.68	495.83

解：根据式（3-12），可以得到：

$$P'_t=(7-1)\text{年}+\frac{|-66.07|\text{万元}}{291.75\text{ 万元}}=6.23\text{ 年}$$

2. 评价准则

若 $P'_t \leqslant P_c$，说明项目或方案能在要求的时间内收回投资，是可行的。

若 $P'_t > P_c$，则项目或方案不可行，应予以拒绝。

按静态分析计算的投资回收期较短，决策者可能认为经济效果尚可以接受。但若考虑时间因素，用折现法计算出的动态投资回收期，要比用传统方法计算出的静态投资回收期长些，该方案未必能被接受。

（二）净现值

净现值（Net Present Value，NPV）是反映工程项目在建设期和生产服务年限内获利能力的综合性动态评价指标。投资方案的净现值是指用一个预定的基准收益率（或设定的折现率）i_c，分别将整个计算期内各年所发生的净现金流量都折现到投资方案开始实施时的现值之和。

1. 计算公式

$$\mathrm{NPV} = \sum_{t=0}^{n} (\mathrm{CI} - \mathrm{CO})_t (1 + i_c)^{-t} \tag{3-13}$$

式中　NPV——净现值；

i_c——基准收益率（基准折现率）；

n——项目计算期。

2. 评价准则

净现值（NPV）是评价项目盈利能力的绝对指标。

（1）当 NPV >0 时，说明该方案除了满足基准收益率要求的盈利之外，还能得到超额收益，故该方案可行。

（2）当 NPV =0 时，说明该方案基本能满足基准收益率要求的盈利水平，方案勉强可行或有待改进。

（3）当 NPV <0 时，说明该方案不能满足基准收益率要求的盈利水平，该方案不可行。

3. 净现值指标的优点与不足

其优点在于：一是综合考虑了资金时间价值，能较合理地反映了投资项目的真正经济价值；二是考虑了项目计算期的全部现金净流量，体现了流动性与收益性的统一；三是考虑了投资风险性，因为贴现率的大小与风险大小有关，风险越大，贴现率就越高。但是该指标的缺点也是明显的，即无法直接反映投资项目的实际投资收益率水平；当各项目投资额不同时，难以确定最优的投资项目。

4. 基准收益率 i_c 的确定

基准收益率也称基准折现率，是企业或行业或投资者以动态的观点所确定的、可接受的投资方案最低标准的收益水平。它表明投资决策者对项目资金时间价值的估价，是投资资金应当获得的最低盈利率水平，是评价和判断投资方案在经济上是否可行的依据。

基准收益率的确定一般以行业的平均收益率为基础，同时综合考虑资金成本、投资风险、通货膨胀以及资金限制等影响因素。对于政府投资项目，进行经济评价时使用的基准收益率是由国家组织测定并发布的行业基准收益率；非政府投资项目，可由投资者自行确定基准收益率。确定基准收益率时应考虑以下因素：

（1）资金成本和机会成本。资金成本是为取得资金使用权所支付的费用。项目投资后所获利润额必须能够补偿资金成本，然后才能有利可言。因此，基准收益率不应小于资金成本，否则便无利可图。投资的机会成本是指投资者将有限的资金用于除拟建项目以外的其他投资机会所能获得的最佳收益。显然，基准收益率应不低于单位资金成本和单位投资的机会成本，这样才能使资金得到最有效的利用。这一要求可用下式表达：

$$i_c \geqslant i_1 = \max\{单位资金成本,单位投资机会成本\} \tag{3-14}$$

1）当项目完全由企业自有资金投资时，可参考行业基准收益率；可以理解为一种资金的机会成本。

2）当项目投资由自有资金和贷款组成时，最低收益率不应低于行业基准收益率与贷款利率的加权平均收益率。如果有几种不同的贷款时，贷款利率应为加权平均贷款利率。

（2）投资风险。在整个项目计算期内，有可能发生难以预料的环境变化，使投资者要冒着一定风险进行决策。因此，在确定基准收益率时，仅考虑资金成本、机会成本因素是不够的，还应考虑风险因素。通常，以一个适当的风险贴补率 i_2 来提高 i_c 值。即以一个较高的收益水平来补偿投资者所承担的风险，风险越大，贴补率越高。为此，投资者自然就要求获得较高的利润，否则他是不愿去冒风险的。为了限制对风险大、盈利低的项目进行投资，可以采取提高基准收益率的办法来进行投资方案的经济评价。

（3）通货膨胀。在通货膨胀影响下，各种材料、设备、房屋、土地的价格以及人工费都会上升。为反映和评价出拟建项目未来的真实经济效果，在确定基准收益率时，应考虑通货膨胀因素。若项目现金流量是按当年价格预测估算的，则应以年通货膨胀率 i_3 修正 i_c 值；若项目的现金流量是按基准年不变价格预测估算的，预测结果已排除通货膨胀因素的影响，就不再重复考虑通货膨胀的影响而去修正 i_c 值。

综合以上分析，基准收益率的确定如下：

1）当按当年价格预测项目现金流量时，

$$i_c = (1+i_1)(1+i_2)(1+i_3) - 1 \approx i_1 + i_2 + i_3 \tag{3-15}$$

2）当按不变价格预测项目现金流量时，

$$i_c = (1+i_1)(1+i_2) - 1 \approx i_1 + i_2 \tag{3-16}$$

上述近似处理的条件是 i_1、i_2、i_3 均为小数。

总之，资金成本和机会成本是确定基准收益率的基础，投资风险和通货膨胀是确定基准收益率必须考虑的影响因素。

【例 3-7】 某项目各年的现金流量见表 3-5 所列，已知 $i_c = 10\%$，试用净现值指标评价其经济可行性。

表 3-5 某项目各年的现金流量表 （单位：万元）

项目 \ 年份	0	1	2	3	4	5	6	7
1. 销售收入			1 500	1 500	1 500	1 500	1 500	1 500
2. 投资	2 000	2 000						
3. 经营成本			100	100	100	100	100	100
4. 净现金流量	−2 000	−2 000	1 400	1 400	1 400	1 400	1 400	1 400

解：由表中各年净现金流量得

$$NPV = -2\,000万元 - 2\,000万元 \times (P/F, 10\%, 1) + 1\,400万元 \times (P/A, 10\%, 6) \times (P/F, 10\%, 1) = 1\,724.6万元$$

计算结果表明，该投资方案达到预定的10%收益率外，还有现值为1 724.6万元的余额，因此该方案可行。

（三）净年值

净年值（Net Annual Value，NAV）又叫做等额年值、等额年金，是以基准收益率将项目计算期内净现金流量等值换算而成的等额年值。它与净现值（NPV）的相同之处是：两者都要在给出的基准收益率的基础上进行计算；两者的不同之处是：净现值把投资过程的现金流量折算为基准期的现值，而净年值则是把该现金流量折算为等额年值。

1. 计算公式

$$NAV = \left[\sum_{t=0}^{n} (CI - CO)_t (1 + i_c)^{-t}\right] (A/P, i_c, n) \tag{3-17}$$

或

$$NAV = NPV(A/P, i_c, n) \tag{3-18}$$

2. 评价准则

由于 $(A/P, i_c, n) > 0$，由式（3-18）可知，NAV与NPV总是同为正或同为负，故NAV与NPV在评价同一个项目时的结论总是一致的，其评价准则是：

1）$NAV \geqslant 0$ 时，则投资方案在经济上可以接受。

2）$NAV < 0$ 时，则投资方案在经济上应予以拒绝。

【例3-8】 某投资方案初始投资5 000万元，第一年收益2 000万元，第二年收益4 000万元，第三年亏损1 000万元，第四年收益7 000万元，设 $i_c = 10\%$，求该方案的净年值NAV。

解：

$$NAV = [-5\,000万元 + 2\,000万元 \times (P/F, 10\%, 1) + 4\,000万元 \times (P/F, 10\%, 2) - 1\,000万元(P/F, 10\%, 3) + 7\,000万元 \times (P/F, 10\%, 4)](A/P, 10\%, 4) = 1\,311万元$$

（四）内部收益率

内部收益率又称内含报酬率，它是除净现值以外的另一个最重要的动态经济评价指标。内部收益率是所得与所费的相对值，而净现值是所得与所费的绝对值，两个指标如出一辙。

内部收益率（Internal Rate of Return，IRR）是使投资方案在计算期内各年净现金流量的现值累计（即项目净现值）等于零时的折现率。即在该折现率时，项目的现金流入现值和等于其现金流出的现值和。

对具有常规现金流量（即在计算期内，开始时有支出而后才有收益，且方案的净现金流量序列的符号只改变一次的现金流量）的投资方案，其项目净现值的大小与折现率的高低有直接的关系。即项目净现值是折现率的函数，其表达式如下：

$$NPV(i) = \sum_{t=0}^{n} (CI - CO)_t (1 + i_c)^{-t}$$

工程经济中常规投资项目的净现值函数曲线在其定义域（即 $-1 < i < +\infty$）内，随着折现率的逐渐增大，项目净现值由大变小，由正变负，NPV与 i 之间的关系一般如图3-2

所示。

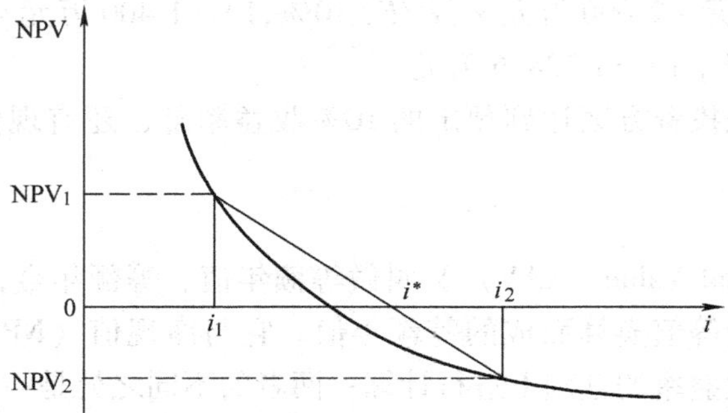

图 3-2 常规投资项目净现值函数曲线

按照净现值的评价准则，只要 NPV（i）≥0，方案或项目就可接受，但由于 NPV（i）是 i 的递减函数，故折现率定得越高，方案被接受的可能性就越小。显然，i 可以大到使 NPV（i）=0，这时 NPV（i）曲线与横轴相交，i 达到了其临界值 i^*。可以说，i^* 是净现值评价准则的一个分水岭，i^* 即为内部收益率 IRR。其实质就是使投资方案在计算期内各年净现金流量的现值累计等于零时的折现率。

1. 计算公式

对常规投资项目，内部收益率就是净现值为零时的收益率，其数学表达式为：

$$NPV(IRR) = \sum_{t=0}^{n}(CI - CO)_t(1 + IRR)^{-t} = 0 \tag{3-19}$$

式中 IRR——内部收益率。

由于 IRR 值可达到的项目净现值等于零，则项目的净年值也必为零。故有：

$$NPV(IRR) = NAV(IRR) = 0 \tag{3-20}$$

内部收益率是一个未知的折现率，由式（3-19）可知，求方程式中的折现率需解高次方程，不易求解。在实际工作中，一般是通过计算机进行计算，手算时可分以下两种情况确定 IRR。

（1）经营期内各年现金净流量相等，且全部投资均于建设起点一次投入，建设期为零

经营期每年相等的净现金流量（NCF）×年金现值系数（P/A，IRR，n）－投资总额 =0

内部收益率具体计算的程序如下：

1）计算年金现值系数（P/A，IRR，n）。

$$年金现值系数 = \frac{投资总额}{经营期每年相等的净现金流量}$$

2）根据计算出来的年金现值系数与已知的年限 n，查年金现值系数表，确定内部收益率的范围。

3）用线性内插法求出内部收益率。

$$IRR = i_1 + \frac{(P/A, IRR, n) - f_1}{f_2 - f_1}(i_2 - i_1) \tag{3-21}$$

式中 f_1、f_2——i_1、i_2对应的年金现值系数。

【**例 3-9**】 某项目初始投资 30 000 元，年净收益 9 000 元，使用寿命 6 年，期末无残

值。试计算内部收益率。

解：$(P/A, \text{IRR}, 6) = \dfrac{30\ 000}{9\ 000} = 3.333\ 3$

查表可知，$(P/A, 15\%, 6) = 3.784\ 5$

$(P/A, 20\%, 6) = 3.325\ 5$

则：$\text{IRR} = 15\% + \dfrac{3.333\ 3 - 3.784\ 5}{3.325\ 5 - 3.784\ 5} \times (20\% - 15\%) = 19.92\%$

（2）经营期内各年现金净流量不相等。若投资项目在经营期内各年现金净流量不相等，或建设期不为零，投资额是在建设期内分次投入的情况下，无法应用上述的简便方法，必须按定义采用逐次测试的方法，计算能使净现值等于零的贴现率，即内部收益率。可采用试算法计算。

试算法确定 IRR 的基本原理：首先试用 i_1 计算，若得 $\text{NPV}_1 > 0$，再试用 i_2（$i_2 > i_1$）。若 $\text{NPV}_2 < 0$，则 NPV = 0 时的 IRR 一定在 i_1 至 i_2 之间，如图 3-2 所示。此时，可用线性内插法求得 IRR 的近似值，其计算公式为：

$$\text{IRR} = i_1 + \frac{\text{NPV}_1}{\text{NPV}_1 + |\text{NPV}_2|}(i_2 - i_1) \tag{3-22}$$

为了保证 IRR 的精度，i_1 与 i_2 之间的差距以不超过 2% 为宜，最大不要超过 5%。

采用线性内插法计算 IRR 只适用于具有常规现金流量的投资方案。而对于具有非常规现金流量的方案，由于其内部收益率的存在可能不唯一，因而不太适用内插法。

2. 评价准则

求得内部收益率后，与基准收益率 i_c 进行比较：

1）若 $\text{IRR} \geqslant i_c$，则投资方案在经济上可以接受。

2）若 $\text{IRR} < i_c$，则投资方案在经济上应予以拒绝。

【例 3-10】 某项目计算期内净现金流量见表 3-6，基准收益率为 10%，试用内部收益率指标判断项目经济上是否可行。

表 3-6　项目现金流量表　（单位：万元）

年份（年末）	0	1 ~ 9	10
净现金流量	-5 000	100	7 100

解：为了求 IRR 的值，可列出等式

$\text{NPV}(i) = -5\ 000$ 万元 $+ 100$ 万元 $\times (P/A, \text{IRR}, 10) + 7\ 000$ 万元 $\times (P/F, \text{IRR}, 10) = 0$

取 $i_1 = 5\%$，即：

$\text{NPV}(5\%) = -5\ 000$ 万元 $+ 100$ 万元 $\times (P/A, 5\%, 10) + 7\ 000$ 万元 $\times (P/F, 5\%, 10) =$ 69.64 万元

结果为正值，由现值函数规律可知 NPV（i）值随 i 的增加而减少，为使净现值为零或负值，用 $i_2 = 6\%$，试算

$\text{NPV}(6\%) = -5\ 000$ 万元 $+ 100$ 万元 $\times (P/A, 6\%, 10) + 7\ 000$ 万元 $\times (P/F, 6\%, 10)$

$= -355.19$ 万元

可见，内部收益率必然在 5% ~ 6% 之间，代入线性内插法计算公式求得

$$\begin{aligned}\text{IRR} &= 5\% + \frac{69.46}{69.46 + 335.19} \times (6\% - 5\%)\\ &= 5.17\%\end{aligned}$$

因为 IRR = 5.16% < 10%，故该方案在经济上应予以拒绝。

3. 内部收益率指标的优点与不足

内部收益率指标考虑了资金的时间价值以及项目在整个计算期内的经济状况；能够直接衡量项目未回收投资的收益率；不需要事先确定一个基准收益率，而只需要知道基准收益率的大致范围即可。但不足的是内部收益率计算需要大量与投资项目有关的数据，计算比较麻烦；对于具有非常规现金流量的项目来讲，其内部收益率往往不是唯一的，在某些情况下甚至不存在。

（五）净现值率

净现值率（Net Present Value Rate，NPVR）是项目财务净现值与项目总投资现值之比，其经济含义是单位投资现值所能带来的财务净现值，是一个考察项目单位投资盈利能力的指标。由于财务净现值不直接考察项目投资额的大小，故为考察投资的利用效率，常用财务净现值率作为财务净现值的辅助评价指标。

当对比的两个方案投资额不同时，如果仅以各方案的 NPV 大小来选择方案，可能导致不正确的结论。因为净现值只表明盈利总额，不能说明投资的利用效果。单纯以净现值最大作为方案选优的标准，往往导致评价人趋向于选择投资大、盈利多的方案，而忽视盈利额较多，但投资更少，经济效果更好的方案。为此，可采用净现值的相对指标（单位投资的净现值），即净现值率来进行评价。

1. 计算公式

$$\text{NPVR} = \frac{\text{NPV}}{K_P} = \frac{\sum_{t=0}^{n}(\text{CI} - \text{CO})_t (1 + i_c)^{-t}}{\sum_{t=0}^{n} K_t (1 + i_c)^{-t}} \tag{3-23}$$

式中　NPVR——净现值率；

K_P——项目总投资现值。

2. 评价准则

1）若 NPVR≥0，方案能接受；

2）若 NPVR<0，方案不能接受；

仍用例 3-7 的数据，可得

$$\text{净现值率（NPVR）} = \frac{1\,724.6\text{ 万元}}{2\,000\text{ 万元} + 2\,000\text{ 万元} \times (P/F, 10\%, 1)} = 0.45$$

因为，NPVR > 0，所以，该方案可行。

（六）评价指标之间的关系

净现值 NPV，净年值 NAV，内部收益率 IRR 和净现值率 NPVR 指标之间存在以下数量关系，即：

当 NPV > 0 时，NAV > 0，IRR > i_c，NPVR < 0

当 NPV = 0 时，NAV = 0，IRR = i_c，NPVR = 0

当 NPV > 0 时，NAV < 0，IRR > i_c，NPVR < 0

这些指标的计算结果都受到建设期和经营期的长短、投资金额及方式，以及各年现金净流量的影响。计算净现值、净现值率和动态投资回收期所依据的贴现率（i_c）都是已知的，而内部收益率（IRR）的计算本身与贴现率（i_c）的高低无关，只是采用这一指标的决策标准是将所测算的内部收益率与其贴现率进行对比，当 IRR ≥ i_c时该方案是可行的。

第二节　工程项目方案经济评价

一、评价方案类型

计算评价指标的目的是为了进行项目投资方案的对比与选优，使它们在方案的对比与选优中正确地发挥作用，为项目投资方案提供决策的定量依据。但投资方案对比与选优的方法会因项目投资方案的不同而有区别。

所谓方案类型是指一组备选方案之间所具有的相互关系。这种关系一般分为单一方案（又称独立型方案）和多方案两类。而多方案又分为互斥型、互补型、现金流量相关型、组合—互斥型和混合相关型 5 种，如图 3-3 所示。

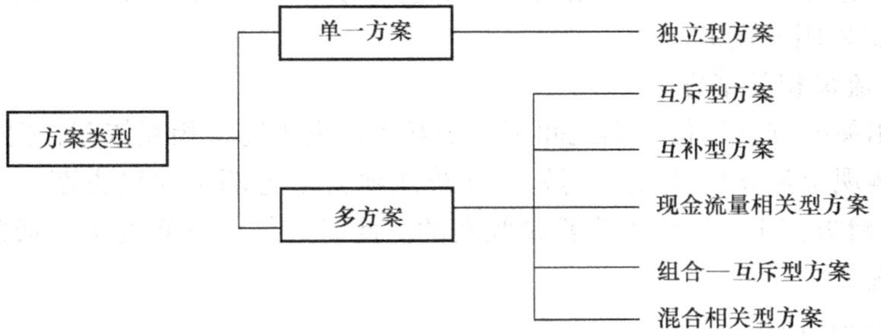

图 3-3　比选评价方案的类型

（一）独立型方案

独立型方案是指方案之间不具有排他性，在一组方案中，采纳某一方案不会影响采纳其他方案。例如，公司打算购买一台塔式起重机、一台推土机和一辆汽车，购买其中一台设备并不影响购买其他两种设备，这就是独立型方案。独立型方案的效果可以叠加。

（二）互斥型方案

互斥型方案又称排他型方案。在若干备选方案中，各个方案彼此可以相互代替，因此方案具有排他性，选择其中任何一个方案，则其他方案必然被排斥。这种择此就不能择彼的若干方案，就叫互斥型方案或排他型方案。例如，某公司计划购买一台塔式起重机，市场上有同类型产品三个厂家可供选择，只能购买其中一种，不能同时选购各厂家的产品，这就是互斥型方案。互斥型方案的效果不能叠加。在工程建设中，互斥型方案还可按以下因素进行分类：

（1）按项目计算期不同，投资方案可分为：

1）计算期相同的互斥方案，即参与对比或评价方案的项目计算期均相同。

2）计算期不同的互斥方案，即参与对比或评价方案的项目计算期均不相同。

3）无限寿命的互斥方案，在工程建设中，永久性工程即可视为无限寿命的工程，如大型水坝、运河工程等。

（2）按规模不同，投资方案可分为：

1）相同规模的方案，即参与对比或评价的方案具有相同的产出量或容量，在满足相同功能的数量方面具有一致性和可比性。

2）不同规模的方案，参与评价的方案具有不同的产出量或容量，在满足相同功能的数量方面不具有一致性和可比性。

项目互斥方案比较，是工程经济评价工作的重要组成部分，也是寻求合理决策的必要手段。

（三）互补型方案

互补型方案是指在方案之间存在技术经济互补关系的一组方案。某一方案的接受有助于其他方案的接受。根据互补方案之间相互依存的关系，互补方案可能是对称的，如建设一个大型非港口电站，必须同时建设铁路、电厂，它们无论在建成时间、建设规模上都要彼此适应，缺少其中任何一个项目，其他项目就不能正常运行。因此，它们之间是互补型方案，又是对称的。此外，还存在着大量非对称性的经济互补关系，如建造一座建筑物 A 和增加一个空调系统 B，建筑物 A 本身是有用的，增加空调系统 B 后使建筑物 A 更有用，但采用方案 A 并不一定要采用方案 B。

（四）现金流量相关型方案

现金流量相关型方案是指方案之间不完全互斥，也不完全相互依存，但任一方案的取舍会导致其他方案现金流量的变化。例如，某跨江项目考虑两个建设方案，一个是建桥方案 A，另一个是轮渡方案 B，两个方案都是收费的。此时，任一方案的实施或放弃都会影响另一方案的现金流量。

（五）组合—互斥型方案

组合—互斥型方案是指在若干可采用的独立方案中，如果有资源约束条件（如受资金、劳动力、材料、设备及其他资源拥有量限制），只能从中选择一部分方案实施时，可以将它们组合为互斥型方案。

投资方案实质上是由若干个投资建议组成的一种投资机会。投资建议不同于投资方案，它只是一种投资的可能性。方案组合就是列出由投资建议组成的所有可能方案组。这样组成的方案在经济上都是互不相容的互斥方案。然后再根据约束条件进行方案的选择。现举例加以说明。

【例 3-11】 表 3-7 所列的三个建议方案，可组成多少互斥方案？

表 3-7 三个建议方案

建议方案	初始投资/万元
A	1.2
B	1.0
C	1.7

解：用 A、B、C 组成所有的互斥方案，第一次每取一个，可组成三个互斥方案，第二次每取两个，以此类推，其结果见表 3-8 所列，一共为 7 个互斥方案。采用这种方法组合方案，如果有 n 个建议方案，则可组成 2^n-1 个互斥方案。

表 3-8　组合方案

组号	方案组合	组合投资	组号	方案组合	组合投资
1	A	1.2	5	A—C	2.9
2	B	1.0	6	B—C	2.7
3	C	1.7	7	A—B—C	3.9
4	A—B	2.2			

现在可用上面的例子，讨论约束条件如何影响方案组合的数目。

1）假定投资预算为 2.8 万元，超过这个限额的方案组 A—C 和 A—B—C 将被排除。

2）若是受到互斥条件的约束，假如 B 和 C 为相互排斥的方案，投资限额仍为 2.8 万元，由于 B 和 C 是相互排斥的，这就否定了同时包含 B、C 在一组的方案，因而可行组只有 B、A、C 和 A—B 四组。

3）此外，相关性方案也会减少方案组的数目，如 B 从属于 A，即 B 要实现 A 也一定要实现，A 实现 B 可以不实现，就是说 A 可以没有 B 而单独存在。这个约束条件要求从可行组中排除 B 或所有包括 B 而无 A 的组，这样应排除 B 组合有 B 而无 A 的 B—C 组，于是可行组只剩下 A、C 和 A—B 组。

当然，还可以用其他约束条件来反映更现实的情况，但上述三点足以说明这类约束条件的作用，即减少可行方案组的数目。然后便可从剩下的互斥型方案中选择效益最好的方案。

（六）混合相关型方案

混合相关型方案是指在方案众多的情况下，方案间的相关关系可能包括上述类型中的多种，这些方案称为混合相关型方案。

在方案评价前，分清方案属于何种类型是非常重要的。因为方案类型不同，其评价方法、选择和判断的尺度就不同。如果方案类型划分不当，会带来错误的评价结果。在方案评价中，以独立型方案和互斥型方案最为常见。

与单方案评价相比，多方案的比选要复杂得多，所涉及的影响因素、评价方法以及要考虑的问题都要多得多，归纳起来，主要有以下四个方面：

1. 备选方案的筛选

备选方案的筛选，剔除不可行的方案，因为不可行的方案是没有资格参加方案比选的。

2. 进行方案比选时所考虑的因素

多方案比选可按方案的全部因素计算多个方案的全部经济效益与费用，进行全面的分析对比，也可仅就各个方案的不同因素计算其相对经济效益和费用，进行局部的分析对比。另外还要注意各个方案间的可比性，要遵循效益与费用计算口径相一致的原则。

3. 各个方案的结构类型

对于不同结构类型的方案比较要选用不同的比较方法和评价指标，考察的结构类型所涉及的因素有：方案的计算期是否相同，方案所需的资金来源有否限制，以及方案的投资额是否相差过大等。

4. 备选方案之间的关系

备选方案之间的关系不同，决定了所用的评价方法也会有所不同。方案之间的关系如前所述，即互斥关系、独立关系和相关关系。

二、单一方案（独立型方案）经济评价

独立方案评价选择的实质是在“做”与“不做”之间进行选择。独立型方案之间的效果具有可加性，但其选择可能会出现两种情况：一种是企业可利用的资金足够多，无资金限额；另一种是企业可利用的资金是有限制的，在不超出资金限额的条件下，选出最佳的方案组合。

（一）资金不限情况下的方案选择

当企业或投资部门有足够的资金可供使用，此时，独立方案的选择，取决于方案自身的经济性，即方案的经济效果是否达到或超过了预定的评价标准或水平。欲知这一点，只需通过计算方案的经济效果指标，并按照指标的判别准则加以检验就可做到。这种对方案自身经济性的检验叫做“绝对经济效果检验”。若方案通过了绝对经济效果检验，就认为方案在经济上是可行的，否则应予以拒绝。

1. 应用投资收益率进行评价

1）确定行业的基准投资收益率（R_c）。

2）计算投资方案的投资收益率（R）。

3）进行判断。$R \geqslant R_c$，表明方案在经济上是可行的。

2. 应用投资回收期进行评价

1）确定行业或投资者的基准投资回收期（P_c）。

2）计算投资方案的静态投资回收期（P_t）。

3）进行判断。$P_t \leqslant P_c$，表明方案在经济上是可行的。

3. 应用 NPV 进行评价

1）依据现金流量表和确定的基准收益率（i_c）计算方案的净现值（NPV）。

2）进行判断。当 NPV≥0 时，表明方案在经济上是可行的。

4. 应用 NAV 进行评价

1）依据现金流量表和确定的基准收益率（i_c）计算方案的净年值（NAV）。

2）进行判断。当 NAV≥0 时，表明方案在经济上是可行的。

5. 应用 IRR 进行评价

计算出内部收益率后，将 IRR 与基准收益率 i_c 进行比较。当 IRR≥i_c，表明方案在经济上是可行的。

（二）资金有限情况下的方案选择

在大多数情况下，资金总是有限的，因而不能实施所有可行方案。这时问题的实质是排列方案的优先次序，使净收益大的方案优先采纳，以求取得最大的经济效益。

1. 独立方案互斥化法（即组合—互斥型方案）

独立方案互斥化法是指在资金限制的情况下，将相互独立的方案组合成总投资额不超过投资限额的组合方案，这样各个组合方案之间的关系就变成了互斥的关系，然后利用互斥方

案的比选方法（如净现值法等）对方案进行比选，选择出最佳方案。

【例 3-12】 有三个相互独立的方案 A、B、C，其寿命期均为 10 年，现金流量见表 3-9。设 $i_c=15\%$。求：①当资金无限额时，试判断各方案的经济可行性。②当资金限额为 18 000 万元，应如何选择方案？

表 3-9 各方案的现金流量及计算结果 （单位：万元）

方案	初始投资	年收入	年支出	年净收益	NPV	NAV	IRR
A	5 000	2 400	1 000	1 400	2 027 >0	404 >0	$25\% > i_c$
B	8 000	3 100	1 200	1 900	1 536 >0	306 >0	$20\% > i_c$
C	10 000	4 000	1 500	2 500	2 547 >0	507 >0	$22\% > i_c$

解：① 以 A 方案为例，NPV、NAV 和 IRR_A 的计算过程和结果如下：

NPV_A = −5 000 万元 +（2 400 − 1 000）万元 ×（P/A，15%，10）= 2 027 万元

NAV_A = −5 000 万元 ×（A/P，15%，10）− 1 000 万元 + 2 400 万元 = 404 万元

由 −5 000 万元 + 1 400 万元 ×（P/A，IRR_A，10）= 0，解得：IRR_A = 25%。

同理，可求得 B、C 方案的 NPV_B、NAV_B、IRR_B 和 NPV_C、NAV_C、IRR_c 值，见表 3-9。由表可知 A、B、C 三个方案均分别满足净现值、净年值和内部收益率指标的评价准则，故 A、B、C 三个方案均可接受。

由上例可见，对于独立方案，不论采用净现值、净年值或内部收益率评价指标，评价结论都是一样的；同时也可看出内部收益率评价指标不能用于对方案比选，对方案比选应采用差额内部收益率法。

② 列出所有的互斥方案组合，共 $2^3-1=7$ 个。如果本题采用净现值法，在资金限额不超过 18 000 万元的方案组合中，以净现值最大选取最佳方案组合，见表 3-10。

表 3-10 方案组合计算表 （单位：万元）

序号	1	2	3	4	5	6	7
方案组合	A	B	C	A—B	A—C	B—C	A—B—C
初始投资	5 000	8 000	10 000	13 000	15 000	18 000	23 000
年净收益	1 400	1 900	2 500	3 300	3 900	4 400	5 800
净现值	2 027	1 536	2 547	3 563	4 574	4 083	6 110

从表中可看出，资金不超过 18 000 万元限额的方案组合有 6 个，即 A、B、C、A—C、A—B 和 B—C。其中 A—C 方案组合的净现值最大，故选 A—C 两方案。

2. 净现值率排序法

所谓净现值率排序法，是指将净现值率大于或等于零的各个方案按净现值率的大小依次排序，并依此次序选取方案，直至所选取的方案组合的投资总额最大限度地接近或等于投资限额为止。

【例 3-13】 根据例 3-12 的资料，试利用净现值率排序法作出最佳投资决策。

解：首先计算 A、B、C 三个方案的净现值率：

$$NPVR_A = 40.54\%$$

$$NPVR_B = 19.20\%$$

$$NPVR_c = 25.47\%$$

然后将各方案按净现值率的大小从大到小顺序排序，结果见表 3-11。

表 3-11 A、B、C 三个方案的 NPVR 排序表 （单位：万元）

方案	净现值率（%）	投资额	累计投资额
A	40.54	5 000	5 000
C	25.47	10 000	15 000
B	19.2	8 000	23 000

根据表 3-11 可知，方案的选择顺序是 A→C→B。由于资金限制为 18 000 万元，故最佳投资决策为方案 A、C 的组合。

在对具有资金限制的独立方案进行比选时，独立方案互斥化法和净现值率排序法各有其优劣。净现值率排序法的优点是计算简便，选择方法简明扼要；缺点是由于投资方案的不可分性，经常会出现资金没有被充分利用的情况，因而不一定能保证获得最佳组合方案。而独立方案互斥化法的优点是在各种情况下均能保证获得最佳组合方案；但缺点是在方案数目较多时，其计算比较繁琐。因此在实际应用中，应该综合考虑各种因素，选用适当的方法进行方案比较。

三、互斥型方案经济评价

互斥方案是指诸方案之间存在着互不相容、互相排斥的关系，在多个方案中只能选择一个方案。互斥方案的选择一般先以绝对经济效益方法筛选方案，然后以相对经济效益方法优选方案。但是无论如何，参加比较的方案，不论是寿命期相等的方案，还是寿命期不等的方案，不论使用何种评价指标，都必须满足方案间具有可比性的要求。

（一）互斥方案的静态评价法

互斥方案静态分析常用增量投资收益率、增量投资回收期、年折算费用和综合总费用等评价方法进行相对经济效果的评价。

1. 增量投资收益率法

增量投资收益率就是指通过计算互斥方案增量投资收益率，即增量投资所带来的经营成本上的节约与增量投资之比，以此判断互斥方案的相对经济效果，据此选择方案。

现有甲、乙两个互斥方案，其效用（效益、规模）相同或基本相同，如果其中一个方案的投资额和经营成本都最小时，则该方案就是最理想的方案。但是实践中往往达不到这样的要求。

经常出现的情况是某一个方案的投资额小，但经营成本却较高；而另一方案正相反，其投资额较大，但经营成本却较低。这样，投资大的方案与投资小的方案就形成了增量的投资，但投资大的方案正好经营成本较低，它比投资小的方案在经营成本上又带来了节约。

现假设 I_1、I_2分别为甲、乙两个方案的投资额，C_1、C_2为甲、乙方案的经营成本。

如 $I_2 > I_1$，$C_2 < C_1$，则增量投资收益率 $R_{(2-1)}$，为：

$$R_{(2-1)} = \frac{C_1 - C_2}{I_2 - I_1} \times 100\% \tag{3-24}$$

当得到的增量投资收益率大于基准投资收益率时，则投资额大的方案可行，它表明投资的增量（I_2-I_1）完全可以由经营成本的节约（C_1-C_2）得到补偿。反之，投资额小的方案为优选方案。

2. 增量投资回收期法

增量投资回收期就是用互斥方案经营成本的节约或增量净收益来补偿其增量投资的年限。

当各年经营成本的节约（C_1-C_2）基本相同时，其计算公式为：

$$P_{t(2-1)}=\frac{I_2-I_1}{C_1-C_2} \tag{3-25}$$

当各年经营成本的节约（C_1-C_2）差异较大时，其计算公式为：

$$(I_2-I_1)=\sum_{t=1}^{P_{t(2-1)}}(C_1-C_2)_t \tag{3-26}$$

当得到的增量投资回收期小于基准投资回收期时，投资额大的方案可行；反之，投资额小的方案为优选方案。

在上述方案比较过程中，如果相比较的两个方案生产规模相同，即年收入相同时，其年经营成本的节约额实质上就是它们的年收益额之差。

3. 年折算费用法

当互斥方案个数较多时，用增量投资收益率、增量投资回收期进行方案经济比较，要进行两两比较逐个淘汰，比选次数较多。而运用年折算费用法，只需计算各方案的年折算费用，即将投资额用基准投资回收期分摊到各年，再与各年的年经营成本相加。年折算费用计算公式如下：

$$Z_j=\frac{I_j}{P_c}+C_j \tag{3-27}$$

或

$$Z_j=I_j\times i_c+C_j \tag{3-28}$$

式中　Z_j——第 j 个方案的年折算费用；

I_j——第 j 个方案的总投资；

P_c——基准投资回收期；

i_c——基准投资收益率；

C_j——第 j 个方案的年经营成本。

在多方案比较时，可以用方案的年折算费用大小作为评价准则，选择年折算费用最小者为最优方案。这与增量投资收益率法的结论是一致的。年折算费用法计算简便，评价准则直观、明确。

4. 综合总费用法

方案的综合总费用即为方案的投资与基准投资回收期内年经营成本的总和。计算公式如下：

$$S_j=I_j+P_c\times C_j \tag{3-29}$$

式中　S_j——第 j 个方案的综合总费用。

很显然，$S_j=P_c\times Z_j$。故方案的综合总费用即为基准投资回收期内年折算费用的总和。

在方案评选时，综合总费用为最小的方案即 $\min\{S_j\}$ 即为最优方案。

以上几种互斥方案静态评价方法，虽概念清晰、计算简便，但主要缺点是没有考虑资金的时间价值，对方案未来时期的发展变化情况，例如，投资方案的使用年限，投资回收以后方案的收益，方案使用年限终了时的残值，方案在使用过程中更新和追加的投资及其效果等未能充分反映。因此，静态评价方法仅适用于方案初评或作为辅助评价方法采用。

（二）互斥方案的动态评价法

动态评价强调利用时间价值将不同时间内资金的流入和流出，换算成同一时点的价值，从而消除方案时间上的不可比性，并能反映方案在未来时期的发展变化情况。常用的互斥方案经济效果动态评价方法有净现值（NPV）、内部收益率（IRR）、净年值（NAV）、净现值率（NPVR）等几种。

1. 计算期相同的互斥方案经济评价

由于各个备选方案的项目计算期相同，但投资额不一定一致，投资额不一致，就要采用不同的经济评价方法。因而，要根据各个方案的投资额相等与否，来决定应采用的经济评价方法。

（1）项目计算期与投资额均相等的互斥方案经济评价

此时可采用净现值法或内部收益率法。

所谓净现值法是指对项目计算期与投资额均相等的互斥方案评价时，首先剔除 NPV < 0 的方案，即进行方案的绝对效果检验；然后对所有 NPV ≥ 0 的方案比较其净现值，选择净现值最大的方案为最佳方案。

所谓内部收益率法是指通过比较互斥方案的内部收益率指标的大小来选择最优方案的方法。内部收益率最大的方案为优。

【例 3-14】 某企业现有资金 100 万元可用于固定资产项目投资，有 A、B、C、D 四个互相排斥的备选方案可供选择，这四个方案投资总额均为 100 万元，项目计算期都为 6 年，基准收益率为 10%，现经计算：

$$NPV_A = 8.1253 \text{ 万元} \qquad IRR_A = 13.3\%$$
$$NPV_B = 12.25 \text{ 万元} \qquad IRR_B = 16.87\%$$
$$NPV_C = -2.12 \text{ 万元} \qquad IRR_C = 8.96\%$$
$$NPV_D = 10.36 \text{ 万元} \qquad IRR_D = 15.02\%$$

要求： 决策哪一个投资方案为最优。

解： 因为 C 方案净现值为 -2.12 万元，小于零，内部收益率为 8.96%，小于基准收益率，不符合财务可行的必要条件，应舍去。

又因为 A、B、D 三个备选方案的净现值均大于零，且内部收益率均大于基准收益率。所以 A、B、D 三个方案均符合财务可行的必要条件。

且 $NPV_B > NPV_D > NPV_A$，$IRR_B > IRR_D > IRR_A$

所以 B 方案最优，D 方案为其次，最差为 A 方案，应采用 B 方案。

另外，如前所述，净年值评价与净现值评价是等价的（或等效的）。

同样，在互斥方案评价时，只需按方案的净年值的大小直接进行比较即可得出最优可行方案。即分别计算各方案的等额年值，凡等额年值小于 0 的方案，先行淘汰，在余下方案中，选择等额年值大者为优。

采用等额年费用（AC）或净年值（NAV）进行评价所得出的结论是完全一致的。

（2）项目计算期相等，但投资额不相等的互斥方案经济评价

此时主要可采用增量法。所谓增量法，又叫差额法，是指在两个投资总额不同方案的增量现金净流量（记作 ΔNCF）的基础上，计算出增量净现值（记作 ΔNPV）、增量净年值（ΔNAV）或增量内部收益率（记作 ΔIRR），并据以判断方案孰优孰劣的方法。

在此方法下，一般以投资额大的方案减投资额小的方案，当 ΔNPV >0、ΔNAV >0 或 $\Delta IRR \geqslant i_c$时，投资额大的方案较优；反之，则投资额小的方案为优。

1）增量净现值法（记作 ΔNPV）和增量净年值法（ΔNAV）

【例 3-15】 现有两互斥方案，其净现金流量见表 3-12。设基准收益率为 10%，试用增量净现值评价方案。

表 3-12　两互斥方案净现金流量表　（单位：万元）

方案	净现金流量				
	0	1	2	3	4
方案 1	-7 000	1 000	2 000	6 000	4 000
方案 2	-4 000	1 000	1 000	3 000	3 000

解： $\Delta NCF_0 = -7\,000$ 万元 $-$ （$-4\,000$）万元 $= -3\,000$ 万元

$\Delta NCF_1 = 1\,000$ 万元 $- 1\,000$ 万元 $= 0$ 万元

$\Delta NCF_2 = 2\,000$ 万元 $- 1\,000$ 万元 $= 1\,000$ 万元

$\Delta NCF_3 = 6\,000$ 万元 $- 3\,000$ 万元 $= 3\,000$ 万元

$\Delta NCF_4 = 4\,000$ 万元 $- 3\,000$ 万元 $= 1\,000$ 万元

$\Delta NPV_{1-2} = -3\,000$ 万元 $+ 1\,000$ 万元 $\times (P/F, 10\%, 2) + 3\,000$ 万元 $\times (P/F, 10\%, 3) + 1\,000$ 万元 $\times (P/F, 10\%, 4)$

$= 763.3$ 万元 > 0

由以上计算表明，增量净现值为 763.3 万元，大于零，所以应选择方案 1。

【例 3-16】 仍以例 3-15 的数据，用净现值判据选择最优方案。

解：

$NPV_1 = -7\,000$ 万元 $+ 1\,000$ 万元 $\times (P/F, 10\%, 1) + 2\,000$ 万元 $\times (P/F, 10\%, 2) + 6\,000$ 万元 $\times (P/F, 10\%, 3) + 4\,000$ 万元 $\times (P/F, 10\%, 4)$

$= 2\,801.7$ 万元

$NPV_2 = -4\,000$ 万元 $+ 1\,000$ 万元 $\times (P/F, 10\%, 1) + 1\,000$ 万元 $\times (P/F, 10\%, 2) + 3\,000$ 万元 $\times (P/F, 10\%, 3) + 3\,000$ 万元 $\times (P/F, 10\%, 4)$

$= 2\,038.4$ 万元

计算结果表明，方案 1 仍是最优方案。

从例 3-15 和例 3-16 结果可以看出，按增量净现值比较的结果同直接用净现值比较的结果完全一致，以公式表示，即

$$NPV(i)_B - NPV(i)_A = NPV(i)_{B-A} \tag{3-30}$$

证明：按净现值公式，设 $(CI - CO)_t$，为 NCF_t，则

$$NPV(i)_j = \sum_{t=0}^{n} NCF_{jt}(1+i)^{-t}$$

$$\begin{aligned}NPV(i)_B - NPV(i)_A &= \sum_{t=0}^{n} NCF_{Bi}(1+i)^{-t} - \sum_{t=0}^{n} NCF_{Ai}(1+i)^{-t} \\ &= NCF_{B0} - NCF_{A0} + NCF_{B1}(1+i)^{-1} + NCF_{A1}(1+i)^{-1} + \\ &\quad \cdots + NCF_{Bn}(1+i)^{-n} + NCF_{An}(1+i)^{-n} \\ &= NCF_{(B-A)0} + NCF_{(B-A)1}(1+i)^{-1} + \cdots + NCF_{(B-A)n}(1+i)^{-n} \\ &= \sum_{t=0}^{n} NCF_{(B-A)}(1+i)^{-t} = NPV(i)_{B-A}\end{aligned}$$

由此可见，采用增量净现值和净现值判据进行方案选优的结果是一致的。

另外，根据净现值和净年值的一致性，式（3-30）也可表示为

$$NAV(i)_B - NAV(i)_A = NAV(i)_{B-A}$$

2）增量内部收益率法（ΔIRR）

由于内部收益率不是项目初始投资的收益率，而且内部收益率受现金流量分布的影响很大，净现值相同但分布状态不同的两个现金流量，会得出不同的内部收益率。因此，直接根据各互斥方案的内部收益率并不一定能选出净现值（基准收益率下）最大的方案，即 $IRR_{(2)} > IRR_{(1)}$，并不意味着一定有 $IRR_{(2-1)} = \Delta IRR > i_c$。

【例 3-17】 仍以例 3-15 的数据，用内部收益率判据选择最优方案。

解：

由 $NPV(IRR_1) = -7\,000$ 万元 $+1\,000$ 万元 $\times(P/F, IRR_1, 1) + 2\,000$ 万元 $\times (P/F, IRR_1, 2) + 6\,000$ 万元 $\times (P/F, IRR_1, 3) + 4\,000$ 万元 $\times (P/F, IRR_1, 4) = 0$

解得：$IRR_1 = 23.67\%$

由 $NPV(IRR_2) = -4\,000$ 万元 $+1\,000$ 万元 $\times(P/F, IRR_2, 1) + 1\,000$ 万元 $\times (P/F, IRR_2, 2) + 3\,000$ 万元 $\times (P/F, IRR_2, 3) + 3\,000$ 万元 $\times (P/F, IRR_2, 4) = 0$

解得：$IRR_2 = 27.29\%$

从以上情况和例 3-16 的计算结果可知，方案 1 的内部收益率低，净现值高；而方案 2 的内部收益率高，净现值低。互斥方案净现值函数示意图如图 3-4 所示。

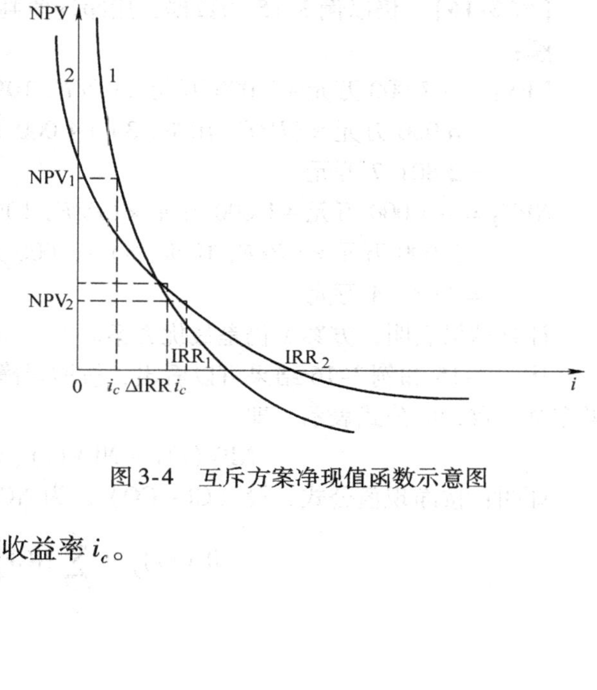

图 3-4 互斥方案净现值函数示意图

从计算结果或图 3-4 可看出，$IRR_1 < IRR_2$，如果以内部收益率为评价准则，方案 2 优于方案 1；而以净现值为评价准则，基准收益率为 $i_c = 10\%$，$NPV_1 > NPV_2$ 方案 1 优于方案 2，这就产生了矛盾。到底哪个方案更优，就需要考虑方案 1 比方案 2 多花的投资的内部收益率（即增量内部收益率 ΔIRR）是否大于基准收益率 i_c。

所谓增量内部收益率 ΔIRR，是指两方案各年净现金流量的差额的现值之和等于零时的折现率，其表达式为：

$$\Delta NPV(\Delta IRR)=\sum_{t=0}^{n}(NCF_1-NCF_2)_t(1+\Delta IRR)^{-t}=0 \tag{3-31}$$

$$\sum_{t=0}^{n}NCF_{1t}(1+\Delta IRR)^{-t}=\sum_{t=0}^{n}NCF_{2t}(1+\Delta IRR)^{-t} \tag{3-32}$$

从式（3-32）可以看出，增量内部收益率就是 $NPV_1=NPV_2$时的折现率。通过计算，本例的增量内部收益率 ΔIRR = 18.41%。增量内部收益率大于基准收益率，则方案 1 为优选方案，与净现值评价准则的结论一致。若基准收益率为 $i'_c=20\%$，则 $NPV'_1<NPV'_2$，$IRR_2>IRR_1$，$\Delta IRR<i'_c$，则方案 2 优于方案 1。

应用 ΔIRR 法评价互斥方案的基本步骤如下：

① 计算各备选方案的 IRR_j，分别与基准收益率 i_c 比较。IRR_j 小于 i_c 的方案，即予以淘汰。

② 将 $IRR_j\geqslant i_c$的方案按初始投资额由小到大依次排列。

③ 按初始投资额由小到大依次计算相邻两个方案的增量投资内部收益率 ΔIRR，若 $\Delta IRR>i_c$，则说明初始投资额大的方案优于初始投资额小的方案，保留投资额大的方案；反之，若 $\Delta IRR<i_c$，则保留投资额小的方案。直至全部方案比较完毕，保留的方案就是最优方案。

另外，项目计算期相等的互斥方案经济评价除主要采用以上增量法外，还可采用最小费用法和净现值率法。

（1）最小费用法

在工程经济中经常会遇到这样一类问题，两个或多个互斥方案其产出的效果相同，或基本相同但却难以进行具体估算，比如，一些环保、国防、教育等项目，其所产生的效益无法或者说很难用货币直接计量，这样由于得不到其现金流量情况，也就无法采用诸如净现值法、增量法等方法来对此类项目进行经济评价。在这种情况下，只能通过假定各方案的收益是相等的，对各方案的费用进行比较，根据效益极大化目标的要求及费用较小的项目比费用较大的项目更为可取的原则来选择最佳方案，这种方法称为最小费用法。最小费用法包括费用现值比较法和费用年值比较法。

1）费用现值（PC）比较法。费用现值比较法实际上是净现值法的一个特例，费用现值的一个含义是指利用此方法所计算出的净现值只包括费用部分。由于无法估算各个方案的收益情况，只计算各备选方案的费用现值（PC）并进行对比，以费用现值较低的方案为最佳。其表达式为：

$$PC=\sum_{t=0}^{n}CO_t(1+i_c)^{-t}=\sum_{t=0}^{n}CO_t(P/F,i_c,t) \tag{3-33}$$

【例 3-18】 某项目有 A、B 两种不同的工艺设计方案，均能满足同样的生产技术需要，其有关费用支出见表 3-13，试用费用现值比较法选择最佳方案，已知 $i_c=10\%$。

表 3-13 A、B 两种方案费用支出表 （单位：万元）

费用项目	投资（第1年末）	年经营成本（第2～10年末）	寿命期
A	750	280	10
B	900	245	10

解：根据费用现值的计算公式可分别计算出 A、B 两方案的费用现值为

$$PC_A = 750\text{万元} \times (P/F, 10\%, 1) + 280\text{万元} \times (P/A, 10\%, 9)(P/F, 10\%, 1) = 2\,147.77\text{万元}$$

$$PC_B = 900\text{万元} \times (P/F, 10\%, 1) + 245\text{万元} \times (P/A, 10\%, 9)(P/F, 10\%, 1) = 2\,100.89\text{万元}$$

由于 $PC_A > PC_B$，所以方案 B 为最佳方案。

2）年费用（AC）比较法。年费用比较法是通过计算各备选方案的年等额费用（AC）并进行比较，以年费用较低的方案为最佳方案的一种方法，其表达式为：

$$AC = \sum_{t=0}^{n} CO_t(P/F, i_c, t)(A/P, i_c, n) \tag{3-34}$$

【例 3-19】 根据例 3-18 的资料，试用年费用比较法选择最佳方案。

解：根据式（3-34）可计算出 A、B 两种方案的等额年费用如下：

$$AC_A = 2\,147.77\text{万元} \times (A/P, 10\%, 10) = 349.66\text{万元}$$

$$AC_B = 2\,100.89\text{万元} \times (A/P, 10\%, 10) = 342.02\text{万元}$$

由于 $AC_A > AC_B$，故方案 B 为最佳方案。

采用年费用比较法与费用现值比较法对方案进行比选的结论是完全一致的。因为实际上费用现值（PC）和等额年费用（AC）之间可以很容易进行转换。即

$$PC = AC(P/A, i, n)$$

或

$$AC = PC(A/P, i, n)$$

所以根据最小费用的选择原则，两种方案的计算结果是一致的，因此在实际应用中对于效益相同或基本相同但又难以具体估算的互斥方案进行比选时，若方案的寿命期相同，则任意选择其中的一种方法即可，若方案的寿命期不同，则一般适用年费用比较法。

（2）净现值率（NPVR）法。单纯用净现值最大为标准进行方案选优，往往导致评价人趋向于选择投资大、盈利多的方案，而忽视盈利额较少，但投资更少，经济效果更好的方案。因此，在互斥方案经济效果实际评价中，当资金无限制时，用净现值 NPV 法评价；当有资金限制时，可以考虑用净现值率进行辅助评价。

净现值率大小说明方案单位投资所获得的超额净效益大小。用净现值率评价互斥方案，当对比方案的投资额不同，且有明显的资金总量限制时，先行淘汰 NPVR < 0 的方案，对余下 NPVR ≥ 0 的方案，选净现值率较大的方案。

应当指出，用净现值率评价方案所得的结论与用净现值评价方案所得的结论并不总是一致的。

2. 计算期不相同的互斥方案经济评价

对于互斥方案来讲，如果其计算期不相同，就不能直接采用净现值法等评价方法来对方

案进行比选，因为此时计算期长的净现值与计算期短的净现值不具有可比性。因此为了满足时间上的可比要求，就需要对各备选方案的计算期和计算公式进行适当的处理，使各方案在相同的条件下进行比较，才能得出合理的结论。

为满足时间可比条件而进行处理的方法很多，常用的有净现值法、净年值法和增量内部收益率法等。

（1）净现值法。当互斥方案计算期不等时，通常，各方案在各自计算期内的净现值不具有可比性，这时，必须设定一个共同的分析期。分析期的设定一般有以下两种方法：

1）最小公倍数法（又称方案重复法）。最小公倍数法是以各备选方案计算期的最小公倍数作为方案比选的共同计算期，并假设各个方案均在这样一个共同的计算期内重复进行，即各备选方案在其计算期结束后，均可按与其原方案计算期内完全相同的现金流量系列周而复始地循环下去直到共同的计算期。在此基础上计算出各个方案的净现值，以净现值最大的方案为最佳方案。

【例 3-20】 已知表 3-14 数据，试进行方案比较。设 $i_c=10\%$。

表 3-14　方案比较原始数据　（单位：万元）

项　目	方案 A	方案 B
投资	3 500	5 000
年收益	1 900	2 500
年支出	645	1 383
估计寿命/年	4	8

解：由于两种方案寿命不同，它们的最小公倍数为 8 年，因此可画出它们的现金流量图，如图 3-5 所示。

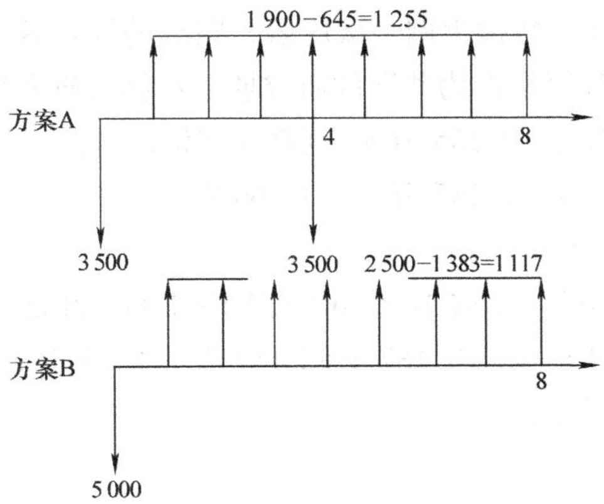

图 3-5　两种方案的现金流量图

$$\begin{aligned} NPV_A &= -3\,500\text{万元}\times[1+(P/F,10\%,4)]+1\,255\text{万元}\times(P/A,10\%,8)\\ &=-3\,500\text{万元}\times(1+0.683\,0)+1\,255\text{万元}\times5.335\\ &=804.925\text{万元}\end{aligned}$$

$$NPV_B = -5\ 000\text{万元} + 1\ 117\text{万元} \times (P/A, 10\%, 8)$$
$$= -5\ 000\text{万元} + 1\ 117\text{万元} \times 5.335$$
$$= 959.195\text{万元}$$

选择方案B。

利用最小公倍数法有效地解决了寿命不等的方案之间净现值的可比性问题。但这种方法所依赖的方案可重复实施的假定不是在任何情况下都适用的。对于某些不可再生资源开发型项目，在进行计算期不等的互斥方案比选时，方案可重复实施的假定不再成立，这种情况下就不能用最小公倍数法确定计算期。有的时候最小公倍数法求得的计算期过长，甚至远远超过所需的项目寿命期或计算期的上限，这就降低了计算方案经济效果指标的可靠性和真实性，故也不适合用最小公倍数法。

2）研究期法。在用最小公倍数法对互斥方案进行比选时，如果诸方案的最小公倍数较大，则需对计算期较短的方案进行多次的重复计算，而这与实际情况不相符合，因为技术是在不断地进步，一个完全相同的方案在一个较长的时期内反复实施的可能性不大，因此用最小公倍数法得出的方案评价结论就不太令人信服。这时可以采用一种称为研究期的评价方法。

所谓研究期法，就是针对寿命期不相等的互斥方案，直接选取一个适当的分析期作为各个方案共同的计算期，通过比较各方案在该计算期内的净现值来对方案进行比选，以净现值最大的方案为最佳方案。其中，计算期的确定要综合考虑各种因素，通常有三种做法：①取最长寿命作为共同的分析计算期。②取最短寿命作为共同的分析计算期。③取计划规定年限作为共同的分析计算期。研究期法有一个严重的缺陷，即很难对资产的残值进行精确的估算。例如，采用最短寿命期时，较长寿命的方案要提前终止使用，那么未被使用的几年存在一个资产残值估价问题。而采用最长寿命期时，较短寿命的方案要重置，重置后的后几年也不使用，这也存在重估残值的问题。这项残值不能使用按各种折旧方法计算的该期的账面价值，而应采用该期的市场价值。

【例3-21】 以例3-20的数据为例，试用研究期法进行方案比较。

解：取年限短的方案计算期作为共同的研究期，本例的研究期为4年。

$$NPV_A = -3\ 500\text{万元} + 1\ 255\text{万元} \times (P/A, 10\%, 4)$$
$$= -3\ 500\text{万元} + 1\ 255\text{万元} \times 3.169\ 9$$
$$= 478.22\text{万元}$$

$$NPV_B = [-5\ 000\text{万元} \times (A/P, 10\%, 8) + 1\ 117\text{万元}](P/A, 10\%, 4)$$
$$= (-5\ 000\text{万元} \times 0.187\ 4 + 1\ 117\text{万元}) \times 3.169\ 9$$
$$= 570.58\text{万元}$$

故选择B方案。

（2）净年值法（NAV）。用净年值法进行寿命不等的互斥方案比选，实际上隐含着这样一种假定：各备选方案在其寿命结束时均可按原方案重复实施或以与原方案经济效果水平相同的方案接续。由于净年值法是以“年”为时间单位比较各方案的经济效果，一个方案无论重复实施多少次，其净年值是不变的，从而使寿命不等的互斥方案之间具有可比性。

通过分别计算各备选方案净现金流量的等额年值并进行比较，以 NAV≥0 且 NAV 最大者为最优方案。

在对寿命不等的互斥方案进行比选时，净年值是最为简便的方法。同时，用等值年金可不考虑计算期的不同，故它也较净现值简便，当参加比选的方案数目众多时，更是如此。

【例3-22】 对例3-20中的两个方案用净年值法进行评价。

解：
$$NAV_A = -3\,500\text{万元}\times(A/P,\ 10\%,\ 4)+1\,255\text{万元}$$
$$= -3\,500\text{万元}\times0.315\,5+1\,255\text{万元}$$
$$=150.75\text{万元}$$
$$NAV_B = -5\,000\text{万元}\times(A/P,\ 10\%,\ 8)+1\,117\text{万元}$$
$$= -5\,000\text{万元}\times0.187\,4+1\,117\text{万元}$$
$$=180.00\text{万元}$$

故选择方案B。

（3）增量内部收益率（ΔIRR）法。用增量内部收益率进行寿命不等的互斥方案经济效果评价，需要首先对各备选方案进行绝对效果检验，然后再对通过绝对效果检验（NPV、NAV大于或等于零，IRR大于或等于基准收益率）的方案用计算增量内部收益率的方法进行比选。

求解寿命不等互斥方案间增量内部收益率的方程可用令两方案净年值相等的方式建立：

$$\sum_{t=0}^{n_A} NCF_{At}\ (P/F,\ \Delta IRR,\ t)(A/P,\ \Delta IRR,\ n_A)$$
$$= \sum_{t=0}^{n_B} NCF_{Bt}\ (P/F,\ \Delta IRR,\ t)(A/P,\ \Delta IRR,\ n_B) \tag{3-35}$$

$$\sum_{t=0}^{n_A} NCF_{At}\ (P/F,\ \Delta IRR,\ t)(A/P,\ \Delta IRR,\ n_A)$$
$$- \sum_{t=0}^{n_B} NCF_{Bt}\ (P/F,\ \Delta IRR,\ t)(A/P,\ \Delta IRR,\ n_B)=0 \tag{3-36}$$

在ΔIRR存在的情况下，若$\Delta IRR > i_c$，则初始投资大的方案为优；

若$0 < \Delta IRR < i_c$，则初始投资小的方案为优。

对于仅有或仅需计算费用现金流量的寿命不等的互斥方案，求解方案间增量内部收益率的方程可用令两方案费用年值相等的方式建立，如式（3-37）所示。

$$\sum_{t=0}^{n_A} CO_{At}\ (P/F,\ \Delta IRR,\ t)(A/P,\ \Delta IRR,\ n_A)$$
$$- \sum_{t=0}^{n_B} CO_{Bt}\ (P/F,\ \Delta IRR,\ t)(A/P,\ \Delta IRR,\ n_B)=0 \tag{3-37}$$

在ΔIRR存在的情况下，若$\Delta IRR > i_c$，则初始投资大的方案为优；若$0 < \Delta IRR < i_c$，则初始投资小的方案为优。

【例3-23】 对例3-20中的两个方案用内部收益率法进行评价。

解：（1）计算各方案自身内部收益率

$$NPV_A = -3\,500\text{万元}+1\,255\text{万元}\times(P/A,\ IRR_A,\ 4)=0$$

$i_1=15\%$，$NPV_A=-3\,500$ 万元 $+1\,255$ 万元 $\times 2.855=83.03$ 万元

$i_2=17\%$，$NPV_A=-3\,500$ 万元 $+1\,255$ 万元 $\times 2.743\,2=-57.28$ 万元

利用线性内插法可计算出内部收益率（IRR）：

$IRR_A=15\%+83.03$ 万元 $\times(17\%-15\%)/(83.03+57.28)=16.18\%>i_c=10\%$

故 A 方案可行。

$$NPV_B=-5\,000\text{万元}+1\,117\text{万元}\times(P/A,IRR_B,8)=0$$

$i_1=15\%$，$NPV_B=-5\,000$ 万元 $+1\,117$ 万元 $\times 4.487\,3=12.31$ 万元

$i_2=17\%$，$NPV_B=-5\,000$ 万元 $+1\,117$ 万元 $\times 4.207\,2=-300.56$ 万元

$IRR_B=15\%+12.31$ 万元 $\times$（$17\%-15\%$）/（$12.31+300.56$）$=15.08\%>i_c=10\%$

故 B 方案可行。

（2）计算增量内部收益率

$NAV(B-A)=-[5\,000$ 万元 $\times(A/P,\Delta IRR,8)]+[3\,500$ 万元 $\times(A/P,\Delta IRR,4)]+(1\,117-1\,255)$ 万元 $=0$

$i_1=12\%$，$NAV(B-A)=-5\,000$ 万元 $\times 0.201\,3+3\,500$ 万元 $\times 0.329\,2-138$ 万元 $=7.805$ 万元

$i_2=13\%$，$NAV(B-A)=-5\,000$ 万元 $\times 0.208\,39+3\,500$ 万元 $\times 0.336\,19-138$ 万元 $=-3.285$ 万元

$\Delta IRR=12\%+7.805(13\%-12\%)/[7.805+3.285]=12.7\%>i_c=10\%$

故选择初始投资大的 B 方案。

3. 无限寿命的互斥方案经济评价

一般情况下，方案的计算期都是有限的，但有些工程项目的服务年限或工作状态如项目能维修良好，则可以认为能无限期的延长，也即其使用寿命无限长。如公路、铁路、桥梁、隧道、运河、水坝等。通常经济分析对未来的现金流量是不敏感的，例如，当利率为 4% 时，50 年后的 1 元，现值仅为 1 角 4 分，而利率为 8% 时，现值仅为 2 分。在这种情况下，项目寿命可视为无限长。

（1）现值法

按无限长寿命计算出的现值 P，一般称为“资金成本或资本化成本”。资本化成本 P 的公式为：

$$P=A/i \tag{3-38}$$

证明

$$P=A(P/A,i_c,n)=A\frac{(1+i)^n-1}{i(1+i)^n}=A\left[\frac{1}{i}-\frac{1}{i(1+i)^n}\right]$$

当 n 趋近于无穷大时，则

$$P=A\lim_{n\to\infty}\left[\frac{1}{i}-\frac{1}{i(1+i)^n}\right]=\frac{A}{i}$$

资本化成本的含义是指与一笔永久发生的年金等值的现值。资本化成本从经济意义上可以解释为一项生产资金需要现在全部投入并以某种投资效果系数获利，以便取得一笔费用来维持投资项目的持久性服务。这时只消耗创造的资金；而无需耗费最初投放的生产资金，因

此该项生产资金在下一周期内可以继续获得同样的利润用以维持所需的维持费用，如此不断循环下去。

对无限期互斥方案进行净现值比较的判别准则为：NPV≥0，且该净现值最大的方案是最优方案。

对于仅有费用现金流量的互斥方案，可以比照净现值法，用费用现值法进行比选。判别准则是：费用现值最小的方案为优。

【例 3-24】 某河上欲建大桥，有 A、B 两处选点方案，见表 3-15，若基准收益率 $i_c=10\%$，试比较何者为优。

表 3-15　A、B 两处选点方案的现金流量　（单位：万元）

方案	一次投资	年维护费	再投资
A	3 080	1.5	5（每 10 年一次）
B	2 230	0.8	4.5（每 5 年一次）

解：两方案的现金流量如图 3-6 所示。

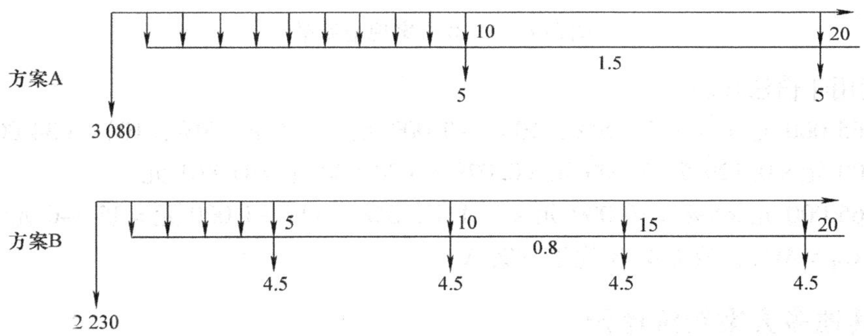

图 3-6　两方案现金流量图

$$PC_A=3\,080\text{万元}+\frac{A}{i}=3\,080\text{万元}+\frac{1.5\text{万元}+5\text{万元}\times(A/F,10\%,10)}{10\%}=3\,098.13\text{万元}$$

$$PC_B=2\,230\text{万元}+\frac{A}{i}=2\,230\text{万元}+\frac{0.8\text{万元}+4.5\text{万元}\times(A/F,10\%,5)}{10\%}=2\,245.37\text{万元}$$

由于 $PC_B<PC_A$，故方案 B 为优。

（2）年值法

无限寿命的年值可以下面公式为依据计算：

$$A=P\times i \tag{3-39}$$

对无限期互斥方案进行净年值比较的判别准则为：NAV≥0，且该值最大的方案是最优方案。

对于仅有或仅需计算费用现金流量的互斥方案，可以比照净年值法，用费用年值法进行比选。判别准则是：费用年值最小的方案为优。

【例 3-25】 两种疏浚灌溉渠道的技术方案，一种是用挖泥机清除渠底淤泥，另一种在渠底铺设永久性混凝土板，各项数据见表 3-16。利率为 5%，试比较两种方案的优劣。

表 3-16 方案的现金流量表 （单位：元）

方案 A	费用	方案 B	费用
购买挖泥设备（寿命 10 年）	65 000	河底混凝土板（无限寿命）	650 000
年经营费	34 000	年维护费	1 000
挖泥设备残值	7 000	混凝土板大修（5 年一次）	10 000

解：A、B 方案的现金流量图如图 3-7 所示。

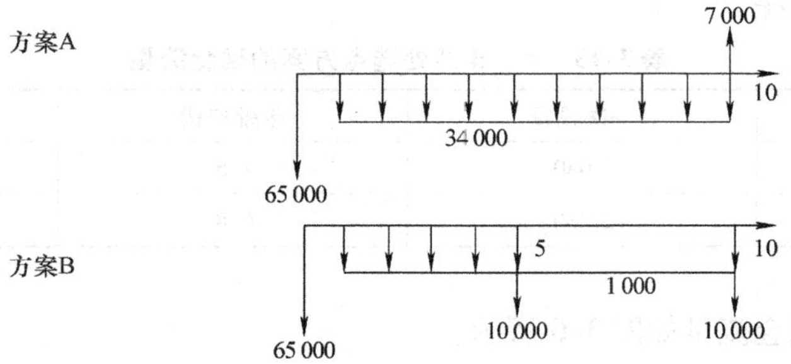

图 3-7 A、B 方案现金流量图

采用费用年值法比较：

$AC_A = 65\ 000$ 元 ×（A/P，5%，10）$-7\ 000$ 元 ×（A/F，5%，10）$+34\ 000$ 元

$= 65\ 000$ 元 $\times 0.129\ 5 - 7\ 000$ 元 $\times 0.079\ 5 + 34\ 000$ 元 $= 41\ 861$ 元

$AC_B = 65\ 000$ 元 $\times 5\% + 10\ 000$ 元 ×（A/F，5%，5）$+1\ 000$ 元 $= 35\ 346$ 元

由于 $AC_B > AC_A$，故方案 B 优于方案 A。

四、其他多方案经济评价

其他多方案评价包括互补型方案、现金流量相关型方案、组合—互斥型方案和混合相关型方案等方案类型的评价。

1. 互补型方案经济评价

经济上互补而又对称的方案可以结合在一起作为一个“综合体”来考虑；经济上互补而不对称的方案，如建筑物 A 和空调则可把问题转化为对有空调的建筑物方案 c 和没有空调的建筑物方案 a 这两个互斥方案的经济比较（例题可参考例 3-27）。

2. 现金流量相关型方案经济评价

现金流量相关型方案是指各方案的现金流量之间相互影响，如果接受（或拒绝）某一方案就会对其他方案的现金流量产生一定的影响，进而会影响到其他方案的接受（或拒绝）。

对现金流量相关型方案进行比选的方法很多，这里只介绍一种常用的方法——组合互斥方案法，其基本步骤如下：

1）确定方案之间的相关性，对其现金流量之间的相互影响作出准确的估计。

2）对现金流量之间具有正面影响的方案，等同于独立方案看待，对相互之间具有负面影响的方案，等同于互斥方案看待。

3）根据方案之间的关系，把方案组合成互斥的组合方案，然后按照互斥方案的评价方法对组合方案进行比选。

【例 3-26】 为了满足运输要求，有关部门分别提出要求在某两地之间上一铁路项目和（或）一公路项目。只上一个项目时的净现金流量见表 3-17，若两个项目都上，由于客货运分流的影响，两个项目都将减少净收益，其净现金流量见表 3-18。当 $i_c=10\%$ 时，应如何决策？

表 3-17　只上一个项目的净现金流量　（单位：百万元）

方案＼年序	0	1	2	3～32
铁路（A）	-200	-200	-200	100
公路（B）	-100	-100	-100	60

表 3-18　两个项目都上的净现金流量　（单位：百万元）

方案＼年序	0	1	2	3～32
铁路（A）	-200	-200	-200	80
公路（B）	-100	-100	-100	35
两个项目合计（A+B）	-300	-300	-300	115

解：先将两个相关方案组合成三个互斥方案，再分别计算其净现值，结果见表 3-19 所列。

表 3-19　组合方案及其净现值表　（单位：百万元）

方案＼年序	0	1	2	3	NPV
1. 铁路（A）	-200	-200	-200	100	281.65
2. 公路（B）	-100	-100	-100	60	218.73
3. （A+B）	-300	-300	-300	115	149.80

根据净现值最大的评价标准，在三个互斥方案中，$NPV_A > NPV_B > NPV_{A+B} > 0$，故方案 A 为最优可行方案。

3. 混合相关型方案评价

对混合相关型方案评价，不论项目间是独立的、互斥的还是有约束的，它们的解法都一样，即把所有的投资方案的组合排列出来，然后进行排序和取舍。

综上分析，进行多方案经济比选的基本思路就是先变相关为互斥，再用互斥方案的评价方法来评价。评价时应注意如下问题：

1）方案经济比选可按各方案所含的全部因素计算的效益与费用进行全面对比，也可就选定的因素计算相应的效益和费用进行局部对比，应遵循效益与费用计算口径对应一致的原则，注意各方案的可比性。

2）在方案不受资金约束的情况下，一般采用增量内部收益率、净现值和净年值等指标评价方案，且比较的结论也总是一致的。当有明显资金限制，且各方案占用资金远低于资金总拥有量时，一般宜采用净现值率评价方案。由于项目的不可分性（即一个项目只能作为一个整体而被接受或放弃），决策不能严格按方案净现值率的大小从大到小的次序来考虑取舍。

3）对计算期不同的方案进行比选时，宜采用净年值和年费用等指标。如果采用增量内部收益率、净现值率等方法进行比较时，则应对各方案的计算期进行适当处理。

4）对效益相同或效益基本相同但难以具体估算的方案进行比较时，可采用最小费用法，包括费用现值比较法和年费用比较法。

【例 3-27】 有 6 个方案的数据见表 3-20，设定资金限额为 30 万元，基准收益率为 10%，寿命为 5 年。现已知 A_1、A_2互斥，B_1、B_2互斥，C_1、C_2互斥；B_1、B_2从属于 A_1，C_1 从属于 A_2，C_2从属于 B_1，试选择最优的投资组合方案。

表 3-20　6 个方案的现金流量　　（单位：万元）

方案	A_1	A_2	B_1	B_2	C_1	C_2
初始投资	12	16	9	7	8	7
年净收益	4	5	3	2.5	3	2.5

$$NPV_{A1} = -12 + 4(P/A, 10\%, 5) = -12\text{ 万元} + 4\text{ 万元} \times 3.7908 = 3.16\text{ 万元}$$
$$NPV_{A2} = -16 + 5(P/A, 10\%, 5) = -16\text{ 万元} + 5\text{ 万元} \times 3.7908 = 2.95\text{ 万元}$$
$$NPV_{B1} = -9 + 3(P/A, 10\%, 5) = -9\text{ 万元} + 3\text{ 万元} \times 3.7908 = 2.37\text{ 万元}$$
$$NPV_{B2} = -7 + 2.5(P/A, 10\%, 5) = -7\text{ 万元} + 2.5\text{ 万元} \times 3.7908 = 2.48\text{ 万元}$$
$$NPV_{C1} = -8 + 3(P/A, 10\%, 5) = -8\text{ 万元} + 3\text{ 万元} \times 3.7908 = 3.37\text{ 万元}$$
$$NPV_{C2} = -7 + 2.5(P/A, 10\%, 5) = -7\text{ 万元} + 2.5\text{ 万元} \times 3.7908 = 2.48\text{ 万元}$$

解：计算见表 3-21：

表 3-21　组合方案评价结果表　　（单位：万元）

组合号	组合方案	投资额	可行与否	NPV
1	A_1	12	√	3.16
2	A_2	16	√	2.95
3	A_1+B_1	21	√	5.53
4	A_1+B_2	19	√	5.64
5	A_2+C_1	24	√	6.23
6	$A_1+B_1+C_2$	28	√	8.01

从以上计算结果可看出，应选择 A_1、B_2 和 C_2 投资组合方案。

思 考 题

1. 静态评价方法和动态评价方法的区别是什么？

2. 什么是投资回收期？如何计算？

3. 什么是投资收益率？它包括哪些指标？如何计算？

4. 如何用净现值进行方案评价？净现值法有何优缺点？

5. 什么是基准收益率？如何确定？

6. 什么是内部收益率？它有何经济含义？

7. 不同类型的技术方案如何进行比较和选择？

8. 互斥方案的特点是什么？如何评价？评价时应具备什么基本条件？

9. 方案比较时，对寿命不等的方案处理方法有哪些？如何使用？

10. 简述增量分析的一般步骤及其种类。增量的实质是什么？

11. 某方案的现金流量见表3-22，基准收益率为15%，试计算（1）静态投资回收期和动态投资回收期；（2）净现值NPV；（3）内部收益率。

表3-22　某方案的现金流量　（单位：万元）

年份	0	1	2	3	4	5
现金流量	-2 000	450	550	650	700	800

12. 某企业引进一条生产流水线，投资100万元，使用期限5年，期满残值5万元，每年可使企业增加营业收入80万元，同时也增加成本35万元，折旧采用直线法计提，企业要求最低报酬率为10%，计算该项投资的净现值并判断其可行性。

13. 某公共事业拟订一个15年规划，分三期建成，开始投资60 000元；5年后再投资50 000元；10年后再投资40 000元。每年的保养费：前5年每年1 500元；5年后每年2500元，10年后每年3 500元，15年年末残值为8 000元，试用8%的基准收益率计算该规划的费用现值和费用年值。

14. 某投资项目在期初一次投入全部的投资额，当年完工并投产，投产后每年的利润相等，按直线法计提折旧，无残值，项目有效期10年，已知项目静态投资回收期4年。试计算该项目的内部收益率。

15. 某施工机械有三种不同型号，其有关数据见表3-23所示，利率为10%，试问购买哪种型号的机械比较经济？

表3-23　三种型号施工机械的有关数据　（单位：万元）

方案（型号）	初始投资	年收入	年支出	经济寿命
A	3 000	1 800	800	5年
B	3 650	2 200	1 000	5年
C	4 500	2 600	1 200	5年

16. 已知A、B为两个互斥项目方案，其有关资料见表3-24，在基准收益率为15%时，哪个方案为优？

表3-24　A、B方案的有关资料表　（单位：万元）

方案	初始投资	年收入	年支出	经济寿命
A	3 000	1 800	800	5
B	3 650	2 200	1 000	10

17. 有四个独立方案，其数据见表3-25所示，若预算资金为30万元，各方案寿命均为8年，折现率为12%，应选择哪些方案？

表3-25　四个独立方案的有关数据　（单位：万元）

方案	A	B	C	D
初始投资	15	14	13	17
年净收益	5	4	3.5	5.5

18. 拟建运动看台，设计部门提出两种方案。甲方案：钢筋混凝土建造，投资35万元，每年保养费2 000元；乙方案：木造，其中以泥土填实，投资20万元，以后每3年油漆一次需1万元，每12年更换座位需4万元，35年全部木造部分拆除更新需10万元，其中泥土部分不变，利率为5%，在永久使用的情况下，哪个方案经济？

19. 为满足运输需要，可在两地间建一条公路或架一座桥梁，也可既建公路又架桥。若两项目都上，由于运输量分流，两项目都将减少收入，现金流量见表3-26。当 $i_c=10\%$ 时，请选择最佳方案。

表3-26　两个项目的现金流量　（单位：万元）

方案 \ 年份	0	1	2～10
建公路A	-200	-100	120
架桥梁B	-100	-50	60
建公路和架桥梁C	-300	-150	150

20. 有5个投资建议 A_1、A_2、B_1、B_2 及C，它们的现金流量及净现值见3-27，已知 A_1、A_2 互斥，B_1、B_2 互斥，B_1、B_2 从属于 A_2，C从属于 B_1。设资金限额为220万元，试选择出最优的投资组合方案，（$i_c=10\%$）

表3-27　5个投资建议的项目现金流量表　（单位：万元）

投资建议	现金流量				
	0	1	2	3	4
A_1	-200	80	80	80	80
A_2	-120	48	48	48	48
B_1	-56	18	18	18	18
B_2	-60	20	20	20	20
C	-40	24	24	24	24

第四章　不确定性分析

【学习目标】通过本章学习，了解不确定性分析、盈亏平衡分析、敏感性分析、概率分析的概念；掌握线性和非线性盈亏平衡点的确定、单因素敏感性分析的方法步骤、概率分析的期望值法和决策树法。

第一节　盈亏平衡分析

不确定性因素的变化影响投资方案的经济效果，当这些因素的变化达到某一临界值时，可能使原来盈利的项目变为亏损项目。盈亏平衡分析的目的就是找出这种由盈利到亏损、由优到劣的临界点，据此判断投资方案对不确定性因素变化的承受能力，为投资决策提供科学依据。

盈亏平衡点（Break - Even - Point，BEP）是项目的盈利与亏损的转折点，在这一点上，扣除销售税金及附加后的销售收入等于总成本费用，正好盈亏平衡，通常用产量表示，也可以用产品单价、成本、销售收入、生产能力利用率等来表示。盈亏平衡点越低，表明项目适应产出品变化的能力越大，抗风险能力越强。

盈亏平衡分析是指项目在达到设计生产能力的条件下，通过计算盈亏平衡点，分析项目成本与收益的平衡关系，判断项目对产出品数量变化的适应能力和抗风险能力。盈亏平衡分析是在一定市场、生产能力及经营管理条件下，通过对产品产量、成本、利润相互关系的分析，判断企业对市场需求变化适应能力的一种不确定性分析方法，故也称为量本利分析。盈亏平衡分析分为线性盈亏平衡分析和非线性盈亏平衡分析。

一、线性盈亏平衡分析

在盈亏平衡分析中，收入与销量构成线性函数，成本与产量构成线性函数，这种分析方法称为线性盈亏平衡分析。

1. 盈亏平衡分析的基本假定

1）生产量等于销售量。

2）产销量变化，单位可变成本不变，总成本是产量的线性函数。

3）产销量变化，销售单价不变，销售收入是销量的线性函数。

4）只生产单一产品，或者生产多种产品，但可以换算为单一产品，不同产品生产负荷率的变化保持一致。

2. 盈亏平衡分析的基本公式

产品的销售收入可以看成是产品的单价与销售量的乘积，与销售量成正比，基本上呈直线变化。产品的总成本分为固定成本和可变成本，固定成本是指在一定的产量范围内不随产量的增减变动而变化的成本，如辅助人员工资、折旧费、维修费等；可变成本也称为变动成本，是指随着产量的增减变动而成正比例变化的成本，如原材料的消耗、直接生产用辅助材料等。

销售收入 = 产品单价 × 销售量

总成本 = 固定成本 + 变动成本 = 固定成本 + 单位产品变动成本 × 产量

销售税金 = 单位产品销售税金及附加 × 销售量

利润 = 销售收入 − 总成本 − 税金

$$S = (P - T)Q$$

$$C = C_F + C_V = C_F + VQ$$

$$B = S - C = (P - V - T)Q - C_F$$

式中 S——年销售收入；

Q——年产销量；

P——单位产品销售价格；

T——单位产品销售税金及附加；

C——年总成本费用；

C_F——年固定成本；

C_V——年可变成本；

V——单位产品可变成本；

B——年利润。

3. 盈亏平衡点的计算

盈亏平衡点的表达形式有多种，一般采用公式计算，也可利用盈亏平衡图求取。项目评价中最常用的是以产量和生产能力利用率来表示盈亏平衡点。

（1）以产量表示的盈亏平衡点（Q_B）

$$Q_B = \frac{C_F}{P - V - T} \tag{4-1}$$

（2）以销售收入表示的盈亏平衡点（S_B）

$$S_B = PQ_B = P \times \frac{C_F}{P - V - T} \tag{4-2}$$

（3）以生产能力利用率表示的盈亏平衡点（R_B）

$$R_B = \frac{Q_B}{Q} \times 100\% = \frac{C_F}{(P - V - T)Q} \times 100\% \tag{4-3}$$

（4）以单位产品价格表示的盈亏平衡点（P_B）

$$P_B = \frac{C_F}{Q} + V + T \tag{4-4}$$

式中 Q——正常生产年份设计生产能力。

（5）以单位产品变动成本表示的盈亏平衡点（V_B）

$$V_B = P - T - \frac{C_F}{Q} \tag{4-5}$$

4. 盈亏平衡分析图

在盈亏平衡分析的基本假设条件下，销售收入函数和成本函数均为线性关系，如图 4-1 所示。现行盈亏平衡分析图中，销售收入线与总成本线有一个交点，这个交点就是盈亏平衡点（BEP）。交点把销售收入线与总成本线所夹的范围分成两个区，交点左边总成本线高于销售收入线，为亏损区；交点右边销售收入线高于总成本线，为盈利区。交点所对应的产量

Q_B称为盈亏平衡点产销量或保本产销量。当产销量水平高于Q_B时，项目是盈利的；当产销量水平低于Q_B时，项目是亏损的。交点越低，亏损区就越小，项目盈利的机会就越大，亏损的风险就越小。

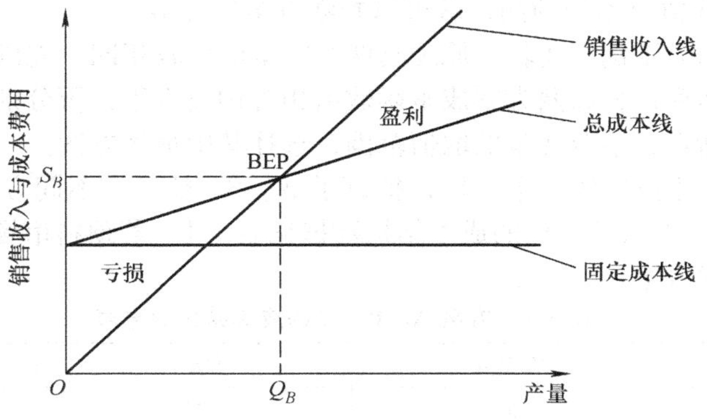

图4-1　线性盈亏平衡分析图

5. 盈亏平衡分析与经营风险的衡量

盈亏平衡分析给出了项目的盈亏区域界限，只有在盈利区内项目才可行。但项目会受到很多不确定性因素的影响，可能会超越盈亏分界线，进入亏损区。项目的生产经营状况离盈亏平衡点越远，经营安全性就越大，抗风险能力越强。经营安全度这一指标，是用来反映项目抗风险能力的大小。项目经营安全度越大，抗风险能力越强。

$$A = \frac{Q - Q_B}{Q_B} \times 100\% = \frac{S - S_B}{S_B} \times 100\% \tag{4-6}$$

式中　A——经营安全度。

【例4-1】　其项目的设计年产量为15万件产品，每件售价为15元，单位产品可变成本为10元，年固定成本为40万元，不计销售税。试分别用产量、销售收入、生产能力利用率、产品价格表示盈亏平衡点，并计算销售收入为200万元时的经营安全度及目标利润为100万元时的产量。

解：

$$Q_B = \frac{C_F}{P - V} = \frac{400\ 000\text{元}}{(15 - 10)\text{元/件}} = 80\ 000\text{件}$$

$$S_B = P \times \frac{C_F}{P - V} = 15\text{元/件} \times 80\ 000\text{件} = 1\ 200\ 000\text{元}$$

$$R_B = \frac{Q_B}{Q} \times 100\% = \frac{80\ 000\text{件}}{150\ 000\text{件}} \times 100\% = 53.3\%$$

$$P_B = \frac{C_F}{Q} + V = \frac{400\ 000\text{元}}{150\ 000\text{件}} + 10\text{元/件} = 12.67\text{元/件}$$

$$A = \frac{S - S_B}{S_B} \times 100\% = \frac{(200 - 120)\text{万元}}{120\text{万元}} \times 100\% = 66.7\%$$

$$\text{当}B = 100\text{万元时}, Q = \frac{C_F + B}{P - V} = \frac{40\text{万元} + 100\text{万元}}{15\text{元/件} - 10\text{元/件}} = 28\text{万件}$$

盈亏平衡分析不仅可用于单方案的分析，也可用于多方案的优劣比较。若两个互斥方案，其成本都是同一变量的函数，可以找到恰使两个方案成本相等时的变量数值。

假设有两个互斥方案，它们的成本都可表示为产量Q的函数：

$$C_1 = f_1(Q);\ C_2 = f_2(Q)$$

则可令 $C_1 = C_2$，即 $f_1(Q) = f_2(Q)$。

由上述方程可求出 Q 值，即为两个方案的盈亏平衡点，也就是决定两个方案优劣的临界点。结合 Q 未来取值范围的预测，就可以判断方案的优劣。

对于两个以上的方案优劣比较，原理与两个方案的比较相同。先以共同的变量建立每个方案的成本函数，然后让相邻两方案成本函数值相等构成方程，再分别对相邻两方案进行求解，求出各自的平衡点，结合变量的取值范围，选择其中最优方案。

【例 4-2】 某企业拟新建一个工厂，拟订了 A、B、C 三个不同方案。经过对各方案进行分析预测，三个方案 A、B、C 的成本结构数据见表 4-1。若预料市场未来需求量在 20 000 件左右，试选择最优方案。

表 4-1　方案 A、B、C 的成本结构数据表

成本	方案 A	方案 B	方案 C
C_F（万元/年）	20	25	40
V（元/件）	20	15	10

解：根据资料三个方案的年总成本均是年产量的函数，可以分别表示为：

$$C_A = C_F + Cv = C_F + VQ = 200\,000 + 20Q$$

$$C_B = C_F + Cv = C_F + VQ = 250\,000 + 15Q$$

$$C_c = C_F + Cv = C_F + VQ = 400\,000 + 10Q$$

令 $C_A = C_B$，即 $200\,000 + 20Q = 250\,000 + 15Q$

$Q_1 = 10\,000$ 件

则当 $Q < Q_1$ 时，方案 A 成本低；当 $Q > Q_1$ 时，方案 B 成本低。

令 $C_B = C_C$，即 $250\,000 + 15Q = 400\,000 + 10Q$

$Q_2 = 30\,000$ 件

则当 $Q < Q_2$ 时，方案 B 成本低；当 $Q > Q_2$ 时，方案 C 成本低。

现预料市场未来需求量在 20 000 件左右，即 $Q_1 < Q < Q_2$，这个区间范围内方案 B 成本低，即三个方案中最优方案为 B。

二、非线性盈亏平衡分析

在实际的生产经营过程中，销售收入与销售量之间，成本费用与产量之间，并不一定呈线性关系，在这种情况下进行的盈亏平衡分析称为非线性盈亏平衡分析。例如，当产量达到一定数额时，市场趋于饱和，产品就可能滞销或降价；当产量增加到超出已有的正常生产能力时，可能会增加设备，要加班时还需要加班费和照明费，此时可变费用呈上升趋势。这种情况下销售收入函数和成本函数都是曲线的变化，即非线性的变化，如图 4-2 所示。由图中可以看出成本曲线和销售收入曲线两条曲线有两个交叉点，即产生两个盈亏平衡点 BEP_{Q_1} 和 BEP_{Q_2}，而 Q_1、Q_2 是项目两个盈亏平衡点的产量。

当产量 $Q < Q_1$，或 $Q > Q_2$ 时，项目处于亏损状态；当产量 $Q_1 < Q < Q_2$ 时，项目处于盈利状态。

通过求总成本对产量的一阶导数并令其等于零，即 $\frac{dC}{dQ} = 0$，可以求出成本最低时的产量。

通过求利润对销售量的一阶导数并令其等于零，即 $\frac{dB}{dQ} = 0$，可以求出利润最大时的销售量。

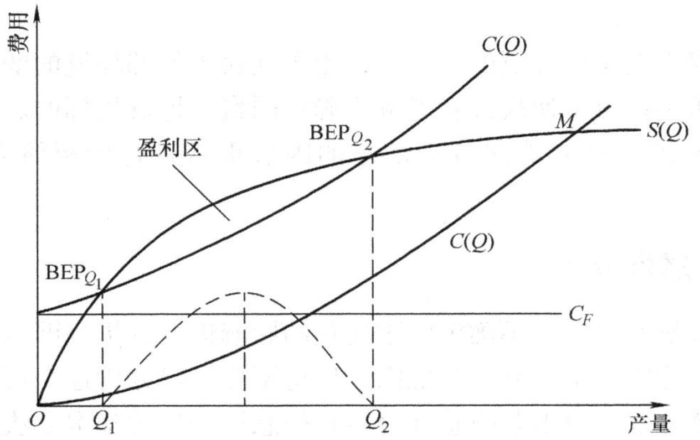

图 4-2　非线性盈亏平衡分析图

【例 4-3】 某企业年固定成本为 50 000 元，单位变动成本为 35 元，原材料整批购买，每多生产一件产品，单位变动成本可降低 0.001 元，单位售价为 50 元，销售每增加一件产品，售价下降 0.002 元，试求盈亏平衡点时的产量、成本最低时的产量、最大利润时的销售量。

解：(1) 盈亏平衡点时的产量

单位产品的售价　$P=50-0.002Q$

单位产品的变动成本　$V=35-0.001Q$

销售收入　$S=PQ=(50-0.002Q)Q$

总成本　$C=C_F+C_V=C_F+VQ=50\,000+(35-0.001Q)Q$

当 $S=C$ 时，即为不亏不盈，则 $(50-0.002Q)Q=50\,000+(35-0.001Q)Q$

解此一元二次方程得：$Q_1=5\,000$ 件，$Q_2=10\,000$ 件

(2) 最低成本时的销售量

$C=C_F+VQ=50\,000+(35-0.001Q)Q=-0.001Q^2+35Q+50\,000$

求上式对 Q 的导数，则 $C'=-0.002Q+35$

令 $C'=0$，则 $Q=17\,500$ 件。

(3) 最大利润时的销售量

$B=S-C=(50-0.002Q)Q-50\,000-(35-0.001Q)Q=-0.001Q^2+15Q-5\,000$

求上式对 Q 的导数，则 $B'=-0.002Q+15$

令 $B'=0$，则 $Q=7\,500$ 件。

通过上式计算盈亏平衡点的产量为 5 000 件和 10 000 件，最低成本时的销售量为 17 500 件，最大利润时的销售量为 7 500 件。

第二节　敏感性分析

敏感性分析在投资建设项目经济评价中应用十分广泛。它通过分析及预测项目涉及的各种不确定因素（如投资、成本、销售量、价格等）的变化对项目经济评价指标（如净现值、内部收益率、投资回收期等）的影响，找出敏感因素，并确定其影响程度，预测项目可能

承担的风险。

一个项目在其建设与生产经营的过程中，由于项目内外部环境的变化，许多因素都会发生变化。敏感性分析不仅可以使决策者了解不确定因素对评价指标的影响，从而提高决策的准确性，还可以启发评价者对那些较为敏感的因素重新进行分析研究，以提高预测的可靠性。

一、单因素敏感性分析

单因素敏感性分析是对单一不确定因素变化的影响进行分析，即假设各不确定性因素之间相互独立，每次只考察一个因素，其他因素保持不变，以分析这个可变因素对经济评价指标的影响程度和敏感程度。单因素敏感性分析是敏感性分析的基本方法。

单因素敏感性分析一般按以下步骤进行：

1. 确定敏感性分析指标

建设项目的各种经济评价指标如净现值、内部收益率、投资回收期等都可以作为敏感性分析的指标。分析指标的确定与进行分析的目标和任务有关，一般根据项目的特点、不同的研究阶段、实际需求情况和指标的重要程度来选择。

如果是主要分析方案状态和参数变化对方案投资回收快慢的影响，则可选用投资回收期作为分析指标；如果是主要分析产品价格波动对方案净收益的影响，则可选用净现值作为分析指标；如果是主要分析投资大小对方案资金回收能力的影响，则可选用内部收益率指标等。

在机会研究阶段，可选用静态的评价指标，常采用投资收益率和投资回收期。在可行性研究阶段，经济分析指标则需选用动态的评价指标，常用净现值、内部收益率，通常还辅以投资回收期。

2. 选择需要分析的不确定性因素

影响项目经济评价指标的不确定性因素有很多。严格说来，影响方案经济效果的因素在某种程度上都带有不确定性，如投资额的变化，施工周期的变化，销售价格的变化和成本的变化等。但事实上，没有必要对所有不确定因素都进行敏感性分析，而往往是选择一些主要的影响因素。选择需要分析的不确定性因素时主要考虑以下原则：

（1）预计这些因素在其可能变动的范围内对经济评价指标的影响较大。

（2）对在确定性经济分析中采用的该因素的数据的准确性把握不大。

对于一般项目来说，通常主要对建设投资、产品价格、产销量、经营成本、建设工期、项目残值及汇率等不确定性因素进行敏感性分析。

3. 分析每个不确定性因素的波动程度及其对分析指标可能带来的增减变化情况

首先，对所选定的不确定性因素，应根据实际情况设定这些因素的变动幅度，其他因素固定不变。因素的变化可以按照一定的变化幅度（如 ±5%、±10%、±20%等）改变其数值。其次，计算不确定性因素每次变动对经济评价指标的影响。对每一因素的每一变动，均重复以上计算，然后将因素变动及相应指标变动结果用敏感性分析表和敏感性分析图的形式表示出来，以便于测定敏感因素。

4. 确定敏感性因素

由于各因素的变化都会引起经济指标的一定变化，但其影响程度却各不相同。有些因素可能仅发生较小幅度的变化就能引起经济评价指标发生大的变动，而另一些因素即使发生了较大幅度的变化，对经济评价指标的影响也不是太大。前一类因素称为敏感性因素，后一类因素称为非敏感性因素。敏感性因素，可以通过计算敏感度系数和临界点来确定。

（1）敏感度系数。敏感度系数表示项目评价指标对不确定性因素的敏感程度。即设定要分析的因素均从确定性经济分析中所采用的数值开始变动，且各因素每次变动的幅度（增或减的百分数）相同，比较在同一变动幅度下各因素的变动对经济评价指标的影响，据此判断方案经济评价指标对各因素变动的敏感程度。计算公式为：

$$S_{AF}=\frac{\Delta A/A}{\Delta F/F} \tag{4-7}$$

式中　S_{AF}——敏感度系数；

$\Delta F/F$——不确定性因素 F 的变化率（%）；

$\Delta A/A$——不确定性因素 F 发生 ΔF 变化时，评价指标 A 的响应变化率（%）。

$S_{AF}>0$ 时，表示评价指标与不确定性因素同方向变化；$S_{AF}<0$ 时，表示评价指标与不确定性因素反方向变化。$|S_{AF}|$ 越大，表明评价指标 A 对于不确定性因素 F 越敏感。

利用敏感度系数来确定敏感性因素的方法是一种相对测定法。根据不同因素相对变化对经济评价指标影响的大小，可以得到各个因素的敏感性程度排序，据此可以找出哪些因素是最敏感的因素。

（2）临界点。临界点是指项目允许不确定性因素向不利方向变化的极限值。超过极限，项目的效益指标将不可行。如图4-3所示，在敏感性分析图中，每条斜线与横轴的相交点所对应的不确定因素变化率即为该因素的临界点。该临界点表明方案经济效果评价指标达到最低要求所允许的最大变化幅度。斜线的斜率反映经济评价指标对该不确定因素的敏感程度，斜率越大敏感度越高。一张图可以同时反映多个因素的敏感性分析结果。临界点的高低与计算临界点指标的初始值有关。把临界点与未来实际可能发生的变化幅度相比较，就可大致分析该项目的风险情况。利用临界点来确定敏感性因素的方法是一种绝对测定法。在实践中常常把敏感度系数和临界点两种方法结合起来确定敏感性因素。

5. 方案选择

如果进行敏感性分析的目的是对不同的投资项目进行选择，一般应选择敏感程度小、承受风险能力强、可靠性高的项目或方案。

【例4-4】 已知某方案的初始投资为6 000万元，年净收益1 000万元，寿命期10年，基准收益率为10%，期末残值600万元。试对主要参数初始投资（T）、年净收益（M）、残值（L）、寿命期（n）进行单因素敏感性分析。

解：（1）确定敏感性分析指标——净现值。

根据净现值的计算公式，可计算出项目在初始条件下的净现值。

$$\begin{aligned}NPV&=1\,000\text{万元}\times(P/A,\ 10\%,\ 10)+600\text{万元}\times(P/F,\ 10\%,\ 10)-6\,000\text{万元}\\&=376\text{万元}\end{aligned}$$

（2）根据给定的不确定性因素，设各因素变化率为 k，变化范围为 ±30%，间隔为10%。

（3）计算各因素单独变化时所得净现值。用 NPV_j（$j=1,2,3,4$）分别表示初始投资（T）、年净收益（M）、残值（L）、寿命期（n）在变化率为 k 时的净现值，则：

NPV_1 = 1 000 万元 × (P/A, 10%, 10) + 600 万元 × (P/F, 10%, 10) − 6 000 万元 × (1 + k)

NPV_2 = 1 000 万元 × (1 + k) × (P/A, 10%, 10) + 600 万元 × (P/F, 10%, 10) − 6 000 万元

NPV_3 = 1 000 万元 × (P/A, 10%, 10) + 600 万元 × (1 + k) × (P/F, 10%, 10) − 6 000 万元

NPV_4 = 1 000 万元 × [P/A, 10%, 10(1 + k)] + 600 万元 × [P/F, 10%, 10(1 + k)] − 6 000 万元

当 k 分别取 ±10%、±20%、±30%，可以计算出各种不确定因素在不同变化幅度下方案的净现值，计算结果见表 4-2。

根据表 4-2 中数据，可以绘制出敏感性分析图（见图 4-3）和敏感度及临界值计算表（见表 4-3）。

表 4-2 投资方案敏感性分析表

不确定因素	变动幅度						
	−30%	−20%	−10%	0	10%	20%	30%
初始投资 T/万元	2 176	1 576	976	376	−224	−824	−1 424
年净收益 M/万元	−1 467	−853	−239		990	1 605	2 219
残值 L/万元	307	330	353		399	422	445
寿命期 n/万元	−824	−385	13.46		705	1 005	1 277

令 $NPV_1 \geqslant 0$，$k_1 \leqslant 6.27\%$，初始投资 $k \leqslant$ 6 000 万元 × (1 + 6.27%) = 6 376.2 万元

$NPV_2 \geqslant 0$，$k_2 \geqslant -6.12\%$，年净收益 $M \geqslant$ 1 000 万元 × (1 − 6.12%) = 938.8 万元

$NPV_3 \geqslant 0$，$k_3 \geqslant -162.52\%$，残值 $L \geqslant$ 600 万元 × (1 − 162.52%) = −375.12 万元

$NPV_4 \geqslant 0$，$k_4 \geqslant -10.4\%$，寿命期 $n \geqslant$ 10 年 × (1 − 10.4%) = 8.96 年

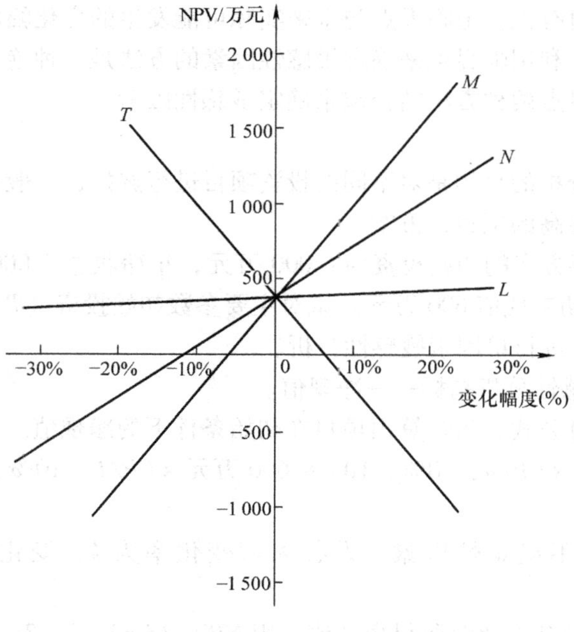

图 4-3 敏感性分析图

表 4-3　敏感度及临界值计算表

序号	不确定因素	变化率（%）	净现值/元	敏感度系数	临界点（%）	临界值
	基本方案	0	376			
1	初始投资 T	10%	-224	15.96	6.27%	6 376.2
2	年净收益 M	10%	990	16.33	-6.12%	938.8
3	残值 L	10%	399	0.61	-162.52%	-375.12
4	寿命期 n	10%	705	8.75	-10.35%	8.96

由图 4-3 中各条曲线的斜率或表 4-3 中的敏感度系数可以看出，年净收益的变化对方案净现值影响最大，以下依次是初始投资、寿命期的变化，残值的变化影响最小。

上述结果表明，当其他因素不变，投资额增加超过 6.27%，即达到 6 376.2 万元时；或者其他因素不变，年净收益降低超过 6.12%，即减少到 938.8 万元时；或者其他因素不变，残值减少超过 162.52%（实际最多位 100%），即 -375.12 万元（实际最多为零）时；或者其他因素不变，寿命期缩短超过 10.35%，即缩短至 8.96 年时，方案的净现值将小于零，方案不可接受。如果仅从不确定因素本身的特性考虑，临界点百分比的绝对值越小，其对应的因素就越敏感。本例中敏感性由强到弱的因素依次为年净收益、初始投资、寿命期、残值。

二、多因素敏感性分析

多因素敏感性分析是指两个或两个以上互相独立的不确定因素同时变化时，分析这些变化的因素对经济评价指标的影响程度和敏感程度。这种分析往往建立在单因素敏感性分析的基础之上，即先通过单因素分析确定两个敏感性大的因素，然后通过双因素敏感性分析考察这两个因素同时变化对项目经济效益的影响。这里仅介绍双因素敏感性分析。

双因素敏感性分析主要借助图形进行，其分析步骤为：

1）建立直角坐标系，横轴 x 与纵轴 y 分别表示两个因素的变化率。

2）建立项目经济效益评价指标（NPV、NAV 或 IRR）随两因素变化率 x 和 y 而变化的关系式，令该指标值为临界值（即 NPV = 0，NAV = 0 或 IRR = i_0），即可得到一个关于 x、y 的函数式，称为临界方程。

3）在直角坐标图上画出临界方程的曲线，它表明了两个变化率之间的约束关系。

4）该临界线把平面分成两部分，一部分是方案可行区域，另一部分则是方案的不可行区域，据此可对具体情况进行分析。

【例 4-5】 对【例 4-4】进行双因素敏感性分析。

解：在例 4-4 中，经过单因素敏感性分析，得到四个参数的临界变化率为：初始投资 6.27%，年净收益 -6.12%，残值 -162.52%，寿命期 -10.35%。其中最为敏感的两个因素是年净收益和初始投资，为此选用净现值作为经济评价指标对这两个因素进行双因素敏感性分析。

设初始投资变化率为 x，年净收益变化率为 y，则：

$$NPV = 1\,000\text{万元} \times (1+y)(P/A, 10\%, 10) + 600\text{万元} \times (P/F, 10\%, 10) - 6\,000\text{万元} \times (1+x)$$

$=375.9$ 万元 $+6\,144.6y-6\,000x$

令 $NPV=0$，则：$y=0.976\,5x=0.061\,2$

临界线 NPV＝0 在 x 轴和 y 轴上截得的点分别是（6.27%，0）和（0，－6.12%），6.27%和－6.12%正是单因素变化时初始投资和年净收益的临界变化率。因此，如果先进行了单因素敏感性分析，对呈线性变化的因素进行双因素分析就可以简化，只要将两个因素的临界变化率找到，连接这两点而成的直线即为双因素临界线。

如图4-4所示，临界线把平面分成两个部分，左上平面为年净收益增加，初始投资减小，应是方案的可行区域；右下平面为年净收益减小，初始投资增加，是方案的不可行区域。所以，为了保证方案在经济上可接受，应设法防止右下平面区域的变化组合情况出现。

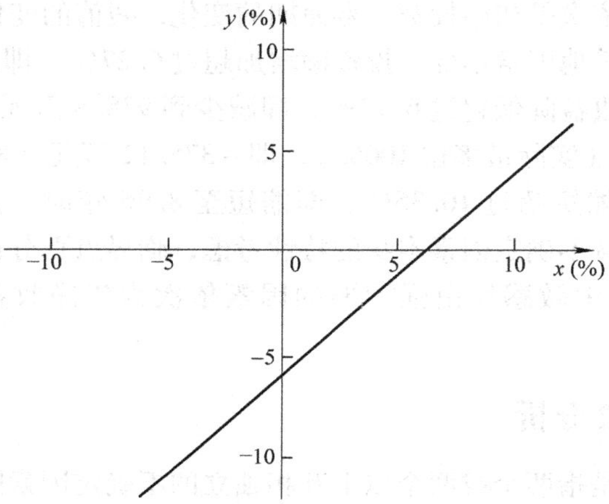

图4-4　双因素敏感性分析图

第三节　概 率 分 析

概率分析又称风险分析，是利用概率来研究和预测不确定性因素对项目方案经济评价指标影响的一种定量分析方法。其目的是在不确定的情况下为决策项目或方案提供科学依据。概率分析的关键是确定各种不确定因素变动的概率。概率分析的内容应根据经济评价的要求和项目方案的特点确定。

一、概率分析的基本概念

（一）风险

1. 风险的含义

风险是指某种不利事件发生的可能性。对投资决策而言，风险是指由于不确定性的存在导致项目实施后偏离预期财务和经济效益目标的可能性。风险是实际结果与预期目标的差异。如果对预期目标的不利影响必定发生或必定不发生，人们就可以通过计划或成本预算的方式予以明确，风险也就不存在了。不确定性是风险的起因，不确定性的结果可能高于预期目标，也可能低于预期目标，而通常是将结果低于预期目标的不确定性称为风险。工程项目受政策、市场、资源、技术、融资、组织管理和环境社会等因素影响产生风险。

2. 风险应对

任何投资项目都有风险，应对风险常用以下策略和措施：

（1）风险回避

风险回避是投资主体断绝风险的来源，完全规避风险的一种做法。风险回避意味着否决项目或者推迟项目的实施。例如，风险分析显示工程项目存在严重风险，若采取回避风险的对策，就会作出缓建或放弃项目的决策。只有在对风险的存在和发生，以及对风险损失的严重性有把握的情况下才考虑采用。

（2）风险控制

风险控制是指针对可控性风险采取的防止风险发生，减少风险损失的对策。风险控制不是放弃风险，而是通过制订计划和采取措施来降低风险出现的可能性或者减少风险造成的损失。风险控制是绝大多数项目广泛采用的主要风险对策。

风险控制必须根据项目的具体情况提出有针对性的措施，它们可以是组织措施、技术措施和管理措施等。风险控制措施可以按控制阶段分为事前控制、事中控制和事后控制。事前控制的目的主要是为了降低风险出现的概率，事中控制和事后控制的目的则主要是为了减少风险损失的程度。

（3）风险转移

风险转移是指通过一定的方式将可能面临的风险转移给他人，以降低甚至减免投资主体的风险程度。风险转移有两种方式，一是将风险源转移；二是将风险损失转移。对于投资项目，第一种风险转移方式实质上是风险回避的一种特殊形式。例如，将建成项目转让给他人，以回避运营的风险，或者将项目建设中风险大的部分分包给他人承包建设。风险损失转移的主要形式是保险和合同。保险转移是通过向保险公司投保的方式将项目风险的全部或部分损失转移给保险公司，这是风险转移中使用得最为广泛的一种方式。合同转移是通过合同约定将全部或部分风险损失转移给其他参与者。例如，在新技术引进合同中，可以加上达不到设计能力或设计消耗指标时的赔偿条款，将风险损失转移给技术转让方。

（4）风险自担

风险自担是指投资主体将风险损失留给自己承担。风险自担适用于两种情况：一种是已知有风险，但由于可能获得相应的利益而需要冒险时，必须保留和承担这种风险，如风险投资项目；另一种是已知有风险，但若采取某种风险对策措施，其费用支出高于自担风险的损失时，投资主体常常主动自担风险。

（二）决策

1. 决策的概念

决策是决策者根据所面临的风险和风险程度在不确定的环境中选择最佳方案的过程。在工程经济分析中，重点是在项目决策阶段进行的投资决策，如对投资时机和方向的抉择、投资项目的比选、确定项目的投资规模和总体实施方案等。在建设项目的决策阶段，决策对总投资的影响占70%左右，对投资效益的影响在80%左右。决策质量关系到项目的成功与否。

决策可以分为程序化决策和非程序化决策。程序化决策用以解决结构性或者日常问题；非程序化决策用于非重复性的、非结构性的、新奇的和没有明确定义的情况。而投资项目本身就是一种独特的、创造性的一次性活动，需要对投资机会进行识别、分析、选择、决断和构思运筹，其决策属于非程序化、非结构化决策，具有高度的创造性、智力化和综合性的特点。

2. 决策的总体目标

决策可分为现代决策和古典决策。现代决策是与古典决策相对而言的。古典决策的目标是最大化，所作出的决策是根据数学计算，进行定量分析的结果，如考虑资金收益，按最大值标准来选择方案；或考虑费用支出，以最小值标准来选择方案。而现代决策的目标是适当满足标准，把定量分析和定性分析结合起来，把数值计算与决策者的主观判断结合起来。现代决策并不排除最优化，只是不把它作为方案选择的唯一标准罢了。现代决策既可以选计算结果为较好而满足决策目标的、决策者认为适合的方案，也可以选择目标数值的计算结果为最大或最小的方案。

3. 决策的四大准则

（1）冒险准则

冒险准则又称最大收益值最大准则或大中取大准则。先从各种情况下选出每个方案的最大收益值，然后对各方案进行比较，以收益值最大的方案为选择方案。这种追求利益最大的决策方法，有一定冒险性，只有资金、物资雄厚，即使出现损失对其影响也不大的企业才敢采用。

（2）保守准则

保守准则又称最小收益值最大准则或小中取大准则。将各种情况下最小收益值为最大的方案作为选定方案。这种准则对未来持保守或悲观的估计，以免可能出现较大的损失。

（3）等概率准则

如果决策者无法预知每种情况出现的概率，就假定各种情况出现的概率都相等，计算出每一方案收益值的平均数，选取平均收益值最大的方案。这是一种不存侥幸心理的中间型决策准则。

（4）后悔值准则

后悔值准则又称为最小机会损失准则。后悔值是指每种情况下方案最大收益值与各方案收益值之差。如果决策者选择了某一个方案，但后来事实证明他所选择的方案并非最优方案，他就会少得一定的收益或承受一些损失。于是他后悔把方案选错了，或者感到遗憾。这个因选错方案而未得到的收益或遭受的损失叫后悔值或遗憾值。应用时先计算出各方案的最大后悔值，然后进行比较，将最大后悔值最小的方案作为最佳方案。

【例4-6】 某建筑制品厂要生产一种新产品，设想三种方案以及各种方案在市场销路好、一般、差三种情况下的损益值，见表4-4和表4-5。每种情况出现的概率未知，试进行方案决策。

表4-4　损益矩阵表

方案	销路好	销路一般	销路差	决策准则			
				冒险准则	保守准则	等概率准则	后悔值准则
A	35	22	−6	35	−6	17	14
B	39	21	−9	39	−9	17	17
C	16	16	8	20	8	13.33	23
选取方案				B	C	A或者B	A

表 4-5　后悔值计算表

产品销售情况		销路好	销路一般	销路差	各方案最大后悔值
最理想收益/万元		39	22	8	
后悔值/万元	A	39 - 35 = 4	22 - 22 = 0	8 - (-6) = 14	14
	B	39 - 39 = 0	22 - 21 = 1	8 - (-9) = 17	17
	C	39 - 16 = 23	22 - 16 = 6	8 - 8 = 0	23

二、概率分析的步骤与方法

（一）概率分析的步骤

概率分析一般按下列步骤进行：

1）选定一个或几个评价指标。通常是将内部收益率、净现值等作为评价指标。

2）选定需要进行概率分析的不确定因素。通常有产品价格、销售量、主要原材料价格、投资额以及外汇汇率等。

3）预测不确定因素变化的取值范围及概率分布。

4）根据测定的风险因素取值和概率分布，计算评价指标的相应取值和概率分布。

5）计算评价指标的期望值和项目可接受的概率。

6）分析计算结果，判断其可接受性，研究减轻和控制不利影响的措施。

（二）概率分析的方法

概率分析方法有很多，通过计算项目净现值的期望值及净现值大于或等于零时的累计概率，以判断项目承担风险的能力。这里仅介绍项目净现值的期望值法和决策树法。

1. 期望值法

期望值是用来描述随机变量的一个主要参数。

所谓随机变量，是指能够知道其所有可能的取值范围及各种取值的可能性，但不能肯定其最后确切取值的变量。在投资项目经济评价中所遇到的大多数变量因素，如成本、销售量、产品价格、项目寿命期等，都是随机变量。我们可以预测其未来取值范围，估计各种取值或值域发生的概率，但不能肯定地预知其取值。

期望值是在大量重复事件中随机变量取值的平均值，换言之，是随机变量所有可能取值的加权平均值，权重为各种可能取值出现的概率。

一般来讲，期望值的计算公式可表达为：

$$E(x) = \sum_{i=1}^{n} x_i P_i \tag{4-8}$$

式中　$E(x)$——随机变量 x 的期望值；

x_i——随机变量 x 的各种取值；

P_i——x 取值 x_i 时所对应的概率值。

根据期望值的计算式（4-8），可以很容易地推导出项目净现值的期望值计算公式如下：

$$E(\mathrm{NPV}) = \sum_{i=1}^{n} \mathrm{NPV}_i\, P_i \tag{4-9}$$

式中　E（NPV）—— NPV 的期望值；

NPV_i —— 各种现金流量情况下的净现值；

P_i ——对应于各种现金流量情况的概率值。

【例 4-7】 已知某投资方案各种因素可能出现的数值及其对应的概率见表 4-6。假设投资发生在期初，年净现金流量均发生在各年的年末。已知基准折现率为 8%，试求其净现值的期望值。

表 4-6　投资方案变量因素值及其概率

投资额/万元		年净收益/万元		寿命期/年	
数值	概率	数值	概率	数值	概率
100	0.5	20	0.4	10	1.00
150	0.3	30	0.35		
200	0.2	50	0.25		

解： 根据各因素的取值范围，共有 9 种不同的组合状态，根据净现值的计算公式，可求出各种状态的净现值及其对应的概率见表 4-7。

表 4-7　方案所有组合状态的概率及净现值

投资额/万元	100			150			200		
年净收益/万元	20	30	50	20	30	50	20	30	50
组合概率	0.2	0.175	0.125	0.12	0.105	0.075	0.08	0.07	0.05
净现值/万元	34.2	101.3	235.5	-15.8	51.3	185.5	-65.8	1.3	135.5

根据净现值的期望值计算公式，可求出：

$$
\begin{aligned}
E(\text{NPV}) &= 34.2\text{万元}\times0.2 + 101.3\text{万元}\times0.175 + 235.5\text{万元}\times0.125 - 15.8\text{万元}\times\\
&\quad 0.12 + 51.3\text{万元}\times0.105 + 185.5\text{万元}\times0.075 - 65.8\text{万元}\times0.08 + 1.3\\
&\quad \text{万元}\times0.07 + 135.5\text{万元}\times0.05\\
&= 73.01\text{万元}
\end{aligned}
$$

投资方案净现值的期望值为 73.01 万元。

2. 决策树法

决策树法是指在已知各种情况发生概率的基础上，通过构造决策树来求取净现值的期望值大于等于零的概率，评价项目风险、判断其可行性的决策分析方法。它是直观运用概率分析的一种图解方法。决策树法特别适用于多阶段决策分析。

决策树一般由决策点、机会点、方案枝、概率枝等组成。为了便于计算，对决策树中的“口”（决策点）和“○”（机会点）均进行编号，编号的顺序是从左到右，从上到下。通过绘制决策树，可以很容易地计算出各个方案的期望值并进行比选。

（1）决策树的绘制

1）先画一个方框作为出发点，称为项目的决策点。

2）从决策点引出若干直线，表示该决策点有若干可供选择的方案，在每条直线上标明方案名称，称为方案分枝。

3）在方案分枝的末端画一个圆圈，称为自然状态点或机会点。

4）从状态点再引出若干直线，表示可能发生的各种自然状态，并注明出现的概率。称为状态分枝或概率分枝。

5）在概率分枝的末端画一个小三角形，写上各方案在每种自然状态下的收益值或损失值，称为结束点。

（2）决策树法的解题步骤

1）列出方案。通过资料的整理和分析，提出决策要解决的问题，针对具体问题列出方案。

2）绘制决策树。绘制决策树的过程，实质上是拟订各种选择方案的过程，是对未来可能发生的各种事件进行周密思考、预测和预计的过程，是对决策问题一步步深入探索的过程。

3）计算各方案的期望值。计算时从决策树的最末端开始，按事件出现的概率计算其可能的损益期望值。

4）选择方案。在各决策点上比较各方案的损益期望值，以其中最大者为最佳方案。

【例4-8】　某建筑公司拟建一工厂，一个方案是建大厂，需投资400万元，建成后如销路好每年可获利100万元，如销路差，每年要亏损30万元；另一个方案是建小厂，需投资200万元，建成后如销路好每年可获利50万元，如销路差每年可获利20万元。两个方案的使用期均为10年。根据市场预测前3年销路好的概率为0.7，而如果前3年销路好，则后7年销路好的概率为0.9，如果前3年销路差，则后7年的销路一定差。在这种情况下，请问建大厂和建小厂哪个方案更好？

解：根据分析，这个问题可以分为前3年和后7年两期考虑，绘制决策树如图4-5所示。

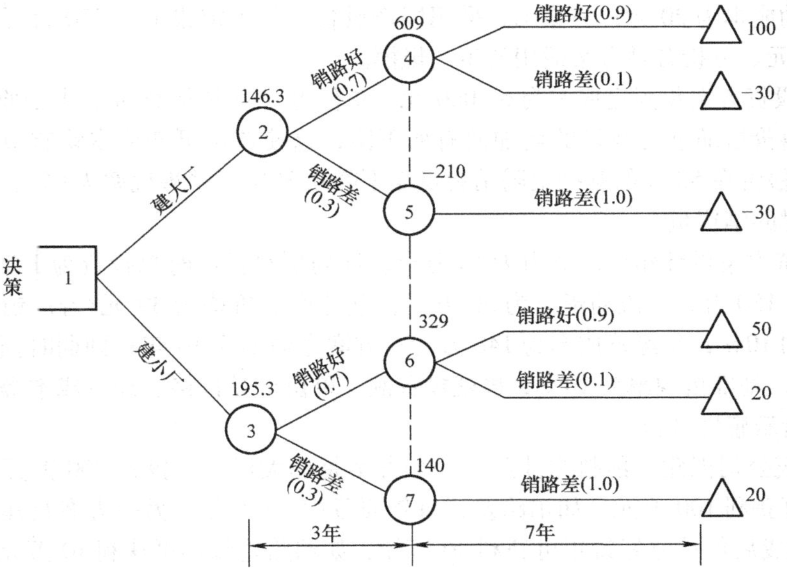

图4-5　决策树图

各点损益期望值计算过程如下：

点④的净收益＝[100万元×0.9＋(－30)万元×0.1]×7＝609万元

点⑤的净收益＝(－30)万元×1.0×7＝－210万元

点⑥的净收益 =（50 万元 ×0.9 + 20 万元 ×0.1）×7 =329 万元

点⑦的净收益 =20 万元 ×1.0 ×7 =140 万元

点②的净收益 =609 万元 ×0.7 + 100 万元 ×0.7 ×3 +（ −210）万元 ×0.3 +（ −30）万元 ×0.3 ×3 −400 万元 =146.3 万元

点③的净收益 =329 万元 ×0.7 + 50 万元 ×0.7 ×3 +140 万元 ×0.3 +20 万元 ×0.3 ×3 −200 万元 =195.3 万元

由于机会点③的净收益期望值大于机会点②的净收益期望值，所以较合理的方案就是建小厂。

思 考 题

1. 试述不确定性因素产生的原因及分析方法。

2. 试述盈亏平衡分析的概念、分类，盈亏平衡点的含义。

3. 试述敏感性分析的概念、步骤，单因素敏感性分析、多因素敏感性分析的概念。

4. 概率分析的含义是什么？

5. 某项目设计生产能力为年产 5 万件产品，预计单位产品价格为 100 元，单位产品可变成本为 80 元，固定成本为 28 万元，产品营业税金及附加的合并税率为 6%，试用产销量、生产能力利用率、销售额、单位产品价格分别表示盈亏平衡点。

6. 生产某产品有三种方案可选择：方案 A，从国外引进成套生产线，年固定成本为 800 万元，单位产品变动成本 10 元；方案 B，从国外引进关键设备，年固定成本为 500 万元，单位产品变动成本为 20 元；方案 C，采用国产设备，年固定成本为 300 万元，单位产品变动成本为 30 元。分析各种方案适用的生产规模。

7. 某项投资方案年固定成本为 66 000 元，单位可变成本为 27 元，由于原材料供应货源充足，原材料价格随进货数量的增加而有所下降，这使单位可变成本略有节约，节约率为 0.1%，单位售价在 58 元的基础上随销售量而下降 0.35%，销售税率为 6%，求盈亏平衡点和最大利润时的销售量。

8. 某投资方案设计年生产能力为 10 万台，计划项目投产时总投资为 1 200 万元，其中建设投资为 1 150 万元，流动资金为 50 万元；预计产品价格为 39 元/台；销售税金及附加为销售收入的 10%；年经营成本为 140 万元；方案寿命期为 10 年；到期时预计固定资产余值为 30 万元，基准折现率为 10%，试就投资额、单位产品价格、经营成本等影响因素对该投资方案进行敏感性分析。

9. 某建筑公司拟建一预制构件厂，一个方案是建大厂，需投资 300 万元，若建成后销路好，每年可获利 100 万元，如销路差，每年要亏损 20 万元；另一方案是建小厂，需投资 170 万元，建成后如销路好每年可获利 40 万元，如销路差每年可获利 10 万元。两方案的使用期均为 10 年。销路好的概率为 0.7，销路差的概率为 0.3。根据市场预测前 3 年销路好，则后 7 年销路好的概率为 0.9，如果前 3 年销路差，则后 7 年的销路一定差。请问建大厂和小厂哪个方案更好？

第五章　设备更新的经济分析

【学习目标】通过本章的学习，了解设备更新的原因及特点、设备更新经济分析的一般程序；熟悉设备的寿命形态及设备有形磨损、无形磨损的概念和分类；掌握设备经济寿命的计算方法及设备更新的经济分析。

第一节　设备更新的原因及特点

一、设备更新的原因分析

（一）设备更新的概念

企业在市场竞争中要想立于不败之地，就必须不断提高自身的现代化水平，作为硬件条件之一的设备，在其数量、质量、技术结构及设备的更新程度上是衡量一个企业现代化水准的重要指标之一。同时，设备作为企业的一项固定资产，在使用和闲置过程中必然会产生维护、大修、更新等问题。因此，设备更新是企业生产经营过程中不可或缺的一项工作内容。

设备更新是指在设备的使用过程中，由于有形磨损及无形磨损的作用，致使其在功能上受到影响并使功能下降，因而需用新设备（原型）或技术更先进的设备（装置）去更换在技术或经济上已不宜再继续使用的旧设备（装置）的过程。从广义上讲，设备更新就是指设备大修、设备更换、设备更新、设备的现代化改造。从狭义上讲，设备更新是指以结构更先进、功能更完善、性能更可靠、生产效率更高、加工出的产品质量更佳及生产成本更低的新设备去替代原有的已不能继续使用或继续使用已不经济、不环保的老设备的过程。

1. 设备大修的含义

设备大修是指通过更换修复零件，恢复设备的全部或大部分性能。

2. 设备更换的含义

设备更换是指以与原有设备性能相同的新设备去更换旧设备的过程。

3. 设备的现代化改造的含义

设备的现代化改造是指通过对现有设备进行技术改造以改进提高其使用性能与生产效率或降低生产成本的技术改造过程。

（二）设备更新的原因分析

设备的更新源于设备的各种磨损。磨损是指随着时间的推移，设备的价值与使用价值都会降低的现象。下面对设备磨损形式即设备更新原因予以介绍：

1. 设备的有形磨损（第Ⅰ类磨损或称物质磨损）

所谓设备的有形磨损是指机器设备在其使用或闲置过程中所发生的磨损。有形磨损按照其形成原因分为两种情况：一是指在生产过程使用中，机器设备在外力的作用下，其零部件会发生摩擦、振动和疲劳现象，以致机器设备的实体产生磨损，这种磨损一般称之为第一种有形磨损。第一种有形磨损产生的一个原因与设备的使用强度及时间紧密相关，它通常表现为零部件原始尺寸的改变、公差配合性质的改变和精度的降低及零件的损坏；另一个原因是因自然力作用所导致的设备磨损。机器设备即使在不使用的情况下也会因为空气中的水分等因素导致金属件生锈、腐蚀问题的发生；再比如像彩电长时间不用也会出现显像管老化问题。因此，设备长时间闲置也会自然丧失其加工精度和工作能力或失去其使用价值，这种有形磨损与设备闲置的时间长短和闲置期的维护情况有关，称为第二种有形磨损。设备有形磨损中一部分可以通过修理来恢复，对这种情况称之为能消除性的有形磨损，如更换已磨损的零件或部件等；另一部分则不能通过修理来消除，称之为不能消除的有形磨损，此时，设备其原有的使用价值就会降低或丧失。当设备的磨损不能通过修理或更换部件来恢复时，就需要更新了。

2. 设备的无形磨损（第Ⅱ类磨损或称精神磨损）

所谓无形磨损，是指由于科学技术进步而不断出现性能更完善、生产效率更高的设备，使得原有设备的价值降低，或者生产同样结构的设备的价值降低。设备的无形磨损也可分为两种情况。第一种无形磨损是由于设备制造工艺不断改进、劳动生产率的不断提高，使得相同结构设备的制造成本也在不断降低（即购买同样设备时的市场价格更低），使现有设备价值发生了贬值。此时虽然设备的技术结构和经济性能并未改变，也就是说其使用价值并未发生变化，但是设备的修理费用有可能高于设备的重购置价格，再继续使用就存在维修费过高致使生产成本增加的问题。第二种无形磨损是由于技术进步，社会上出现了结构更先进、技术更完善、生产效率更高、耗费原材料和能源更少的新型设备，而使原有机器设备在技术上显得陈旧落后而造成的。此时尽管原有设备尚可使用，但其生产效率已大大低于社会平均生产效率，继续使用必然使企业的生产成本高于社会平均成本。显然，这种情况下使用新设备比使用旧设备更为经济合算，产生了更换设备的可能性，但是否更换该设备，还要综合考虑在生产中继续使用旧设备的经济下降幅度与购置新设备之间的经济合理性，这是本章后续内容所要重点讲到的部分。

在实际生活中通常是有形磨损与无形磨损同时发生，并对设备的使用造成磨损，在技术含量越高的行业（即高新产业）越要重视设备的无形磨损所带来的风险。由于设备受到的磨损形式的不同，因此，对其补偿方式有局部补偿和完全补偿两类，主要有修理、更换、更新和现代化改装四种做法。设备有形磨损的局部补偿为修理、完全补偿方式为更换零部件；无形磨损的局部补偿方式为现代化改装（改造）、完全补偿方式为更新设备；设备更新的资金来源主要为企业计提的固定资产折旧。

二、设备更新的特点分析

在设备更新分析时需采用特定的方法来选择对比方案，主要具有以下特点：

（1）设备更新的中心内容是研究确定设备的经济寿命。

（2）设备更新分析的一个重要假设是考虑选择方案时并不是站在旧设备拥有者的立场上考虑问题，而是站在投资分析咨询师的角度去判断选择的。

（3）在对设备进行更新分析决策时只考虑未来会发生的现金流量。

（4）一般在对比选择方案时往往假设方案之间产生的收益是相等的，也就是说，只对方案间的费用进行对比，并且通常采用的是费用年值法来计算选择。

第二节　设备的经济寿命

一、设备的寿命形态

由于磨损的存在，设备的价值与使用价值会逐渐消失，也就是说，设备是具有一定寿命的。设备的寿命，由于研究角度的不同其含义也不同，一般有以下几种不同的概念：

1. 自然寿命（物质寿命或物理寿命）

它是指设备从全新状态下使用开始直到不能保持正常使用状态而予以报废的全部时间过程。自然寿命的长短主要取决于设备的质量及对设备有形磨损的速度。

2. 技术寿命

它是指设备自投产起至由于新技术的出现使原有设备在物质寿命尚未结束前就丧失其使用价值而被淘汰所经历的时间。它是从技术的角度看设备最合理的使用期限，技术寿命的长短主要取决于无形磨损的速度。科学技术发展越快，设备的技术寿命越短。

3. 设备的折旧寿命

它是指国家有关部门规定的设备计提折旧费的年限。一般情况下，设备的折旧寿命及折旧的计提方法及原则由我国的《企业财务通则》或财务制度及相关法规规定，例如，我国财务制度规定，一般固定资产折旧年限不低于10年，即设备的折旧寿命不低于10年，而有的设备还有其折旧年限具体的规定。折旧寿命一般小于物理寿命，相应地，设备的折旧寿命可以用折旧计算的逆运算求得。

4. 经济寿命

设备的使用成本由两部分组成，一是设备购置费的年分摊额，二是设备年运行费用（主要包括操作费、维修费、材料费及能源费），年运行费用是随着设备使用年限的延长而增加的，尤其设备在其使用后期，由于性能劣化导致运行费用大幅度增加。同时，由于科学技术的不断发展，可能出现售价和使用费用更低的、性能相似的新的替代设备。经济寿命就是从经济角度来衡量设备最合理的使用期限，经济寿命由有形磨损和无形磨损共同决定。具体来说，能使投入使用的设备等额年总成本最低的期限即为其经济寿命。在设备更新分析中，经济寿命是确定设备最佳更新时期的主要依据。

二、经济寿命的计算方法

要计算设备的经济寿命，首先要明确两个概念：一是设备的购置费，包括在设备的购置中实际支付的买价、税金（如增值税）、支付的运杂费、包装费和安装成本等；二是设备的运行成本，即设备在使用过程中发生的费用，包括能源费、保养费、修理费（包括大修理费）、停工损失及废次品损失等。一般情况下，运行成本是逐年递增的，这种递增称为设备的劣化。设备的经济寿命是由设备的年均费用决定的，年均费用包括两个部分，即年资金费用和年经营费用（年运营费用），年资金费用就是固定资产价值的年减少额，实质上就是固定资产的年折旧额加上未回收资金的利息；年经营费用，就是前面讲的设备的运行成本。设备的经济寿命就是求设备年均费用最小时所对应的使用年份。设备经济寿命求解原理如图5-1所示。从图中不难分析出年等额总成本曲线的最低点就是所要求的设备经济寿命点。按照是否考虑资金的时间价值，设备经济寿命的计算方法分为静态模式和动态模式两种。

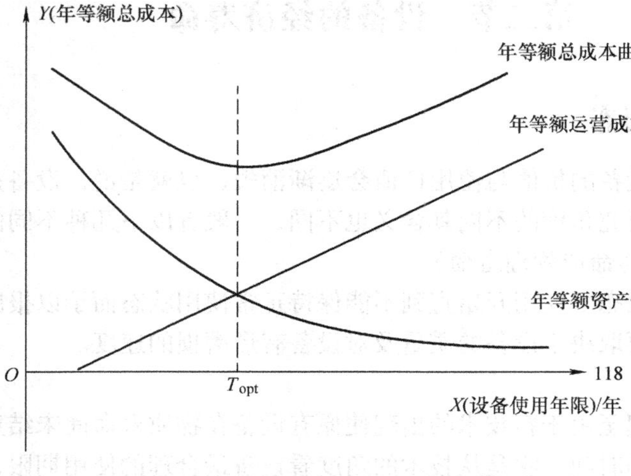

图 5-1　设备经济寿命求解原理

（一）静态模式下的经济寿命

静态模式下的经济寿命即不考虑资金时间价值的经济寿命。

1. 用公式计算法计算设备的经济寿命

假设机器设备的年运行成本的劣化是线性增长的，每年运行成本增加额为 A，若设备使用了 T 年，则第 T 年时的运行成本 C_T 为：

$$C_T = C_1 + (T-1)\lambda \tag{5-1}$$

式中　C_1——运行成本的初始值，即第一年的运行成本；

T——设备的使用年数；

λ——设备劣化值，即每年运行成本增加额。

显然，T 年内设备的运行成本的平均值为：

$$C_1 + \frac{T-1}{2}\lambda \tag{5-2}$$

除运行成本外，在设备的年均总费用中还有每年分摊的设备购置费用，称为资金恢复费用或年资金费用。其值为：

$$\frac{K_0 - V_L}{T} \tag{5-3}$$

式中　K_0——设备的原始价值；

V_L——设备的净残值。

由上述可知，设备的年资金费用是随着使用年限的增加而降低的，而设备的年运行成本则是递增的，设备的年均总费用为：

$$\mathrm{AC} = C_1 + \frac{T-1}{2}\lambda + \frac{K_0 - V_L}{T} \tag{5-4}$$

设备的经济寿命为其年均费用最小的年数，求年均费用的最小值。

令$\frac{\mathrm{d}(\mathrm{AC})}{\mathrm{d}T} = \frac{\lambda}{2} - \frac{K_0 - V_L}{T^2} = 0$，则设备的经济寿命为：

$$T_{opt}=\sqrt{\frac{2\ (K_0-V_L)}{\lambda}} \tag{5-5}$$

【例 5-1】 某设备的原始价值为 10 000 元，设备的净残值为 400 元，年运行成本的劣化值为 300 元/年，求其经济寿命。

解： 根据公式有

$$T_{opt}=\sqrt{\frac{2\ (K_0-V_L)}{\lambda}}=\sqrt{\frac{2\times\ (1\ 000-400)}{300}}=8\text{ 年}$$

即设备的经济寿命为 8 年。

当设备年运行成本的劣化是不变的，即每年运行成本增加额 A 为零，此时，设备的年均总费用为：

$$\text{AC}=C_1+\frac{K_0-V_L}{T} \tag{5-6}$$

设备的经济寿命即其年均费用最小的年份。由上式可见，其经济寿命是无穷大的，显然，不符合设备运行的实际情况。因为随着有形磨损的增加，其维修费必然是递增的；同时由于无形磨损，其生产效率及加工能力的降低必然带来生产成本的上升，所以，劣化值必然是递增的，只不过递增不一定具有规律性。

实际上，在更多的情况下，设备的劣化并非是线性的。此时，就需根据现场的记录或对实际情况的预测，用列表法来判断设备的经济寿命。

2. 用列表法判断设备的经济寿命

【例 5-2】 某设备的原始价值为 10 000 元，物理寿命为 10 年，第一年的运行成本为 700 元，劣化值变化见表 5-1 中第三栏所示，年末残值见第四栏，试计算其经济寿命。

解： 经济寿命计算见表 5-1。显然，第 8 年设备的年均费用最小，为 2 326 元，所以设备的经济寿命为 8 年。

表 5-1　设备经济寿命计算表

使用年限	运行成本/元	劣化值/元	年末残值/元	年均运行成本与劣化值/元	年均设备购置费/元	年均总费用/元
(1)	(2)	(3)	(4)	$(5)=\frac{\sum[(2)+(3)]}{(1)}$	$(6)=\frac{10\ 000-(4)}{(1)}$	(7)=(5)+(6)
1	700	0	7 200	700	2 800	3 500
2	700	100	5 300	750	2 350	3 100
3	700	150	3 500	783	2 167	2 950
4	700	250	2 200	825	1 950	2 775
5	700	400	1 100	880	1 780	2 660
6	700	600	900	950	1 517	2 467
7	700	850	700	1 036	1 329	2 365
8	700	1 150	500	1 138	1 188	2 326
9	700	1 500	300	1 256	1 078	2 330
10	700	2 000	100	1 400	990	2 390

（二）考虑资金时间价值的经济寿命

在国际上的项目分析与评价中，通常要考虑资金的时间价值，这样评价才能更准确，更符合客观实际情况。

1. 计算单利时设备的经济寿命的确定

假若设备的年运行成本的劣化是线性增长的，第一年的运行成本为 C，每年运行成本增加额为 A，若设备使用了 T 年，则第 T 年的运行成本 C_T为：

$$C_T = C_1 + (T-1)\lambda \tag{5-7}$$

显然，T 年内设备的运行成本的平均值将为：

$$C_1 + \frac{T-1}{2}\lambda \tag{5-8}$$

除运行成本外，在设备的年均费用中还有每年分摊的年资金费用。其金额为：

$$\frac{K_0 - V_L}{T} \tag{5-9}$$

另外，还要考虑单利情况下，设备占有资金的利息为：

$$\frac{K_0 - V_L}{2}i \tag{5-10}$$

式中 i——银行利率。

设备的年总费用则为：

$$\mathrm{AC} = C_1 + \frac{T-1}{2}\lambda + \frac{K_0 - V_L}{T} + \frac{K_0 - V_L}{2}i \tag{5-11}$$

求 AC 的最小值，利用导数的知识，上式对 T 求导，并令其等于零，得其最小年均费用为：

$$T_{\mathrm{opt}} = \sqrt{\frac{2K_0}{\lambda}} \tag{5-12}$$

若不考虑设备的残值，其经济寿命和最小年均费用为

$$\mathrm{AC}_{\min} = C_1 + \sqrt{2K_0\lambda} + \frac{K_0 i - \lambda}{2} \tag{5-13}$$

【例 5-3】 设有一台设备，初始投资 8 000 元，残值为零，运行费用第一年为 2 000 元，以后每年递增 1 000 元，利率为 8%，试计算该设备的经济寿命及最小年均费用。

解： $T_{\mathrm{opt}} = \sqrt{\frac{2K_0}{\lambda}} = \sqrt{\frac{2\times 8\,000}{1\,000}} = 4$ 年

其最小年均费用为：

$$\mathrm{AC}_{\min} = 2\,000\text{ 元} + \sqrt{2\times 8\,000\text{ 元}\times 1\,000\text{ 元}} + \frac{8\,000\text{ 元}\times 8\% - 1\,000\text{ 元}}{2} = 6\,000\text{ 元} - 180\text{ 元} = 5\,820\text{ 元}$$

2. 计算复利时设备的经济寿命的确定

考虑资金时间价值，并以复利计息，年总费用平均值不是算术平均值，而是指时间调整为平均，即先把各年的费用折算成现值，然后再将其看成是年金总额的现值，乘以资金回收系数，得到年金各年支付额，即为年均总费用的时间调整平均值。

$$AC = K_0(A/P, i, n) - V_L(A/F, i, n) + C_1 + \left[\sum_{j=1}^{n} \lambda(P/F, i, n)\right](A/P, i, n) \quad (5\text{-}14)$$

式中　　λ——劣化值增加额；

$(A/P, i, n)$——资金回收系数；

$(A/F, i, n)$——偿债基金系数；

$(P/F, i, n)$———一次支付现值系数。

在给定的基准折现率 i 时，令 AC 最小，此时对应的年限就是设备在考虑资金时间价值情况下的经济寿命。

【例 5-4】 某公司购入一台设备，总购置费用为 5 000 元，估计第一年的运营费用为 2 000元，以后每年递增 100 元，其残值不计，年利率为 10%，试计算其经济寿命。

解：根据题意，利用式（5-14）

$$AC = K_0(A/P, i, n) - V_L(A/F, i, n) + C_1 + \left[\sum_{j=1}^{n} \lambda(P/F, i, j)\right](A/P, i, n)$$

列表分别计算各年的年度总费用。由计算可知，第 12 年的年均总费用最小，为 3 137 元，即经济寿命为 12 年（计算过程略）。

由于在实务中，设备的劣化值的变化是比较复杂的，故设备的年均总费用计算的一般公式为：

$$AC = K_0(A/P, i, n) - V_L(A/F, i, n) + \left[\sum_{j=1}^{n} \lambda(P/F, i, j)\right](A/P, i, n)$$

或

$$AC = (K_0 - V_L)(A/P, i, n) + V_L i + \left[\sum_{j=1}^{n} \lambda(P/F, i, j)\right](A/P, i, n)$$

式中　i——基准收益率。

总之，上述的计算原理实际是将不同时期的费用折算为年金，即设备的年均费用，而年均费用最低的年份即为设备的经济寿命。

第三节　设备更新经济分析案例

一、设备更新经济分析的一般程序

设备更新经济分析从本质上来讲就是一个对更新备选方案的选优过程，它包括以下程序：

（1）确定目标及对象。即更新分析的目标是维持生产现状，还是扩大生产规模以提高产品质量或降低成本；弄清分析的对象是一台设备还是某个生产装置或一条生产线等。

（2）收集资料。收集设备的原价、重置价格，已使用年限、拟继续使用年限、磨损程度、折旧费、维修使用费用、性能，新设备性能等方面的资料，资料的详尽程度与准确度是进行下一步工作的关键因素之一。

（3）确定更新方式。对现有设备可采用的更新方式主要有以下几种分析角度：①进行一般维修继续使用。②大修方案的分析。③设备更换（原型或新型更新）方案分析。④设备现代化改装方案分析。

（4）确定最佳设备更新方案。通过采用专门计算方法对比分析备选方案的优劣，从中选出最优方案。

二、设备更新的经济分析

（一）新型更新

所谓新型设备更新分析，就是假定企业现有设备可被其经济寿命内等额年总成本最低的新设备取代。在新型设备出现的情况下，常用的设备更新方法是年值成本法和边际成本法。

1. 年值成本法

年值成本是指考虑资金的时间价值条件下，通过分别计算比较既有旧设备和备选新设备服务期（或经济寿命期）内的平均总费用，决定使用新型设备和继续使用旧设备的取令。

【例5-5】 某机器A正在使用，其目前的残值估计为2 000元。据估计，这部机器还可使用5年，每年的使用费为1 200元，第5年年末的残值为零。为机器A的更新提出两种方案。方案甲：5年之后，用机器B来代替机器A。其原始费用估计为10 000元，寿命估计为15年，残值为零，每年使用费为600元。方案乙：现在就用机器C来代替机器A。机器C的原始费用估计为8 000元，寿命为15年，残值为零，每年使用费为900元。详细数据列于表5-2内。折现率为10%。比较方案甲和方案乙，哪个经济效果好？

表5-2 各方案的基本数据表 （单位：元）

年末	方案甲		方案乙	
	原始费用	年使用费	原始费用	年使用费
0	（机器A）2 000		（机器C）8 000	
1		1 200		900
2		1 200		900
3		1 200		900
4		1 200		900
5	（机器B）10 000	1 200		900
6		600		900
7		600		900
8		600		900
9		600		900
10		600		900
11		600		900
12		600		900
13		600		900
14		600		900
15		600		900
16~20		600		900

解：(1) 选定研究期为 15 年。

方案甲：机器 B 的年值成本为

AC_B = 10 000 元 × (A/P, 10%, 15) + 600 元 = 10 000 元 × 0.131 5 + 600 元 = 1 915 元

方案甲在 15 年内发生的费用现值为：

$PC_甲$ = 2 000 元 + 1 200 元 × (P/A, 10%, 5) + 1 915 元 × (P/A, 10%, 10)(P/F, 10%, 5)
= 2 000 元 + 1 200 元 × 3.791 + 1 915 元 × 6.144 6 × 0.620 9
= 13 856 元

方案乙：机器 C 在 15 年内的费用为：

$PC_乙$ = 8 000 元 + 900 元 × (P/A, 10%, 15) = 14 845 元

显然，应选方案甲。

(2) 选定研究期为 5 年。如果资料不充分，往往就采用较短的研究期。比如，在表 5-2 中选择哪种机器来继续时，因机器 A 的工作并不清楚，所以这时选定机器 A 还可使用的时期 5 年作为研究期，这时：

AC_A = 2 000 元 × (A/P, 10%, 5) + 1 200 元 = 1 728 元

而机器 C 按照寿命为 15 年计算的年度费用是：

AC_C = 8 000 元 × (A/P, 10%, 15) + 900 元 = 1 952 元

就是说，在前 5 年中采用机器 A 比采用机器 C 每年可以节约：1 952 − 1 728 = 224 元，至于 5 年以后的情况则未加考虑。

一般说来，研究期越长，所得的结果越重要，但是所作的估计也越可能是错误的。因此，研究期的选定必须根据估计和判断。

2. 边际成本法

如果今后的情况非常难以预料，可采用逐年比较新旧设备成本的方法，这就是边际成本法。

边际成本法进行更新分析的步骤是：

(1) 计算旧设备的年度边际成本

$$MC_n = C_n + (L_{n-1} - L_n) + L_{n-1} i \tag{5-15}$$

式中 MC_n——第 n 年旧设备的年度边际成本；

C_n——第 n 年旧设备的经营成本以及损失额；

$L_{n-1} - L_n$——第 n 年的资产折旧费；

$L_{n-1} i$——资产占用资金的成本。

(2) 计算新设备的年均总成本

$$AC'_n = [P' - L'_n (P/F, i, n)] (A/P, i, n) + \sum C_j (P/F, i, n) \times (A/P, i, n) \tag{5-16}$$

式中 AC'_n——新设备的年均总成本；

P'——新设备购置费；

L'_n——第 n 年新设备残值；

C_j——新设备第 j 年的经营成本。

(3) 根据计算结果进行比较

当 $MC_n > AC'_n$ 时，需更新旧设备；当 $MC_n < AC'_n$ 时，应保留旧设备。

设备更新分析中只考虑今后所发生的现金流量，对以前发生的现金流量和沉没成本，因为它们都属于不可恢复的费用，与更新决策无关，故不需再参与经济计算。

【例5-6】 某旧设备再继续使用一年的边际费用见表5-3所列。现有的新设备价格为50 000元，寿命为15年，年经营成本为1 800元，残值为4 000元，折现率 $i_c=10\%$。试分析是否应对旧设备进行更新。

表5-3 旧设备的年边际费用计算表 （单位：元）

新设备产量和质量提高增加收入	1 600	旧设备现在出售价格	9 600
新设备投资节约	1 200	旧设备一年后出售价格	8 200
新设备作业费节约	4 500	旧设备继续使用的资产占用	960
新设备装修费节约	3 000	资金成本（$i=10\%$）(2)	
旧设备年经营费	1 200	旧设备资产折旧费 (3)	1 400
旧设备经营费及损失 (1)	11 500	旧设备的边际成本	13 860

解：旧设备的边际成本 MC_n 为13 860元。

新设备的年均总费用AC为：

$$AC_n'=[50\ 000元-4\ 000元\times(P/F,10\%,15)](A/P,10\%,15)+1\ 800元$$
$$=8\ 247.6元$$

比较新旧设备年成本的计算结果，用新设备更新旧设备，每年可节约开支：

13 860元－8 247.6元＝5 612.4元。因此，应尽快更换旧设备。

（二）原型更新

原型更新就是假定企业的生产周期较长，而且在经营期内设备的更新均采用与原使用设备结构相同、性能相同的“新设备”来重复更新“旧设备”，这也就相当于设备的研究期为该设备自然寿命的最小公倍数。其具体做法为：①确定各方案共同的研究期。②用费用年值法确定各方案的经济寿命。③通过比较每个方案的设备经济寿命来确定最佳方案，即确定旧设备是否更新以及新设备未来的最佳更新周期。

三、大修、更新与现代化改装的方案比较

（一）设备大修理的经济实质

所谓修理（维修）是指为了保持设备在寿命期内的完好使用状态而进行的局部修复或更换工作。修理按其实际发生的费用和修理的性质，可以分为保养、小修和大修三种。保养是指为了通过减少整机和零件磨损以保持设备性能，减少故障而进行的清洁、检查、调整、紧固、润滑、防腐等工作，必要时更换少量易损件。小修主要是指排除设备运转中出现的突发性故障和异常，以及对损坏严重的局部进行调整修理工作。大修是指通过调整、修复或更换磨损的零部件，恢复设备的精度和生产率，使整机全部或接近全部恢复功能，以期达到设备原有的技术性能的工作。在进行设备大修理时保留了设备的部分原有零部件，只是对磨损严重的部分进行了更换。这是大修理的经济实质，也是大修理这种设备磨损补偿方式能够存在的经济前提。为了提高设备的效能，有时可结合大修理进行设备的技术改造和更新。

（二）设备大修理的经济界限

虽然通过大修可以修复设备磨损，延长其使用寿命，但是这种延长，无论是技术上的，

还是经济上的，都不是没有限度的。因为大修理不可能完全修复设备已经磨损的性能。每经过一个大修理周期，都会导致设备性能的低劣化。大修理的周期会随着设备使用时间的延长而越来越短，即大修理的间隔时间呈现边际效益递减的现象。当修理达到一定的次数后，其综合性能指标，特别是经济性能指标再也无法达到继续使用的要求或超出了一定的经济界限时就不应该再继续修理了。也就说设备大修理应当考虑以下两个经济条件：

（1）该次大修理费用小于等于同种设备的重置价值，否则大修理就不具有经济合理性，而应考虑设备更新。这是大修理在经济上合理性的基本条件或最低经济界限。即

$$R \leqslant P - L$$

式中　R——该次大修理费用；

P——同种设备的重置价值，即同种新设备在大修理时的市场价格；

L——旧设备（原有设备）被替换时的残值。

这里要注意到，仅符合基本条件的大修理，在经济上还不一定是最佳方案，因为还要看大修理后使用该设备生产的单位成本。因为大修理后设备性能的低劣化，与使用新设备相比，就会增加与该设备使用有关的费用，如日常维护和小修理的费用等。所以，还要注重下面所说的第二个条件。

（2）该次大修理后的设备生产单位产品的计算费用小于等于具有相同功能的新设备生产单位产品的计算费用。即

$$C \leqslant C_0$$

式中　C——设备大修理后生产的单位产品成本；

C_0——使用新设备生产的单位产品成本。

四、更新方案的综合比较

通过上述分析可知，设备超过最佳期限之后，就存在更新的问题。但陈旧设备直接更换是否必要或是否为最佳的选择，是需要进一步研究的问题。一般而言，对超过最佳期限的设备可以采用以下几种处理方法：

1）继续使用旧设备。

2）用原型设备更新旧设备。

3）用新型高效设备更新旧设备。

4）对旧设备进行现代化技术改造。

5）对旧设备进行大修理。

对以上更新方案进行综合比较一般常采用最低总费用现值法。其计算公式为：

$$PC_1 = \frac{1}{a_1}\left[P_1 + \sum_{j=1}^{n} C_{1j}(P/F,i_c,j) - L_{1n}(P/F,i_c,n)\right]$$

$$PC_2 = \frac{1}{a_2}\left[P_2 + \sum_{j=1}^{n} C_{2j}(P/F,i_c,j) - L_{2n}(P/F,i_c,n)\right]$$

$$PC_3 = \frac{1}{a_3}\left[P_3 + \sum_{j=1}^{n} C_{3j}(P/F,i_c,j) - L_{3n}(P/F,i_c,n)\right]$$

$$PC_4 = \frac{1}{a_4}\left[P_4 + \sum_{j=1}^{n} C_{4j}(P/F,i_c,j) - L_{4n}(P/F,i_c,n)\right]$$

$$PC_5 = \frac{1}{a_5}\left[P_5 + \sum_{j=1}^{n} C_{5j}(P/F,i_c,j) - L_{5n}(P/F,i_c,n)\right]$$

式中 PC_1、PC_2、PC_3、PC_4、PC_5——继续使用旧设备、用原型设备更新、用新型高效设备更新、进行现代化技术改造和进行大修理等方案 n 年内的总费用现值；

P_1、P_2、P_3、P_4、P_5——继续使用旧设备、用原型设备更新、用新型高效设备更新、进行现代化技术改造和进行大修理等各种方案所需的投资；

C_{1j}、C_{2j}、C_{3j}、C_{4j}、C_{5j}——继续使用旧设备、用原型设备更新、用新型高效设备更新、进行现代化技术改造和进行大修理等各种方案在第 j 年的经营成本；

L_{1n}、L_{2n}、L_{3n}、L_{4n}、L_{5n}——旧设备、原型设备、新型高效设备、进行现代化技术改造后的设备和进行大修理后的设备到第 n 年的残值；

a_1、a_2、a_3、a_4、a_5——继续使用旧设备、用原型设备更新、用新型高效设备更新、进行现代化技术改造和进行大修理等各种方案的生产效率系数，可将原型新设备的生产效率系数定为基准值，即取 $a_2=1$。

【例 5-7】 某旧设备各种更新方案各项费用的原始资料见表 5-4，i 为 10%，试选择最佳更新方案。

表 5-4 更新方案各项费用原始资料表

方案	投资/元	生产效率系数	C 表示各年经营成本，L 表示各年末残值/元										
				1	2	3	4	5	6	7	8	9	10
继续使用旧设备	$P_1=3\,000$	$a_1=0.7$	C	1 400	1 800	2 200							
			L	1 200	600	300							
用原型设备更新	$P_2=16\,000$	$a_2=1$	C	450	550	650	750	850	950	1 050	1 150	1 250	1 350
			L	9 360	8 320	7 280	6 240	5 200	4 160	3 120	2 080	1 300	1 300
用新型设备更新	$P_3=20\,000$	$a_3=1.3$	C	350	420	490	560	630	700	700	840	910	980
			L	11 520	10 240	10 240	7 250	5 700	4 700	4 700	3 000	2 000	2 000
进行技术改造	$P_4=11\,000$	$a_4=1.2$	C	550	680	810	810	940	1 070	1 330	1 460	1 590	1 720
			L	9 000	8 000	6 700	6 700	5 700	4 700	2 700	1 700	1 000	1 000
旧设备大修理	$P_5=7\,000$	$a_5=0.98$	C	700	950	1 200	1 450	1 700	1 950	2 200	2 450	2 700	2 950
			L	6 400	5 800	5 200	4 700	3 800	3 000	2 200	1 400	700	700

解：根据上述公式可计算出不同服务年限各方案的总费用现值，见表 5-5。

表 5-5　不同服务年限各方案总费用现值计算表　（单位：元）

方案＼年限	1	2	3	4	5	6	7	8	9	10
继续使用旧设备	4 545.4	7 520.6	10 268.3							
用原型设备更新	7 900.0	9 987.6	11 882.4	13 602.2	15 163.2	16 580.1	17 866.0	19 033.2	19 962.4	20 553.0
用新型设备更新	6 871.3	8 442.7	10 022.8	11 284.1	12 486.7	13 340.8	14 004.2	14 701.3	15 326.0	15 629.3
进行技术改造	5 265.1	7 042.0	8 863.9	10 349.5	11 715.5	12 971.5	14 126.1	15 187.4	16 056.8	16 641.5
旧设备大修理	4 916.5	6 863.3	8 687.9	10 409.4	12 354.6	14 157.4	15 885.4	17 537.2	19 069.2	20 257.3

从计算结果可以看出，如果设备只使用1年，以使用旧设备的方案为最佳。如果只打算使用2～4年，最佳方案是对原设备进行一次大修理。如果估计设备将使用5～6年，最佳方案是对原设备进行现代化技术改造。如果使用期在7年以上，则用高效率新型设备替换旧设备的方案最佳。

思　考　题

1. 什么是设备更新？其经济分析的一般程序是什么？

2. 简述设备的有形磨损、无形磨损的概念和分类。有形磨损和无形磨损分别有何特点和补偿形式？

3. 简述设备寿命的几种不同的意义。

4. 简述设备大修理经济界限的概念及其提出的意义。

5. 什么是设备的经济寿命？说明其具体经济含义。

6. 设备的磨损分为几种？各以什么方式补偿？

7. 某设备原值16 000元，其各年的残值及年运营费用见表5-6，年利率为10%，试计算其经济寿命。

表 5-6　设备各年使用费及残值表

运营年数	1	2	3	4	5	6	7
年运营费/元	2 000	2 500	3 500	4 500	5 500	7 000	9 000
年末残值/元	10 000	6 000	4 500	3 500	2 500	1 500	1 000

8. （1）有一设备，其价值为6 000元，使用和维修费用第1年为2 000元，以后由于设备的磨损，使用和维护费用每年都会增加，且每年增加500元，不计设备的残值，问该设备的经济寿命是多少？最小年均使用费是多少？

（2）某建筑公司一台旧设备，如现在转让，价格为25 000元，次年将贬值10 000元，以后每年将贬值5 000元；由于性能退化，这台设备今年的使用费为80 000元，预计今后每年将增加10 000元，这台设备将在4年后报废，残值为0；现有一台新型的同类设备，可以完成与现在设备相同的工作，购置费为160 000元，年平均使用费为60 000元，经济寿命为7年，期末残值为15 000元，并预计该设备在7年内不会有大的改进。设基准折现率为12%，问是否需要更新现有设备？如需要，应该在什么时间内更新？

（3）某单位进行设备更新，有两方案，具体资料见表5-7，试分析该单位应选择哪一个方案进行设备更新。

表5-7 设备年度费用表

项目	购置费/元	估计净残值/元	使用年限/年	年使用费/元	投资年利率（%）
甲方案	30 000	2 000	6	6 000	8
乙方案	44 000	4 000	8	6 500	8

（4）某厂6年前以8 400元购置一台设备，预计可使用12年，残值为1 200元，年使用费为2 100元；现由于设备的加工能力不足，需要增加设备以满足生产的需要，经研究有两个方案：甲方案，购置原型设备，现价为9 600元，使用寿命与年使用费与原设备相同，残值为1 600元；乙方案，现有设备可折价3 000元转让，再购进生产同样产品的另一型号设备，生产能力为原设备的两倍，购置费为17 000元，使用寿命10年，年使用费为3 100元，残值为4 000元。试对两方案进行比较。

第六章　工程项目的可行性研究

【学习目标】通过本章学习，了解可行性研究、项目财务评价、项目国民经济评价的相关概念；理解财务评价基础数据收集及项目效益与费用识别等；掌握可行性研究的主要内容、财务评价基本报表的编制及国民经济评价指标计算。

第一节　可行性研究概述

一、可行性研究的基本知识

1. 可行性研究的概念

可行性研究是项目前期工作的最重要内容，它是在项目投资决策前，对工程建设项目进行全面的技术经济分析论证的科学方法和工作阶段。

建设项目的可行性研究，是在投资决策前，对与拟建项目有关的社会、经济和技术等各方面情况进行深入、细致的调查研究；对各种可能拟订的技术方案和建设方案进行认真的技术经济分析与比较论证；对项目建成后的经济效益进行科学的预测和评价。在此基础上，综合研究建设项目的技术先进性和适用性、经济合理性和有效性，以及建设可能性和可行性，从而，确定该项目是否应该投资和如何投资，或是就此终止不投资，还是继续投资使之进入项目开发建设的下一阶段等，为项目投资决策提供可靠的科学依据和为开展下一步工作打下基础。

2. 可行性研究的任务

可行性研究的任务主要是根据国民经济长期规划和地区规划、行业规划的要求，对拟建项目进行投资方案规划、工程技术论证、社会与经济效果预测和组织机构分析，经过多方面的计算、分析、论证和评价，为项目决策提供可靠的依据和建议。因此，项目可行性研究是保证建设项目以最少的投资耗费取得最佳经济效果的科学手段，也是实现建设项目在技术上先进、经济上合理和建设上可行的科学方法。

3. 可行性研究的作用

（1）作为建设项目投资决策和编制可行性研究报告的依据。可行性研究就是项目投资建设的首要环节，项目投资决策者主要根据可行性研究的评价结果，决定一个建设项目是否应该投资和如何投资。因此，它是项目投资的主要依据。

（2）作为筹集资金向银行申请贷款的依据。我国的建设银行、国家开发银行和投资银行在接受项目建设贷款时，首先对贷款项目进行全面、细致的分析评估，确认项目具有偿还贷款能力、不担过大风险后，才能同意贷款。

（3）作为项目主管部门商谈合同、签订协议的依据。根据可行性研究报告，建设项目主管部门可同国内有关部门签订项目所需原材料、能源资源和基础设施等方面的协议和合同，以及同国外厂商就引进技术和设备正式签约。

（4）作为项目进行工程设计、设备订货、施工准备等基本建设前期工作的依据。可行性研究报告是编制设计文件、进行建设准备工作的主要根据。

（5）作为项目拟采用的新技术、新设备的研制和进行地形、地质及工业性试验工作的依据。项目拟采用的新技术、新设备必须是经过技术经济论证认为可行的，方能拟订研制计划。

（6）作为环保部门审查项目对环境影响的依据，也作为向项目建设所在地政府和规划部门申请建设执照的依据。

二、可行性研究的主要内容

项目可行性研究是在对项目进行深入细致的技术经济论证的基础上作多方案的比较和优选，提出项目投资最后决策的结论性意见。因此，它的内容应能满足作为项目投资决策的基础和重要依据的要求。可行性研究报告应由有资格的设计（咨询）单位编制。可行性研究的基本内容和深度应根据国家规定确定，一般工业建设项目的可行性研究应包括以下十方面内容。

1. 总论

综述项目概况、可行性研究的主要结论概要和存在的问题与建议。阐明对推荐方案在论证过程中曾有的重要争论问题和不同的意见与观点，并对建设项目的主要技术经济指标列表说明（见表6-1）。还应说明建设项目提出的背景、投资环境、项目建设投资的必要性和经济意义，项目投资对国民经济的作用和重要性；提出项目调查研究的主要依据、工作范围和要求；说明项目的历史发展概况、项目建议书及有关审批文件。

表6-1　建设项目主要技术经济指标汇总表

序号	指标名称	单位	数量	备注
1	生产规模	实物量每年		
2	生产方案	实物量每年		
（1）	×××			
（2）	×××			
	其中外销			
3	主要原材料、物料、燃料年用量	实物量每年		按品种分列
（1）	×××			
（2）	×××			
	……			
4	动力需要量			
（1）	最大用气量	t/h		
（2）	最大用电负荷	kW		
（3）	最大用水量	m^3/h		
	……			
5	总平面指标			
（1）	占地面积	m^2		
（2）	建筑面积	m^2		
（3）	建筑系数	%		

（续）

序号	指标名称	单位	数量	备注
6	设备总重量	t		
7	劳动指标			
(1)	全厂定员	人		
(2)	全员劳动生产率	元每人每年		
8	能耗指标	吨标煤每年		
(1)	综合能耗总量	吨标煤		包括二次能源
(2)	单位产品综合能耗	单位产品		
9	运输量			
(1)	运入	t/年		
(2)	运出	t/年		
10	投资指标			
(1)	项目投资总额	万元		
	其中：固定资产总投资	万元		
	流动资金	万元		
(2)	单位生产能力占用固定资产投资额	元		
11	生产总成本	万元		
12	年销售收入	万元		
13	经济评价指标			
(1)	财务内部收益率	%		
(2)	投资回收期（静态）	年		
(3)	借款偿还期	年		包括建设期外币分列
(4)	投资利润率	%		
(5)	投资利税率	%		
(6)	经济内部收益率	%		

2. 产品的市场需求和拟建规模

调查国内外市场近期需求情况；国内现有工厂生产能力的估计；销售预测、价格分析、产品竞争能力、进入国际市场的前景；建设项目的规模，选择产品方案和发展方向的技术经济比较和分析。

3. 资源、原材料、燃料及公用设施情况

经过国家正式批准的资源储量、品位、成分以及开采、利用条件的评述；所需原料、辅助材料、燃料的种类、数量、质量及其来源和供应的可能性；有毒、有害及危险品的种类、数量和储运条件；材料试验情况；所需动力（水、电、气等）公用设施的数量、供应方式和供应条件、外部协作条件以及签订协议和合同的情况。

4. 建厂条件和厂址方案

建厂地区的地理位置，与原料产地和产品市场的距离，建厂地区的条件，建设项目的生产技术要求，在指定的建设地区内，对建厂的地理位置、气象、水文、地质、地形条件、地震、洪水情况和社会经济现状进行调查研究，收集基础资料，了解交通、运输及水、电、气、热的现状和发展趋势；厂址面积、占地范围、厂区总体布置方案、建设条件、地价、拆迁及其他工程费用情况；对厂址选择进行多方案的技术经济分析和比选，提出选择意见。

5. 项目工程技术方案

在选定的建设地点内进行总图和交通运输的设计，进行多方案比较和选择，确定项目的构成范围，主要单项工程（车间）的组成，厂内外主体工程和公用辅助工程的方案比较论证；项目土建工程总量估算；土建工程布置方案地选择，包括场地平整、主要建筑和构筑物与厂外工程的规划；采用技术和工艺方案的论证，技术的来源、工艺路线和生产方法，主要设备选型方案和技术工艺的比较；引进技术、设备的必要性及其来源国的选择比较；设备的国外交接或与外商合作制造方案设想；附工艺流程图。

6. 环境保护与劳动安全

环境现状调查，拟建项目“三废”（废气、废水、废渣）种类、成分和数量，对环境影响的预测；治理方案的选择和回收利用情况；对环境影响的预评价；劳动保护与安全卫生等。

7. 生产组织、劳动定员和人员培训

全厂生产管理体制、机构的设置，方案的选择论证，工程技术和管理人员的素质和数量的要求，劳动定员的配备方案，人员培训的规划和费用估算。

8. 项目实施计划和进度要求

根据勘察设计、设备制造、工程施工、安装、试生产所需时间和进度要求及指定的建设工期，选择整个工程项目实施方案和总进度，并用线条图和网络图来表述最佳实施计划方案的选择。

9. 经济效果的分析与评价

各项基建费用、流动资金和项目总投资的估算；项目资金来源和筹措方式与贷款计划；企业生产成本估算；项目财务评价、国民经济评价和不确定性分析。

10. 评价结论与建议

建设方案的综合分析评价与方案选择；运用各项数据，从技术、经济、社会、财务等各方面论述建设项目的可行性，推荐一个以上的可行方案，提供给决策者参考，指出项目存在的问题；结论性意见和改进建议。

综上所述，项目可行性研究的基本内容可概括为三大部分：首先是产品的市场调查和预测研究，这是可行性研究的先决条件和前提，它决定了项目投资建设的必要性；是项目成立的重要依据。其次是技术方案和建设条件，从资源投入、厂址、技术、设备和生产组织等问题入手，这是可行性研究的技术基础，它决定了建设项目在技术上的可行性。最后是经济效果的分析和评价，它是决定项目投资命运的关键，因此也是项目可行性研究的核心部分，并说明项目在经济上的“合理性”。可行性研究就是从这三大方面对建设项目进行优化研究，并为项目投资决策提供科学依据。

上述可行性研究的内容主要是对新建项目而言。而对改建、扩建项目的可行性研究，还应增加对原有固定资产的利用和企业现有概况的说明和分析等内容。鉴于建设项目的性质、任务、规模及工程复杂程度的不同，可行性研究的内容应随行业不同而有所区别，并各有侧重，深度和广度也不尽一致。例如，对于矿产企业，重点应弄清矿藏资源的储量和开采条件；对于纺织企业，则应主要调查市场的销售要求；对于非工业项目的可行性研究内容，应结合各行业（如农业、运输、公用事业）情况，参照工业项目要求适当增减。对于工业、交通中的中小型项目（不含技术引进和设备进口项目）和农业、商业、文教卫生等项目，如经济、技术条件不太复杂，协作关系比较简单的，初步可行性研究与可行性研究可以合并为一个阶段。对于合资项目，应根据“中外合资经营项目经济评价方法”的要求编制可行性研究报告。

三、可行性研究的阶段

可行性研究一般包括投资机会研究、初步可行性研究、详细可行性研究三个阶段。每个阶段的研究深度不同，但都是由浅入深对项目进行分析研究。

1. 投资机会研究（Opportunity Study）阶段

该阶段的主要任务是为工程建设项目投资方向提出建议，即在一定的地区和部门内，以自然资源和市场的调查预测为基础，寻找最有利的投资机会。机会研究又分为一般机会研究和特定项目的机会研究。前者又分为三种：地区研究，分部门研究，以资源为基础的研究。后者是要选择确定项目的投资机遇，将项目意向变为概略的投资建议。

在此阶段中必须研究以下内容：

1）自然资源条件。

2）项目在国民经济发展中与现有的地区工业布局的关系。

3）项目的资产在国内外市场的需求量与发展前景。

4）项目的建设在发展水平、劳力、资本、自然资源和经济条件方面与我国大致相似的国家和地区中成功或失败的经验。

5）项目的产品替代进口产品的可能性。

6）项目建设与国内外其他工业部门的相互影响关系。

7）项目建设的范围和内容，规模和发展前景。

8）项目生产的产品种类和综合利用的途径。

9）投资机会的资金条件。

10）政府对该类项目发展的有关政策法令。

11）项目的经济和财务因素的初步研究。

2. 初步可行性研究（Pre - Feasibility Study）阶段

初步可行性研究也称“预可行性研究”或“前可行性研究”。它是指在投资机会研究的基础上，进一步对项目的可行性与潜在的效益进行论证分析。

其主要解决以下问题：

1）分析机会研究的结论，在详细资料的基础上作出是否投资的决定。

2）是否应该进行最终可行性研究。

3）有哪些关键性问题需要做辅助研究。

在初步可行性研究阶段对以下内容进行粗略的审查：市场和生产能力，材料供应状况，建厂地区和厂址，项目设计，管理费，人力，项目进度和项目财务分析等。

所谓辅助研究是对投资项目的一个或几个重要方面进行的单独研究，是进行初步可行性研究和可行性研究的先决条件，或用以支持这两项研究。辅助研究一般有以下几种：

1）产品市场研究。

2）原材料和其他投入物的研究。

3）实验室和中间试验。

4）建厂地区研究。

5）规模的经济性研究。

6）设备选择的研究。

3. 详细可行性（Feasibility Study）研究阶段

详细可行性研究即通常所说的可行性研究。详细可行性研究阶段是建设项目投资决策的基础，是分析项目在技术、财务、经济三方面的可行性后作出投资与否的关键步骤。

可行性研究应由建设单位或委托咨询机构完成，并经国家财务部门或银行提出审查意见。

四、可行性研究的工作程序

根据我国现行的工程项目建设程序和国家颁布的《关于建设项目进行可行性研究的试行管理办法》，可行性研究的工作程序大致可以概括为：①签订委托协议。②组建工作小组。③制订工作计划。④市场调查与预测。⑤方案研制与优化。⑥项目评价。⑦编写可行性研究报告，与委托单位交换意见，并提交可行性研究报告。根据委托方不同，具体工作程序如下：

1. 建设单位提出项目建议书和初步可行性研究报告

各部、省、自治区、市和全国性工业公司以及现有的企事业单位，根据国家经济发展的长远规划、经济建设的方针任务和技术经济政策，结合资源情况、建设布局等条件，在广泛调查研究、收集资料、踏勘建设地点、初步分析投资效果的基础上，提出需要进行可行性研究的项目建议书和初步可行性研究报告。跨地区、跨行业的建设项目以及对国计民生有重大影响的大型项目，由有关部门和地区联合提出项目建议书和初步可行性研究报告。

2. 项目业主、承办单位委托有资格的单位进行可行性研究工作

各级计划部门汇总和平衡项目建议书。当项目建议书经国家计划部门、贷款单位或有关部门授权的工程咨询单位评估同意，并经审定批准后，该项目即可立项，分别纳入各级的前期工作计划和贷款计划。项目业主或承办单位就可委托经过资格审定的工程咨询公司（或设计单位）着手编制拟建项目的可行性研究报告。委托方式可由国家计划部门或主管部门直接给工程设计咨询公司下达计划任务；也可由各主管部门、国家专业投资公司、项目业主采用签订合同的方式委托给有资格的工程设计咨询单位承担可行性研究工作。在主管部门下达的委托任务或双方签订的合同中，应规定研究工作的依据、研究的范围和内容、前提条件、研究工作的质量和进度安排、费用支付办法以及合同双方的责任、协作方式和关于违约处理的方法等。

3. 工程设计单位进行可行性研究工作

工程设计或咨询单位与委托单位签订合同承担可行性研究任务以后即可开展工作。一般是按以下五个步骤展开工作。

（1）组织人员与制订计划。承担可行性研究的单位在承接任务后，需获得项目建议书和有关项目背景与指示文件，清楚委托者的目标、意见和要求，明确研究内容，即可组成可行性研究工作小组或项目组，确定项目负责人和专业负责人。项目组根据书面任务书，研究工作范围和要求，制订项目工作计划和安排具体实施进度。

(2) 调查研究与收集资料。项目组在研究摸清了委托单位对项目建设的意图和要求后，即应组织收集和查阅与项目有关的自然环境、经济与社会等基础资料和文件资料，并拟订调研提纲，组织人员赴现场进行实地踏勘与抽样调查，收集整理所得的设计基础资料。必要时还须进行专题调查、试验和研究。

这个阶段主要通过实际调查和技术经济研究，进一步明确拟建项目的必要性和现实性。调查研究主要从市场调查和资源调查两方面着手。市场调查要查明和预测社会对产品需求量、产品的价格和竞争能力，以便确定项目产品方案和经济规模；资源调查包括原材料、能源、厂址、工艺技术、劳动力、建材、运输条件、外围基础设施、环境保护、组织管理和人员培训等自然、社会、经济条件的调查。为选定建设地点、生产工艺、技术方案、设备选型、组织机构和定员等提供确切的技术经济分析资料。通过论证分析，研究项目建设的必要性。

(3) 方案设计和优选。根据项目建议书要求，结合市场和资源调查，在收集到一定的基础资料和基准数据的基础上，提出几种可供选择的技术方案和建设方案，结合实际条件进行多次反复的方案论证比较，合同委托部门明确选择方案的重大原则问题和优选标准，从若干方案中选择或推荐次优或最优方案，研究论证项目在技术上的可行性。进一步确定产品方案、生产经济规模、工艺流程、设备选型、车间组成、组织机构和人员配备等总体建设方案，以备作进一步的综合经济评价。在方案设计和优选中，对重大问题或有争论的问题，要会同委托单位共同讨论确定。

(4) 经济分析和评价。项目经济分析人员根据调查资料和职能部门有关规定，选定与本项目有关的经济评价基础数据和定额指标参数，列表并指明数据来源。

在前阶段研究论证了项目建设的必要性和可能性，以及技术方案的可行性之后，应对所选择确定的最佳建设总体方案进行详细的财务预测、财务效益分析、国民经济评价和社会效益评价。从测算项目建设投资、生产成本和销售利润入手，进行项目盈利性分析、费用效益分析和社会效益与影响分析，研究论证项目在经济上和社会上的盈利性和合理性，进一步提出资金筹集建议和制订项目实施总进度计划。

当项目的经济评价结论不能达到国家规定的标准时，可对建设方案进行调整或重新设计。

(5) 编写可行性研究报告。对建设项目进行了认真的技术经济分析论证，证明了项目建设上的必要性、技术上可行性和经济上与社会上的合理性后，即可编制详尽的可行性研究报告，推荐一个以上项目建设可行性方案和实施计划，提出结论性意见和重大措施建议，为决策部门的最终决策提供科学依据。在报告中也可提出项目不可行的结论意见或项目改进的建议。

第二节　工程项目财务评价

一、财务评价的概念、作用与可行性研究的关系

(一) 财务评价的概念

工程项目财务评价（也称财务分析）是指在国家现行财税制度、价格体系和项目评价

的有关规定条件下，计算项目范围内的效益和费用，编制财务报表，计算评价指标，分析项目的盈利能力、清偿能力，以考察项目在财务上的可行性。

（二）财务评价的作用

1. 衡量经营性项目的盈利能力

对于经营性项目，由于企业法人对建设项目的筹划、筹资、建设直至生产经营、归还贷款或债券本息以及资产的保值、增值实行全过程负责，承担投资风险，因此，企业所有者和经营者对项目盈利水平如何，能否达到行业的基准收益率或企业目标收益率；项目的清偿能力如何，是否低于行业精准回收期等十分关心。财务评价在分析预测项目的财务效益与费用基础上，通过分析项目的财务盈利能力、偿债能力和财务生存能力，判断项目的财务可接受性，预测项目对财务主体及投资者的价值贡献，进而为投资决策和融资决策提供依据。

2. 衡量非经营性项目的财务生存能力

对于非经营性项目，如公益性项目和基础性项目，为了权衡项目需要由国家或者地方财政支持程度，同样需要进行财务计算和评价。然而非经营性项目财务评价重在分析项目的财务生存能力，以便采取措施使其维持运营，进而发挥功能，提高社会效益。

3. 合营项目谈判签约的重要依据

合同条款是中外合资项目和合作项目双方合作的首要前提，而合同的正式签署也离不开经济效益分析，财务评价是合同条款谈判的依据。

4. 项目资金规划的重要依据

建设项目的投资规模、资金来源、用款计划和筹资方案等都是财务评价要解决的问题。财务评价中盈利能力分析结论是项目决策的基本依据，其中项目资本金盈利能力分析结论同时也是投资人投资决策和融资决策的依据；财务评价中偿债能力分析结论既是债权人贷款决策的依据，也是投资人确定融资方案的依据。

财务评价在多方案比选中也具有重要作用。一个拟建项目，在产品方案、技术选用、设备选型、场址选择、工程方案、环保措施各方面，都可能有多个方案可供选择，不同方案的财务评价结论是方案备选的重要依据之一。

（三）财务评价与可行性研究的关系

可行性研究是工程项目经济分析理论在工程项目前期的应用，它既是对工程项目前提进行科学预见的方法，又是项目设想细化和项目方案创造的过程。它是在项目投资决策前，对与拟建项目有关的社会、经济和技术等各方面情况进行深入、细致的调查研究；对各种可能拟定的技术方案和建设方案进行认真的技术经济分析与比较论证；对项目建成后的经济效益进行科学的预测和评价。在此基础上，综合研究建设项目的技术先进性和适用性、经济合理性和有效性，以及建设可能性和可行性，从而确定项目是否投资、如何投资，为项目投资决策提供可靠的科学依据和为开展下一步工作奠定基础。工程项目财务评价是在完成市场调查与预测、拟建规模、营销策划、资源优化、技术方案论证、环境保护、投资估算与资金筹措等可行性分析的基础上，对拟建项目各方案投入与产出的基础数据进行推测、估算，对拟建项目各方案进行评价和优化的工程。经济评价的工作成果融汇了可行性研究的结论性意见和建议，是投资主体决策的重要依据。

二、财务评价方法及步骤

项目财务评价主要采用现金流量分析、静态与动态获利性分析，以及财务报表分析等方法。

1. 现金流量分析

现金流量分析是以项目作为一个独立系统，反映项目在建设期和生产经营期内各年现金流入和流出的活动，即工程项目寿命期内各年现金流入与现金流出的数量。在项目经济评价前，必须尽可能准确无误地预先估算出切合实际的各项现金流入量和现金流出量，做好财务和经济效益预测工作，这是项目评价的基础和起点。

2. 静态与动态获利性分析

静态分析方法是一种简易分析法。它的计算特点是：①不计算货币的时间价值，所采用的年度资金流量是当年的实际数值，而不用折现值。②计算现金流量时，只选择某一年份的典型净现金流量或取年平均值，而不反映项目整个寿命期的现金流量，并假定项目的计算年限是项目投产后达到设计生产能力的正常生产期。其主要的静态分析指标有投资利润率、投资利税率、资本金利润率和静态投资回收期等。

动态分析法是采用折现现金流量的分析方法，简称折现法或现值法。其计算特点是：①考虑货币的时间价值。②计算项目整个寿命期内的项目总收益。其主要分析指标有：财务净现值、财务内部收益率、财务净现值率和动态投资回收期等。

3. 财务报表分析

财务报表分析是根据项目的具体财务条件及国家有关财税制度和条例规定，把建设项目在建设期内的全部投资和投产后的经营费用与收益，逐年进行计算和平衡，用报表的形式来反映。通过财务报表分析可以预计项目整个寿命期内各年利润和资金盈缺情况，选择合适的资金筹措方案，制订资金筹措及偿还计划，进行偿债能力分析和预测项目总的获利能力。

财务评价大致可分为五个步骤：①分析和估算项目的财务数据。②编制财务评价的基本报表。③计算和分析财务效益指标。④提出财务效益评价结论。⑤进行不确定性分析。

三、财务评价所需要的基础数据

财务基础数据是指在财务评价过程中，必须予以充分考虑的、与项目直接相关的各种投入、产出要素数据的统称。工程项目在经济分析评价之前，必须先进行财务基础数据的测算与评估。它是在经过项目建设必要性审查、生产建设条件评估和技术可行性评估之后，并在市场需求调查、销售规划、技术方案和规模经济分析论证的基础上，从项目评价的要求出发，采用与企业财务口径一致的计算方法，对有关项目成本和收益等财务基础数据进行事先收集、测算、审查和评价，并编制出财务基础数据评价表等一系列工作。

财务评价所需要的基础数据应包括项目计算期内各年的经济活动情况及全部财务收支和结果。它具体应包括项目总投资及其资金来源与筹措、生产成本费用、销售收入与税金、销售利润与分配，以及贷款还本付息等五方面内容。

1. 项目总投资及其资金来源与筹措

项目总投资是指一次性投入项目的固定资产投资（含固定资产投资方向调节税和建设期利息）和流动资金的总和。它在项目建成投产后形成固定资产、无形资产、递延资产和流动资产。需要估算的财务基础数据包括项目总投资和项目建设期间各年度投资支出，并在此基础上制订资金筹措和使用计划，指明资金来源和运用方式、进行筹措方案分析论证。

2. 生产成本费用

生产成本费用是企业生产经营过程中发生的各种耗费及其补偿价值。根据评价的目的和要求，需要估算的财务基础数据按照不同的分类方法包括总成本、费用、可变成本和固定成本、经营成本。

3. 销售收入与税金

销售收入与税金是指在项目生产期的一定时间内，对产品各年的销售收入与税金进行的估算。销售收入按当年生产产品的销售量与产品单价的乘积计算；销售税金是指项目生产期内因销售产品（营业或提供劳务）而发生的从销售收入中缴纳的税金，包括增值税、消费税、营业税、资源税、城市维护建设税及教育费附加等，是损益表和现金流量表中的一个独立项目。销售收入与税金是估算销售利润的重要依据。

4. 销售利润与分配

销售利润是指项目的销售收入扣除销售税金及附加和总生产成本费用后的盈余，它综合反映了企业生产经营活动的成果，是贷款还本付息的重要来源。企业销售利润除了弥补以往亏损外，还应从利润中缴纳所得税（税率33%）和提取盈余公积金、公益金（占税后利润的10%）后，才能作为偿还借款的资金来源。

5. 贷款还本付息

贷款还本付息是指项目投产后，按国家规定的资金来源和贷款机构的要求偿还固定资产投资借款本金，而利息支出列入当年的生产成本费用。估算的内容包括本金和利息数量，以及清偿贷款本息所需要的时间，它反映了项目的清偿能力。

在进行财务基础数据测算时，应坚持以下原则：

1）以现行经济法规为依据的原则。在进行财务基础数据估算时，必须严格执行国家有关部门制定的经济法规、条例、制度和规定，保证财务测算工作的合法性和可行性。

2）真实性原则。基础资料来源要可靠和真实，务求翔实准确，避免漏项或重复计算，尽量切合实际，严禁有意扩大或缩小，造成结果失真。

3）可比性原则。费用和效益计算口径的一致可比性，即满足各项技术和建设方案在需求方面、消耗方面、价格方面和时间方面的可比性原则。

4）同期性原则。同期性原则是指应将不同时间发生的费用和收益转换为同一时间点和同期的费用和收益，使其具有等值关系。

5）实用性和科学性。财务数据要合理、科学和适用，使测算得出的各项财务数据符合客观实际，具有实用性和科学性。

财务基础数据测算按以下程序进行：①熟悉项目概况，制订财务基础数据测算工作计划。②搜集与财务基础数据测算有关的资料。③进行财务基础数据测算。

四、财务评价的基本报表及辅助报表

对项目进行财务评价，必须利用现代会计的一系列报表，在这些财务报表所提供的数据基础上进行财务分析。根据方法与参数的规定，财务评价的基本报表有：①现金流量表（包括全部投资现金流量表和自有资金现金流量表）。②资金来源与运用表。③利润表。④资产负债表。⑤借款还本付息表。⑥财务外汇平衡表。

在评价中，为编制基本财务报表，还必须编制一些辅助报表，辅助报表可以根据计算需要编制，一般有以下几种：

1）固定资产投资估算表。

2）流动资金估算表。

3）投资计划与资金筹措表。

4）固定资产折旧费计算表。

5）无形及递延资产摊销估算表。

6）总成本费用表。

7）销售收入、销售税金及附加和增值税估算表。

8）投入物成本计算表（用于计算生产中投入物成本和进项税）。

评估中报表的编制是通过对各报表填入相应的数据，计算一定的指标来完成的。各报表的数据来源有两个，分别是原始数据和从其他报表采集的数据。原始数据根据项目的具体情况填入，从其他报表采集的数据可以从对应的报表中采集。下面主要介绍各基本财务报表的构成及注意事项。

（一）现金流量表

1. 项目现金流量的构成

现金流量是现金流出量和现金流入量的统称。它反映项目在计算期内实际发生的现金流出和现金流入的活动情况及其流动数量。项目的现金流出量是指在某一时间内能够引起现金存量减少的现金流动，简称现金流出；现金流入量是指在某一时间内能够引起现金存量增加的现金流动，简称现金流入。某一时期现金流入减去现金流出的差额，称为净现金流量。

在项目评估中，投资项目现金流入主要包括主营业务（销售）收入、回收固定资产余值和回收流动资金；现金流出包括建设投资、流动资金投资、经营成本、销售税金及附加和所得税。

2. 现金流量表

现金流量表是反映项目在计算期内各年现金流入量、现金流出量和净现金流量的一种计算表格，它是计算财务内部收益率、财务净现值和投资回收期等指标的主要数据来源。

按照用途的不同，现金流量表分为财务现金流量表和国民经济现金流量表。本章的现金流量表是指财务现金流量表。

按照资金来源的不同，现金流量表分为全部投资现金流量表和资本金现金流量表。

（1）全部投资现金流量表

全部投资现金流量表是指以全部投资作为计算基础，不分资金来源，不考虑借款利息，用以计算全部投资所得税前及所得税后的财务内部收益率、财务净现值及投资回收期等技术经济指标的一种现金流量表。其主要目的是考察项目的盈利能力，格式见表6-2。

现金流量表（全部投资）中有关数据根据“销售收入、销售税金及附加和增值税估算表”、“固定资产投资估算表”、“流动资金估算表”、“投资计划与资金筹措表”、“总成本费用表”和“利润表”等相关表格填列。

现金流量表（全部投资）在计算现金流量时，假定全部投资均为自有资金，因而不必考虑借款本金的偿还和利息的支付，为各个投资项目或投资方案进行比较建立了共同的基础。

（2）资本金现金流量表

资本金现金流量表是指以投资者的出资额作为计算基础，从自有资金的角度出发，把借款本金偿还和利息支出作为现金流出，用以计算自有资金的财务内部收益率、财务净现值等技术经济指标的一种现金流量表，格式见表6-3。

表 6-2　全部投资现金流量表　　（单位：万元）

序号	项目	建设期		投产期		达产期				合计
		1	2	3	4	5	6	…	n	
	生产负荷（%）									
1	现金流入									
1.1	主营业务（销售）收入									
1.2	回收固定资产余值									
1.3	回收流动资金									
1.4	其他现金流入									
2	现金流出									
2.1	建设资金									
2.2	流动资金									
2.3	经营成本									
2.4	主营业务（销售）税金及附加									
2.5	所得税									
2.6	其他现金流出									
3	净现金流量（1－2）									
4	累计净现金流量									
5	所得税前净现金流量（3＋2.5）									
6	所得税前累计净现金流量									

计算指标：　　所得税前　　所得税后

项目财务内部收益率：　　%　　%

项目财务净现值（$i_s=$　　%）：　　万元　　万元

投资回收期：　　年　　年

表 6-3　资本金现金流量表　　（单位：万元）

序号	项目	建设期		投产期		达产期				合计
		1	2	3	4	5	6	…	n	
	生产负荷（%）									
1	现金流入									
1.1	主营业务（销售）收入									
1.2	回收固定资产余值									
1.3	回收流动资金									
1.4	其他现金流入									
2	现金流出									
2.1	项目资本金									
2.2	借款资本金偿还									
2.3	借款利息支付									
2.4	经营成本									
2.5	主营业务（销售）税金及附加									
2.6	所得税									
2.7	其他现金流出									
3	净现金流量（1－2）									

计算指标：项目财务内部收益率：　　%

项目财务净现值（$i_s=$　　%）：　　万元

资本金现金流量表中有关数据根据“销售收入、销售税金及附加和增值税估算表”、“固定资产投资估算表”、“流动资金估算表”、“投资计划与资金筹措表”、“总成本费用表”、“利润表”和“借款还本付息计算表”等相关表格填列。

现金流量表（自有资金）的主要目的是考察项目自有资金的盈利能力和向外部借款对项目是否有利。

（二）资金来源与运用表

资金来源与运用表是指专门反映项目计算期内各年资金来源、运用，及资金盈余或短缺情况的一种报表。它可以用于资金筹措方案的选择，指导借款及偿还计划的编制，并为资产负债表的编制提供依据。“资金来源与运用表”的格式见表6-4。

表6-4 资金来源与运用表 （单位：万元）

序号	项　目	建设期		投产期		达产期				合计
		1	2	3	4	5	6	…	n	
	生产负荷（%）									
1	资金来源									
1.1	利润总额									
1.2	折旧费									
1.3	摊销费									
1.4	长期借款									
1.5	流动资金借款									
1.6	其他短期借款									
1.7	自有资金									
1.8	其他									
1.9	回收固定资产余值									
1.10	回收流动资金									
2	资金运用									
2.1	建设投资									
2.2	建设期利息									
2.3	流动资金									
2.4	所得税									
2.5	应付利润									
2.6	长期借款本金偿还									
2.7	流动资金借款本金偿还									
2.8	其他短期借款本金偿还									
3	盈余资金									
4	累计盈余资金									

表6-4中的“利润总额”、“所得税”和“应付利润”依据“利润表”填列；“折旧费”、“摊销费”依据“总成本费用估算表”填列；各种“借款”、“自有资金”、“建设期利息”、“流动资金”等依据“投资计划与资金筹措表”填列；各种“借款本金偿还”根据“借款还本付息估算表”填列；“回收固定资产余值”、“回收流动资金”根据“现金流量表（全部投资）”填列。

“盈余资金”是指资金来源减去资金运用的差额，正值表示当年资金盈余，负值表示当年资金短缺。

（三）利润表

利润表是反映项目计算期内各年利润总额、所得税及净利润分配情况的一种报表，主要用来计算投资利润率、投资利税率、资本金利润率和资本金净利润率等指标，格式见表6-5。

表6-5　利润表　（单位：万元）

序号	项　目	投产期		达产期				合计
		3	4	5	6	…	*n*	
	生产负荷（%）							
1	产品销售收入							
2	销售税金及附加							
3	总成本费用							
4	利润总额（1－2－3）							
5	所得税							
6	税后利润							
7	可分配利润							
7.1	盈余公积金							
7.2	应付利润							
7.3	未分配利润							
	累计未分配利润							

利润表的结构可以用以下三个公式来表示：

利润总额＝产品销售收入－销售税金及附加－总成本费用

净利润＝利润总额－所得税

可供分配利润＝净利润

＝法定盈余公积金（含公益金）＋应付利润＋未分配利润

利润表中的“产品销售收入”和“销售税金及附加”应根据“销售收入、销售税金及附加和增值税估算表”中有关数据填列。

“所得税”项目填列时，应考虑减免所得税和弥补以前年度亏损等因素。

“盈余公积金”项目既包括法定盈余公积，又包括法定公益金，因此，该项目的提取比例为15%。

“应付利润”项目的分配比例应按投资者所签协议或公司章程的规定确定。

“未分配利润”项目等于“可分配利润”减去“盈余公积金”和“应付利润”后的余额。

（四）资产负债表

项目评估中的资产负债表，是指综合反映项目计算期内各年年末资产、负债和所有者权益的增减变化及对应关系的报表。运用资产负债表，可以考察项目资产、负债、所有者权益的结构是否合理，并计算资产负债率、流动比率及速动比率等指标。

资产负债表由资产、负债和所有者权益三部分构成，具体格式见表6-6。

表 6-6　资产负债表　（单位：万元）

序号	项　　目	建设期		投产期		达产期				合计
		1	2	3	4	5	6	…	*n*	
1	资产									
1.1	流动资产									
1.1.1	应收账款									
1.1.2	存货									
1.1.3	现金									
1.1.4	累计盈余资金									
1.2	在建工程									
1.3	固定资产净值									
1.4	无形资产净值及开办费									
2	负债及所有者权益									
2.1	流动负债总额									
2.1.1	应付账款									
2.1.2	流动资金借款									
2.1.3	其他短期借款									
2.2	长期借款									
	负债小计									
2.3	所有者权益									
2.3.1	资本金									
2.3.2	资本公积									
2.3.3	累计盈余公积金									
2.3.4	累计未分配利润									

计算指标：

资产负债率（%）

流动比率（%）

速动比率（%）

资产负债表中的项目，有的可以根据有关估算表中的数据直接填列，有的则需要通过分析整理后填列。

“应收账款”、“存货”和“现金”根据“流动资金估算表”填列；“累计盈余资金”根据“资金来源与运用表”填列；各项“借款”根据“投资计划与资金筹措表”填列；“累计盈余公积金”和“累计未分配利润”根据“利润表”填列；“固定资产净值”、“无形资产净值及开办费”根据“固定资产折旧费估算表”、“无形资产摊销估算表”和“固定资产投资估算表”填列。

“在建工程”和“资本金”根据“投资计划与资金筹措表”分析整理后填列；“资本公积”经过分析综合后填列。

（五）借款还本付息计算表

借款还本付息计算表是反映项目借款偿还期内借款支用、还本付息和可用于偿还借款的资金来源情况，用以计算借款偿还期指标，进行清偿能力分析的一种报表，格式见表6-7。

表 6-7 借款还本付息计算表 （单位：万元）

序号	项 目	利率	建设期		投产期		达产期			
			1	2	3	4	5	6	…	n
1	借款及还本付息									
1.1	年初借款本息累计									
1.1.1	本金									
1.1.2	建设期利息									
1.2	本年借款									
1.3	本年应计利息									
1.4	本年还本									
1.5	本年付息									
2	偿还借款本金的资金来源									
2.1	利润									
2.2	折旧									
2.3	摊销									
2.4	其他资金									

根据现行财务制度的规定，归还建设投资借款的资金来源主要是项目投产后的折旧、摊销费和未分配的利润。

“年初借款本息累计”有两种填列方法：在项目建设期，它等于上年借款本金加上建设期利息；在项目生产经营期，它等于上年尚未还清的借款本金。

“本年借款”、“本年应计利息（建设期利息）”按照“投资计划与资金筹措表”填列。

“本年应计利息（生产期利息）”根据当年年初借款本息累计与借款年利率乘积求得；“本年还本”根据当年偿还借款本金的资金来源填列；“利润”根据“利润表”填列；“折旧”和“摊销”根据“总成本估算表”填列。

（六）财务外汇平衡表

项目评估中，外汇平衡表是反映计算期内各年外汇收支及余缺情况的报表，格式见表6-8。

表 6-8 财务外汇平衡表 （单位：万元）

序号	项 目	建设期		投产期		达产期				合计
		1	2	3	4	5	6	…	n	
	生产负荷（%）									
1	外汇来源									
1.1	产品销售外汇收入									
1.2	外汇借款									
1.3	其他外汇收入									

（续）

序号	项　　目	建设期		投产期		达产期				合计
		1	2	3	4	5	6	…	n	
2	外汇运用									
2.1	建设投资中外汇支出									
2.2	进口原材料									
2.3	进口零部件									
2.4	技术转让费									
2.5	偿还外汇借款本息									
2.6	其他外汇支出									
2.7	外汇余缺									

注：1. 其他外汇收入包括自筹外汇等。
　　2. 技术转让费是指生产期支付的技术转让费。

财务外汇平衡表中的各项内容需按项目收支中与外汇有关的数据填列。

五、案例分析

某化工项目，已完成市场预测；项目所需原材料、燃料动力等供应条件的评估；确定了项目的工程技术方案、建厂条件和厂址选择方案、环境保护方案以及节水节能方案；完成了工厂组织和劳动定员、培训；确定了项目实施规划以及资金的筹措方案等工作。

（一）项目基本情况

1）项目生产规模为2万t/年，项目计算期15年，其中建设期3年，投产期2年（生产负荷分别为50%和80%），达产期10年。

2）建设投资5 039.8万元（其中，含无形资产243万元）。

3）本项目建设投资资金来源为贷款和自有资金。贷款总额为1 984万元，项目在建设期第1、2、3年，分别向国内银行借款616万元、668万元和700万元，年利率为10%，借款按年计息，建设期不偿还利息，本息在项目投产后按照实际偿还能力偿还借款；自有资金在建设期3年内均衡投入。

4）项目所需流动资金全部为自有资金。

5）本项目固定资产采用直线法进行折旧，折旧年限为12年，固定资产残值率为5%；无形资产采用平均摊销法，摊销年限为5年。

6）建设项目的资金投入、收益、成本费用表见表6-9。

表6-9　建设项目的资金投入、收益、成本费用表　　（单位：万元）

序号	项目	1	2	3	4	5	6	7	8～15
1	建设投资								
1.1	其中：自有资金	1 018.60	1 018.60	1 018.60					
1.2	借款	616.00	668.00	700.00					
2	销售款				3 500.00	5 600.00	7 000.00	7 000.00	7 000.00
3	销售税金及附加				411.80	658.87	823.58	823.58	823.58

（续）

序号	项目	1	2	3	4	5	6	7	8～15
4	总成本费用				3 064.01	3 609.52	4 023.21	4 023.21	4 023.21
5	流动资产				754.63	1 080.89	1 238.97	1 238.97	1 238.97
6	流动负债				86.18	137.89	172.37	172.37	172.37
7	流动资金				668.45	943.00	1 066.60	1 066.60	1 066.60
8	本年新增加流动资金				668.45	274.55	123.60		

7）项目所在行业基准收益率为12%，行业投资利润率为20%，投资利税率为25%。

（二）要求

1）编制项目的借款还本付息表、利润表、现金流量表、资金来源与运用表和资产负债表。

2）计算项目的盈利能力指标和清偿能力指标。

（三）分析要点

本案例重点考核财务评价基本报表的编制。为了编制财务基本报表，必须掌握财务基本报表的编制方法和计算内容。

1）根据所给利率计算项目建设期和生产经营期的借款利息，编制借款还本付息表。

2）根据所给数据，计算利润表的各项费用。

利润总额＝销售收入－总成本费用－销售税金及附加

所得税＝利润总额×所得税税率

盈余公积金＝税后利润×15%（必须在盈余年份才可计取）

估算应付利润时分三种情况：

① 非盈余年份应付利润＝0

② 还清借款前各年应付利润＝税后利润＋折旧费＋摊销费－借款本金偿还－盈余公积金

③ 还清借款后各年应付利润＝税后利润－盈余公积金

未分配利润＝税后利润－盈余公积金－应付利润

3）编制现金流量表。

4）编制资金来源与运用表。

5）编制资产负债表。

6）清偿能力分析：计算借款偿还期和资产负债率。

（四）答案

（1）根据所给利率计算项目建设期和生产经营期的借款利息，编制借款还本付息表。

1）建设期利息

项目建设期第1年应付利息＝（0＋616/2）万元×10%＝30.8万元

项目建设期第2年应付利息＝（616＋30.80＋668/2）万元×10%＝98.08万元

项目建设期第3年应付利息＝（616＋30.80＋668＋98.08＋700/2）万元×10%
＝176.29万元

建设期贷款利息总额＝30.8万元＋98.08万元＋176.29万元＝305.17万元

2）固定资产折旧

固定资产折旧费 =（固定资产总额 - 残值）/折旧年限
= 固定资产总额 ×（1 - 残值率）/折旧年限
=（4 796.80 - 243.00 + 305.17）万元 ×（1 - 5%）/12
= 384.67 万元

3）摊销费 = 243.00 万元/5 = 48.60 万元

（2）根据表 6-10 和表 6 - 11 中的相关数据，编制项目利润表，见表 6-12。

（3）根据以上表格的计算，编制全部投资现金流量表和资本金现金流量表，见表 6-13 和表 6-14，并计算盈利能力指标。

1）经营成本 = 总成本 - 折旧费 - 摊销费 - 借款利息，故

第 4 年经营成本 = 3 064.01 万元 - 384.67 万元 - 48.60 万元 - 228.92 万元 = 2 401.82 万元

第 5 年经营成本 = 3 609.52 万元 - 384.67 万元 - 48.60 万元 - 184.21 万元 = 2 992.04 万元

第 6 年经营成本 = 4 023.21 万元 - 384.67 万元 - 48.60 万元 - 65.05 万元 = 3 524.89 万元

第 7 ~ 15 年经营成本 = 4 023.21 万元 - 384.67 万元 - 48.60 万元 = 3 589.94 万元

2）全部投资计算指标

所得税后：

项目财务净现值（$FNPV_{i=12\%}$）= 3 507.73 万元

$$\text{财务内部收益率(FIRR)} = 20\% \times \frac{142.158\,5\text{ 万元}}{142.158\,5\text{ 万元} + |-240.824\,1|\text{万元}} \times (25\% - 20\%)$$
$$= 21.86\%$$

静态投资回收期为 7 年零 1 个月。

动态投资回收期为 9 年零 2 个月。

所得税前：

项目财务净现值（$FNPV_{i=12\%}$）= 6 269.17 万元

项目内部收益率（FIRR）= 22% + 财务内部收益率（FIRR）

$$= 25\% + \frac{295.440\,7\text{ 万元}}{295.440\,7\text{ 万元} + |-49.939\,4|\text{万元}}$$
$$= 26.71\%$$

静态投资回收期为 6 年零 4 个月。

动态投资回收期为 7 年零 7 个月。

3）资本金现金流量表计算指标

项目财务净现值（$FNPV_{i=12\%}$）= 3 515.75 万元

$$\text{项目内部收益率(FIRR)} = 22\% + \frac{112.248\,9\text{ 万元}}{112.248\,9\text{ 万元} + |-427.996\,9|\text{万元}} \times (24\% - 22\%)$$
$$= 22.42\%$$

（4）根据上述表格和相关计算编制项目资金来源与运用表，见表 6-14。

其中：盈余资金 = 资金来源 − 资金运用

（5）根据上述表格和相关计算编制资产负债表，见表6-15。

（6）计算项目借款偿还期金额资产负债率等指标。

$$项目借款偿还期 = (6-1) + \frac{650.49}{1\,442.65 + 384.67 + 48.60}$$

$$= 5.35 年$$

项目借款偿还期约为5年零4个月。

表6-10　项目还本付息表　　（单位：万元）

序号	项　目	利率	建设期			投产期		
			1	2	3	4	5	6
1	借款及还本付息	10%				2 289.17	1 842.12	650.49
1.1	年初借款本息累计			646.80	1 412.88			
1.1.1	本金			616.00	1 284.00			
1.1.2	建设期利息			30.80	128.88			
1.2	本年借款		616.00	668.00	700.00			
1.3	本年应付利息		30.80	98.08	176.29	228.92	184.21	65.05
1.4	本年还本					466.29	1 210.87	699.73
1.5	本年付息					228.92	184.21	65.05
2	偿还借款本金的资金来源					466.29	1 210.87	669.73
2.1	利润					13.78	758.36	217.22
2.2	折旧和摊销					452.51	452.51	452.51

表6-11　项目利润表　　（单位：万元）

序号	项　目	4	5	6	7	8	9～15
1	销售收入	3 500.00	5 600.00	7 000.00	7 000.00	7 000.00	7 000.00
2	总成本	3 064.01	3 609.52	4 023.21	4 023.21	4 023.21	4 023.21
3	销售税金及附加	411.80	658.87	823.58	823.58	823.58	823.58
4	利润总额	24.19	1 331.61	2 153.21	2 153.21	2 153.21	2 153.21
5	所得税	7.98	439.43	710.56	710.56	710.56	710.56
6	税后利润	16.21	892.18	1 442.65	1 442.65	1 442.65	1 442.65
6.1	盈余公积金	2.43	133.82	216.40	216.40	216.40	216.40
6.2	应付利润			1 009.03	1 226.25	1 226.25	1 226.25
6.3	未分配利润	13.78	758.36	217.22			
	累计未分配利润	13.78	772.14	989.36	989.36	989.36	989.36

表 6-12　项目全部投资现金流量表　（单位：万元）

序号	项目	建设期			投产期		达产期					合计
		1	2	3	4	5	6	7	8	9～14	15	
	生产负荷（%）				50	80	100	100	100	100	100	
1	现金流入				3 500.00	5 600.00	7 000.00	7 000.00	7 000.00	7 000.00	8 309.55	
1.1	主营业务（销售收入）				3 500.00	5 600.00	7 000.00	7 000.00	7 000.00	7 000.00	7 000.00	
1.2	回收固定资产余值										242.95	
1.3	回收流动资金										1 066.60	
2	现金流出	1 634.60	1 686.60	1 718.60	3 490.05	4 364.89	5 182.63	5 124.08	5 124.08	5 124.08	5 124.08	
2.1	建设投资	1 634.60	1 686.60	1 718.60								
2.2	流动资金				668.45	274.55	123.60					
2.3	经营成本				2 401.82	2 992.04	3 524.89	3 589.94	3 589.94	3 589.94	3 589.94	
2.4	主营业务（销售）税金及附加				411.80	658.87	823.58	823.58	823.58	823.58	823.58	
2.5	所得税				7.98	439.43	710.56	710.56	710.56	710.56	710.56	
3	净现金流量	-1 634.60	-1 686.60	-1 718.60	9.95	1 235.11	1 817.37	1 817.37	1 817.37	1 817.37	3 185.47	
4	累计净现金流量	-1 634.60	-1 686.60	-5 039.80	-5 029.85	-3 794.74	-1 977.37	-101.45	1 774.47	13 029.99	16 215.46	
5	所得税前净现金流量	-1 634.60	-1 686.60	-1 718.60	17.93	1 674.54	2 527.93	2 586.48	2 586.48	2 586.48	3 896.03	
6	所得税后累计净现金流量	-1 634.60	-3 321.20	-5 039.80	-5 021.87	-3 347.33	-819.40	1 767.08	4 353.56	19 872.44	23 768.47	

表 6-13 项目自有资金现金流量表

（单位：万元）

序号	项目	建设期			投产期		达产期					合计
		1	2	3	4	5	6	7	8	9~14	15	
	生产负荷（%）				50	80	100	100	100	100	100	
1	现金流入				3 500.00	5 600.00	7 000.00	7 000.00	7 000.00	7 000.00	8 309.55	
1.1	主营业务（销售）收入				3 500.00	5 600.00	7 000.00	7 000.00	7 000.00	7 000.00	7 000.00	
1.2	回收固定资产余值											
1.3	回收流动资金											
2	现金流出				4 166.02	5 740.73	5 898.17	5 124.08	5 124.08	5 124.08	5 124.08	
2.1	自有资金	1 018.60	1 018.60	1 018.60	668.45	274.55	123.60					
2.2	借款本金偿还				447.05	1 191.63	650.49					
2.3	借款利息支出				228.92	184.21	65.05					
2.4	经营成本				2 401.82	2 992.04	3 524.89	3 589.94	3 589.94	3 589.94	3 589.94	
2.5	主营业务（销售）税金及附加				411.80	658.87	823.58	823.58	823.58	823.58	823.58	
2.6	所得税				7.98	439.43	710.56	710.56	710.56	710.56	710.56	
3	净现金流量	-1 018.60	-1 018.60	-1 018.60	-666.02	-140.73	1 101.83	1 875.92	1 875.92	1 875.92	3 185.47	
4	累计净现金流量	-1 018.60	-2 037.20	-3 055.80	-3 721.82	-3 862.55	-2 760.72	-884.80	991.12	12 246.64	15 432.11	

表 6-14　项目资金来源与运用表　　（单位：万元）

序号	项目	建设期			投产期		达产期									
		1	2	3	4	5	6	7	8	9	10	11	12	13	14	15
	生产负荷															
1	资金来源	1 634.60	1 684.60	1 718.60	1 125.91	2 039.43	2 710.08	2 586.48	2 586.48	2 537.88	2 537.88	2 537.88	2 537.88	2 537.88	2 537.88	3 847.43
1.1	利润总额				24.19	1 331.61	2 153.21	2 153.21	2 153.21	2 153.21	2 153.21	2 153.21	2 153.21	2 153.21	2 153.21	2 153.21
1.2	折旧费				384.67	384.67	384.67	384.67	384.67	384.67	384.67	384.67	384.67	384.67	384.67	384.67
1.3	摊销费				48.60	48.60	48.60	48.60	48.60							
1.4	长期借款	616.00	668.00	700.00												
1.5	自有资金	1 018.60	1 018.60	1 018.60	668.45	274.55	123.60									
1.6	回收固定资产余值															242.95
1.7	回收流动资金															1 066.60
2	资金运用	1 665.40	1 784.68	1 894.89	1 123.48	1 905.61	2 493.68	1 936.81	1 936.81	1 936.81	1 936.81	1 936.81	1 936.81	1 936.81	1 936.81	1 936.81
2.1	建设投资	1 634.60	1 686.60	1 718.60												
2.2	建设期利息	30.80	98.08	176.29												
2.3	流动资金				668.45	274.55	123.60									
2.4	所得税				7.98	439.43	710.56	710.56	710.56	710.56	710.56	710.56	710.56	710.56	710.56	710.56
2.5	应付利润						1 009.03	1 226.25	1 226.25	1 226.25	1 226.25	1 226.25	1 226.25	1 226.25	1 226.25	1 226.25
2.6	长期借款本金偿还				447.05	1 191.63	650.49									
3	盈余（1－2）				2.43	133.82	216.40	649.67	649.67	601.07	601.07	601.07	601.07	601.07	601.07	1 910.62
4	累计盈余资金				2.43	136.25	352.65	1 002.32	1 651.99	2 253.06	2 854.13	3 455.20	4 056.27	4 657.34	5 258.41	7 169.03

表6-15 资产负债表

（单位：万元）

序号	项目	建设期			投产期		达产期									
		1	2	3	4	5	6	7	8	9	10	11	12	13	14	15
1	资产	1 584.40	3 288.08	5 101.97	5 425.76	5 452.57	5 393.78	5 610.18	5 826.58	6 042.98	6 259.38	6 475.78	6 692.18	6 908.58	7 124.98	7 341.38
1.1	流动资产总额				757.06	1 217.14	1 591.62	2 241.29	2 890.96	3 492.03	4 093.10	4 694.17	5 295.24	5 896.31	6 497.38	7 098.45
1.1.1	流动资产				754.63	1 080.89	1 238.97	1 238.97	1 238.97	1 238.97	1 238.97	1 238.97	1 238.97	1 238.97	1 238.97	1 238.97
1.1.2	累计盈余资金				2.43	136.25	352.65	1 002.32	1 651.99	2 253.06	2 854.13	3 455.20	1 056.27	4 657.34	5 258.41	5 859.48
1.2	在建工程	1 584.40	3 288.08	5 101.97												
1.3	固定资产净值				4 474.30	4 089.63	3 704.96	3 320.29	2 935.62	2 550.90	2 166.28	1 781.61	1 396.94	1 012.27	627.60	242.93
1.4	无形资产净值及开办费				194.40	145.80	97.20	48.60	0.00							
2	负债及所有者权益	1 584.40	3 288.08	5 101.97	5 425.76	5 425.57	5 393.78	5 610.18	5 826.58	6 042.98	6 259.38	6 475.78	6 692.18	6 908.58	7 124.98	7 341.38
2.1	流动负债				86.18	137.89	172.37	172.37	172.37	172.37	172.37	172.37	172.37	172.37	172.37	172.37
2.2	长期借款	646.80	1 412.88	2 289.17	1 842.12	650.49										
	负债小计	646.80	1 412.88	2 289.17	1 928.30	788.38	172.37	172.37	172.37	172.37	172.37	172.37	172.37	172.37	172.37	172.37
2.3	所有者权益	937.60	1 875.20	2 812.80	3 497.46	4 664.19	5 221.41	5 437.81	5 654.21	5 870.61	6 087.01	6 303.41	6 519.81	6 736.21	6 952.61	7 169.01
2.3.1	资本金	937.60	1 875.20	2 812.80	3 481.25	3 755.80	3 879.40	3 879.40	3 879.40	3 879.40	3 879.40	3 879.40	3 879.40	3 879.40	3 879.40	3 879.40
2.3.2	累计盈余公积金				2.43	136.25	352.65	569.05	785.45	1 001.85	1 218.25	1 434.65	1 651.05	1 967.45	2 083.85	2 300.25
2.3.3	累计未分配利润				13.78	772.14	989.36	989.36	989.36	989.36	989.36	989.36	989.36	989.36	989.36	989.36
	资产负债率（%）	40.82	42.97	44.87	35.54	14.46	3.20	3.07	2.96	2.85	2.75	2.66	2.58	2.50	2.42	2.35
	流动比率（%）				878.46	882.69	923.37	1 300.28	1 677.18	2 025.89	2 374.46	2 723.31	3 072.02	3420.73	3 769.44	4 118.15

第三节　工程项目国民经济评价

一、国民经济评价的概念

（一）国民经济评价的含义

国民经济评价又称国民经济效益评价，是采用费用与效益分析的方法，运用影子价格、影子汇率、影子工资和社会折现率等经济参数，计算分析项目需要国家付出的代价和对国家的贡献，考察投资行为的积极、合理性。

（二）国民经济评价的目的和意义

工程项目国民经济评价的目的是把国家有限的各种资源（包括资金、土地、劳动力及其他自然资源等）投入到国家最需要的项目上去，并使这些可用于投资的社会有限资源能够合理配置和有效利用，以取得最大的经济效益。

国民经济评价是宏观上合理配置国家有限资源的需要，是真实反映工程项目对国民经济净贡献的需要，同时也是投资决策科学化的需要。

（三）国民经济评价与财务评价的区别和关系

国民经济评价和财务评价是相互联系、相互制约的。对于大中型工业项目，一般都要进行两种评价，相辅相成，缺一不可。

两者的共同之处在于：

（1）评价目的相同。两者都是寻求以最小的投入获得最大的产出。

（2）评价基础相同。两者都是在完成产品需求预测、厂址选择、工艺技术路线和工程技术方案、投资估算和资金筹措等基础上进行的。

（3）基本分析方法和主要指标的计算方法相同。两者都是从项目的“费用”和“效益”的关系入手，运用现金流量分析和报表分析方法，采用净现值和内部收益率等盈利性分析指标，分析评价项目投资的利弊。

这两种评价的主要区别是，由于基本出发点和评价角度不同，导致项目在“费用”和“效益”的识别和范围划分上有所不同，于是在评价目标、计算基础及评价方法、内容等方面都有明显的区别。其具体区别见表6-16。

表6-16　国民经济评价与财务评价的区别

类别	财务评价	国民经济评价
评价角度	从企业的角度出发	从国民经济和社会需要出发
评价目标	企业的净利润（净财务收入）	对社会福利和国家基本发展目标的贡献及资源有效利用和合理分配
评价范围	企业本身获得的直接的可计算的货币效果	除直接效果外，还有间接的（外部）的不可计量的效果。除经济效益外，还有社会、政治、环境、国防等效果
费用和效益范围	企业效益包括销售收入、利润和折旧等，税金、工资、国内利息作为费用支出，仅考虑直接费用和效益	国家效益包括企业上缴的利润和折旧，而税金、工资、国内贷款利息等作为转移支付，费用和效益包括直接与间接（外部）费用和效益

（续）

类别	财务评价	国民经济评价
计算基础	①采用国内现行市场价格。②把国家长期贷款利率或部门基准收益率作为折现率。③采用国家统一规定的官方汇率	①采用近似社会价值的经济合理价格（影子价格）。②采用社会折现率或国家基准收益率作为折现率。③采用国家统一规定的影子汇率及其换算系数或资本市场浮动汇率
评价的内容和方法	企业财务评价的内容和方法较简单，涉及面较窄，采用企业盈利性分析法	国民经济评价内容和方法较复杂，涉及的范围较广，需采用费用效益分析、成本效用分析和多项目综合分析等方法
评价的判据	行业基准收益率，基准投资贷款偿还期	社会折现率

二、建设项目的效益与费用的识别

（一）直接效益与直接费用

项目的直接效益是由项目自身产生的，由其产出物提供，并用影子价格计算出产出物的经济价值。项目直接效益的确定，分为两种情况。一是拟建项目的产出物用以增加国内市场的供应量，其效益就是所满足的国内需求，也就是所增加的消费者支付意愿。二是国内市场的供应量不变，其效益表现为以下几个方面：①项目产出物增加了出口量，其效益为所获得的外汇。②项目产出物减少了总进口量，即替代了进口货物，其效益为节约的外汇。③项目产出物替代了原有项目的生产，致使其减产或停产的，其效益为原有项目减产或停产向社会所释放出的资源，其价值也就等于对这些资源的支付意愿。

项目的直接费用主要是指国家为满足项目投入物（包括固定资产投资、流动资产及经常性投入）的需要而付出的代价。这些投入物用影子价格计算的经济价值即为项目的直接费用。

项目直接费用的确定也分为两种情况。如果拟建项目的投入物来自国内供应量的增加，即增加国内生产来满足拟建项目的需求，其费用就是增加国内生产所消耗的资源价值。如果国内总供应量不变，其费用表现如下：①项目投入物来自国外，以增加进口来满足项目需求，其费用就是所花费的外汇。②项目的投入物本来可以出口，为满足项目的需求，减少了出口量，其费用就是减少的外汇收入。③项目的投入物本来用于其他项目，由于改用于拟建项目，将减少对其他项目的供应，其费用为其他项目因此而减少的效益，也就是其他项目对该投入物的支付意愿。

（二）间接效益与间接费用

项目的效益和费用不仅体现在它的直接产出物和投入物中，还会在国民经济相邻部门及社会中反映出来。这就是项目的间接效益（外部效益）和间接费用（外部费用），统称为外部效果。

间接效益是指项目对社会做出的贡献，而项目本身并未得到那部分效益。如在建设一个钢铁厂的同时又修建了一套厂外运输系统。它除为钢铁厂服务外，还使当地的工、农业生产和人民生活受益，这部分效益即为钢铁厂的间接效益（外部效益）。

间接费用是指国民经济为项目付出的代价，而项目本身并不实际支付的费用。例如，工业项目产生的污染对环境和生态平衡的破坏，项目仅对可计算的损失支付费用，不能准确计量的损失，由国民经济付出了代价。

在项目评价中，只有同时符合以下两个条件的效益和费用才能作为间接效益或间接费用。

1）项目将对与其并无直接关联的其他项目或消费者产生影响（效益或费用）。

2）这种效益或费用在财务报表（如现金流量表）并没有得到反映，或者说没有将其价值量化。

在某些特定条件下，需要考虑下面的外部效果：

1）工业项目造成的环境污染对生态的破坏是一种外部费用（间接费用），一般较难计量，除根据环卫部门规定计算征集的排污费外，还可以参照同类企业所造成的损失来计算，至少也应作定性描述。

2）拟建项目的产出物大量出口，从而导致出口价格下降，减少了创汇的效益，减少的效益可计为该项目的外部费用（间接费用）。

3）技术扩散效果。一个技术先进项目的建设，由于技术人员的流动、技术的扩散和推广，整个社会将受益。不过，这种间接效益常常由于计量的困难，只作定性说明。

4）“向前联”的相邻效果，又称为对下游企业的效果。这主要是指生产初级产品的项目对以其产出物为原料的经济部门产生的效果。就项目评价而言，如果能够合理确定这些初级产品的影子价格，就能正确计算这类项目的经济效益，这样就不再需要单独考虑“向前联”的相邻效果了。

5）“向后联”的相邻效果，又称为对上游企业的效果。这主要是指一个项目的建设会刺激那些为该项目提供原材料或半成品的经济部门的发展，从而引起“向后联”的相邻效果。

6）乘数效果。这是指新建项目的实施，刺激了对项目投入物的国内需求，使闲置资源得到利用，从而产生的一种连锁性的外部效果。以劳动力为例，如劳动力严重过剩，项目的实施利用了原来闲散的劳动力，引起劳动力消费增加，导致服务行业发展，从而引起一系列的连锁效果。但是，只有在满足下列条件时才能把这种乘数效果归因于某个具体项目：①资源闲置的原因是国内需求不足，且除实施该项目外，无其他办法提高这种需求。②该项目所使用的资金没有机会用于其他项目。③应考虑整个项目周期内这种限制资源被利用的情况。

一般情况下，在项目国民经济评价中不考虑这种乘数效果，只有在不发达地区建设项目时，才有必要考虑。

（三）转移支付

在识别费用和效益范围的过程中，将会遇到税金、国内借款利息和补贴的处理问题。这些都是财务评价中的实际现金收入或支出，但是从国民经济的角度看，企业向国家缴纳税金，向国内银行支付利息，或企业从国家得到某种形式的补贴，都未造成资源的实际耗费或增加，它们只是国民经济内部各部门之间的转移支付，因此不能计为项目的费用或效益。在进行国民经济评价时，上述转移支付应予以剔除。

三、影子价格

（一）影子价格的概念与作用

影子价格是指当社会经济处于某种最优状态下时，能够反映社会劳动的消耗、资源稀缺程度和对最终产品需求情况的价格，也就是说：影子价格是人为确定的、比交换价格更为合理的价格。这里所说的“合理”的标志，从定价的原则看，应该能更好地反映产品的价值，反映市场供求状况，反映资源稀缺的程度；从定价的效果看，应该能使资源配置向优化的方向发展。

对拟建项目进行国民经济评价，主要目的是要考察它给国民经济作出多大贡献（效益）和国民经济付出多少代价（费用）。这里的贡献和代价只能用价格来计量。如果价格是合理的，或者说对效益和费用的衡量是真实的，那么项目经济评价就能够正确指导投资决策，正确指导有限资源的合理配置，从而使国民经济获得高效率、高速度的增长。反之，如果价格扭曲，对效益和费用的衡量失实，就必然导致错误的投资决策，浪费国家有限的资源，延误国民经济的发展，所以，价格是否真实，决定了国民经济评价的可信度，决定了资源配置是否能够趋向优化。

（二）影子价格的类型

1. 外贸货物的影子价格

外贸货物是指项目使用或生产某种货物将直接或间接影响国家对这种货物的进口或出口。包括：

1）项目产出物中直接出口、间接出口和替代进口的。

2）项目投入物中直接进口、间接进口和减少出口的。

原则上，对于影响进出口的货物的不同，应当分别不同情况，采取不同的影子价格定价方法。但在实践中，为了简化工作，可以只对项目投入物中直接进口的和产出物中直接出口的，采取进出口价格测定影子价格。对于间接进出口的仍按国内市场价格定价。

直接进口投入物的影子价格（到厂价）= 到岸价（CIF）× 影子汇率 + 贸易费用 + 国内运杂费

直接出口产出物的影子价格（出厂价）= 离岸价（FOB）× 影子汇率 − 贸易费用 − 国内运杂费

到岸价（CIF）是指进口货物运抵我国进口口岸交货的价格，它包括货物进口的货价、运抵我国口岸之前所发生的国外的运费和保险费。

离岸价（FOB）是指出口货物运抵我国出口口岸交货的价格，它包括货物的出厂价和国内运费以及国内出口商的经销费用。

【例 6-1】 项目某投入物为直接进口外贸货物，预计其到岸价格为每平方米 120 美元，外汇牌价中人民币与美元比价为 1∶6.38，运输费用率和贸易费用率分别为 3% 和 6%，影子汇率的换算系数为 1.08。试求该外贸货物的影子价格。

解： 根据直接进口外贸货物影子价格的计算公式：

该外贸货物的影子价格 = 120 美元/m^2 × 6.38 元/美元 × 1.08 × (1 + 3% + 6%) = 901.26 元/m^2

2. 非外贸货物的影子价格

理论上讲，非外贸货物的影子价格主要从供求关系出发，按机会成本和消费者支付意愿的原则确定。

（1）项目投入物影子价格的确定

1）通过原有企业挖潜增加供应。项目所需某种投入物，只要发挥原有生产能力即可满足供应，不必新增投资。这说明此种货物原有生产能力过剩，属于长线物资。通过对其可变成本分解，即可得到货物出厂的影子价格。加上运输费和贸易费，即为货物到项目所在地的影子价格。

2）通过新增生产能力增加供应。项目所需的投入物必须通过投资扩大生产规模才能满足项目需求。这说明此种货物原有生产能力已充分利用，不属于长线物资。通过对其全部成本分解，即可得到货物出厂的影子价格。加上运输费和贸易费，即为货物到项目所在地的影子价格。

3）无法通过扩大生产能力增加供应。项目需要的某种投入物，原有生产能力无法满足，又不可能新增生产能力，只能通过挤占其他用户用量。这说明此种货物为紧缺的短线物资，此时影子价格取决于市场价格及贸易费用和运输费用。

（2）项目产出物影子价格的确定

1）增加国内供应数量满足国内需求者。产出物影子价格从以下价格中选取：计划价格、计划价格加补贴、市场价格、协议价格、同类企业产品的平均分解成本。

选取的依据是供求状况。供求基本均衡，取上述价格中低者；供不应求，取上述价格中高者；无法判断供求关系，取低者。

2）替代其他企业的产出。某种货物国内市场原已饱和，项目产出的此种货物不但不能有效增加国内供给，而且挤占其他生产同类产品的企业市场份额，使这些企业减产甚至停产。这说明项目很可能是盲目投资、重复建设。在此情况下，如果产出物在质量、花色、品种等方面并无特色，应该分解被替代企业相应产品的可变成本作为影子价格；如果质量确有提高，可取国内市场价格为影子价格；也可参照国际市场价格定价，但这时该产出物可能已转变为可实现进口替代的外贸货物。

3. 特殊投入物的影子价格

项目的特殊投入物主要包括：劳动力、土地、自然资源。项目使用这些特殊投入物，影子价格需要采取特定的办法。

（1）劳动力的影子价格——影子工资

职工工资和提取的福利费之和称为名义工资。在财务评价中，名义工资作为费用计入成本，国民经济评价中，需要按影子工资进行调整。影子工资是指项目使用了劳动力，社会为此付出的代价，包括劳动力的机会成本和劳动力转移而引起的新增资源消耗。

劳动力的机会成本是指项目所用的劳动力如果不用于所评价的项目而在其他生产经营活动中所能创造的最大效益。它与劳动力的技术熟练程度和供求状况（过剩与稀缺程度）有关，技术熟练程度要求高的，稀缺的劳动力，其机会成本高，反过来机会成本低。劳动力的机会成本是影子工资的主要组成部分。此外，影子工资还包括少量的国家为安排劳动力就业或劳动力转移所发生的额外开支，如增加就业引起的生活资料运输和城市交通运输所增加的耗费等，而这些耗费并不提高就业人员的消费水平。影子工资表达式如下：

$$影子工资 = 名义工资 \times 工资换算系数$$

工资换算系数定为1，即影子工资在数值上等同于财务评价中的名义工资。

（2）土地的影子价格——土地费用

项目占用土地，国民经济要付出代价，这一代价就是土地费用，也就是土地的影子价格。一般来说，土地的影子价格包括两个部分：一是土地用于建设项目而使社会放弃的原有效益；二是土地用于建设项目而使社会增加的资源消耗。土地在我国属于稀缺资源，项目使用了土地，对国家来说就造成了社会费用。土地的地理位置对土地的机会成本影响很大，因此土地地块的地理位置是影响土地费用的关键因素。

1）城市的土地

城市的土地已经很大程度上存在由市场形成的交易价格，市区内的土地、城市郊区的土地可以采取市场价格测定影子价格。

2）农村的土地

农村的土地按照机会成本的方法测定影子价格。项目使用农村土地的社会费用，由土地的机会成本和因土地转变用途而发生的新增加资源消耗两部分构成。

即：土地的影子费用＝土地的机会成本＋新增资源消耗

土地的机会成本按照项目占用土地而使国家为此损失的该土地“最好可行替代用途”的净效益计算。新增资源消耗主要包括拆迁费和人口安置费。三通一平等土地开发费用通常在项目的工程费用中列支，在国民经济评价中同样作为费用，其数值可另行测算。

实际的项目评价中，土地的影子价格可以从财务评价中土地的征地费用出发进行调整。一般情况下，按国民经济评价费用与效益划分原则，项目的实际征地费可以划分为三部分，分别按照不同的方法调整：

① 属于机会成本性质的费用，如土地补偿费和青苗补偿费等，按照机会成本计算方法调整计算。

② 属于新增资源消耗的费用，如拆迁费、剩余劳动力安置费和养老保险费等，按影子价格调整计算。

③ 属于转移支付的，如粮食开发基金和耕地占用税等，应予以剔除。

4. 资金的影子价格——社会折现率

社会折现率是社会对资金时间价值的估值。对以优化配置资源为目的的国民经济评价来说，社会折现率是从整个国民经济角度对资金的边际投资内部收益率的估值。社会折现率是资金的影子价格，即投入资金的机会成本。社会折现率是工程项目决策的重要工具。适当的社会折现率可以促进资源的合理分配，引导资金投向对国民经济净贡献大的工程项目。原则上，选取的社会折现率应能使投资资金的供需基本平衡。如果社会折现率定得过高，投资资金供过于求，将导致资金积压，也会过高估计货币的时间价值，使投资者偏爱短期项目；如果定得过低，在国民经济评价中有过多的项目通过检验，将导致投资资金不足，同时也会过低地估计货币的时间价值，偏爱长期项目。社会折现率的确定体现国家的政策、目标和宏观调控意图，并且既要符合基本理论，又要符合我国的实际情况，应该考虑我国近期的投资收益水平、社会资金的机会成本、国际金融市场上的长期贷款利率以及国内外的资金供求状况等因素。

5. 外汇的影子价格——影子汇率

影子汇率是在国民经济分析中应用的区别官方汇率的外汇率。官方汇率是由本国政府规定的单位外币的国内价格，影子汇率则是外币与本国货币的真实比价。

影子汇率是单位外币用国内货币表示的影子价格，反映外币的真实价值。影子汇率，实际上也就是外汇的机会成本，即是项目投入或产出所导致的外汇的减少或增加经国民经济带来的损失或收益。

四、国民经济评价的指标及步骤

（一）国民经济评价指标

1. 经济内部收益率

经济内部收益率（EIRR）是使项目计算期内各年经济净效益流量的现值等于零时的折现率。它表现项目占用的投资对国民经济的净贡献，是一个相对指标。经济内部收益率的表达式为：

$$\sum_{t=1}^{n}(CI-CO)_t(1+EIRR)^{-t}=0$$

式中 CI——经济现金流入量；

CO——经济现金流出量；

$(CI-CO)_t$——第 t 年的净现金流量；

n——计算期。

经济内部收益率大于或等于社会折现率时，说明项目占用投资对国民经济的净贡献达到了要求的水平，项目可以接受。

2. 经济净现值

经济净现值（ENPV）使用社会折现率将项目计算期内各年的净效益折算到建设期初的现值之和。当经济净现值大于零时，表示国家为项目付出代价后，除得到符合社会折现率的社会效益外，还可以得到以现值表示的超额社会效益；当经济净现值等于零时，说明项目占用投资对国民经济所作的净贡献刚好满足社会折现率的要求；当经济净现值小于零时，说明投资的净贡献达不到社会折现率的要求。因此，经济净现值是表示项目占用投资对国民经济净贡献能力的绝对指标。经济净现值的表达式为：

$$ENPV=\frac{\sum_{t=1}^{n}DR_t(1+i_s)}{\sum_{t=1}^{n}(FI-FO)_t(1+i_s)^{-t}}$$

式中 i_s——社会折现率。

一般来说，经济净现值大于或等于零的项目是可以接受的。

3. 经济净现值率

经济净现值率（ENPVR）是反映项目占用的单位投资对国民经济所作净贡献的相对指标。它是经济净现值与投资现值之比。其表达式为：

$$ENPVR=\frac{ENPV}{I_P}\times100\%$$

式中 I_P——投资（包括固定资产投资和流动资金）的现值。

4. 经济外汇净现值

涉及产品出口创汇或替代进口节汇的项目，应进行外汇效果分析，计算经济外汇净现值指标。

经济外汇净现值（$ENPV_F$）是按国民经济评价中效益、费用的划分原则，采用影子价格、影子工资和社会折现率计算、分析、评价项目实施后对国家外汇收支影响的重要指标。通过经济外汇流量表可以直接求得经济外汇净现值，用以衡量项目对国家外汇收支项下净贡献。经济外汇净现值的表达式为：

$$ENPV_F = \sum_{t=1}^{n} (FI - FO)_t (1 + i_s)^{-t}$$

式中　FI——外汇流入量；

FO——外汇流出量；

$(FI - FO)_t$——第 t 年的净外汇流量；

n——项目计算期。

当项目的产品可以替代进口时，可按净外汇效果计算经济外汇净现值。

经济外汇净现值大于或等于零时，表示从外汇的获得或节约的角度看，项目是可行的。

5. 经济换汇（节汇）成本

经济换汇成本（EFC）是分析、评价项目实施后在国际上的竞争力，进而判断其产品是否应出口的指标，它是指用影子价格、影子工资和社会折现率计算的为生产出口产品而投入的国内资源现值与生产出口产品的经济外汇净现值之比，即换取 1 美元的外汇所需的人民币（单位：元）金额。其表达式为：

$$EFC = \frac{\sum_{t=1}^{n} DR_t (1 + i_s)}{\sum_{t=1}^{n} (FI - FO)_t (1 + i_s)^{-t}}$$

式中　DR_t——项目在第 t 年为生产出口产品而投入的国内资源，包括建设投资和流动资金投资中的国内资金、经营费用，即由于国外借款还本付息的国内资金等（元）。

当项目的产品按替代进口对待时，应计算经济节汇成本，即节约 1 美元外汇所需要的人民币金额（单位：元），它等于项目为生产替代进口产品而投入的国内资源现值与生产替代进口产品的经济外汇现值之比。

经济换汇成本或经济节汇成本（元/美元）小于或等于影子汇率时，表明该项目产品出口有竞争力，从换汇或节汇角度考虑是可行的。

（二）国民经济评价步骤

（1）收集或整理有关数据资料。

需要收集和整理的资料包括国家颁发的项目经济评价方法、参数及有关规定，有关项目投入物、产出物的现行市场价格及其国际市场价格，有关价格调整的资料及其国民经济发展等方面的最新动态等。

（2）费用与效益的识别。

由于财务效益评价和国民经济评价对费用和效益的含义及划分范围不同，这样在国民经济评价中就应对费用和效益进行识别和划分，剔除国民经济内部转移性支付，如税金、补贴、国内借款利息等；对间接费用、间接效益进行识别，确定费用与效益的计算范围。

（3）价格调整。

根据收集的数据资料，结合费用和效益的计算范围，将各项投入物和产出物的现行价格调整为影子价格。

（4）计算费用和效益。

在价格调整的基础上计算费用和效益，不仅包括直接费用和直接效益的计算，而且包括间接费用和间接效益的计算。

（5）填制有关表格，计算并分析评价指标。

根据计算出来的项目寿命期各年的费用和效益，编制国民经济效益费用流量表，据以计算经济内部收益率、经济净现值等评价指标，并根据计算结果予以分析评价，得出国民经济评价结论。

思 考 题

1. 什么是可行性研究？其包括哪些主要内容？
2. 财务评价的概念及作用是什么？
3. 财务评价所需要的基础数据有哪些？
4. 财务评价的基本报表及辅助报表有哪些？
5. 影子价格有哪些类型？如何计算影子价格？
6. 简述国民经济评价的指标及步骤。

第七章　价 值 工 程

【学习目标】通过本章学习，了解价值工程的相关概念；掌握提高价值工程的途径、价值工程的工作程序和方法。

第一节　价值工程的基本原理

一、价值工程

价值工程（Value Engineering，VE）是以提高产品或作业价值为目的，通过有组织的创造性工作，寻求用最低的寿命周期成本，可靠地实现使用者所需功能的一种管理技术。

价值工程起源于1947年前后的美国。20世纪50、60年代曾作为美国独创的行业企业管理奥秘，促进了一大批新产品的问世。20世纪70年代，日本向美国学习，将价值工程作为经济腾飞的有力武器，日本产品（如汽车、家电等）能在国际市场上树立物美价廉的形象，其中许多都得益于价值工程。我国引进价值工程是在改革开放伊始，经过多年的实践，从寻找代用材料，改进产品设计，改进工艺方案，指导新产品开发设计等，都进行了有益尝试，在分析方法和组织方法方面也取得了许多宝贵经验。1987年，价值工程作为管理标准中的第一部国家标准正式颁布，即《价值工程基本术语和一般工程程序》（GB 8223—1987）。

价值工程的对象是指凡为获取功能而发生费用的事物，如产品、工艺、工程、服务或它们的组成部分。

价值工程这一定义中，涉及价值工程的三个基本概念，即价值、功能和寿命周期成本。

二、价值（Value）

价值工程中所述的“价值”，是指作为某种产品（或作业）所具有的功能与获得该功能的全部费用的比值。如假设对象（产品、系统、服务等）的功能为 F，其成本为 C，价值为 V，则价值的计算公式为：

$$V = F/C$$

价值工程中的价值不同于经济学中的交换价值和使用价值，而是对象的比较价值，是作为评价事物有效程度的一种尺度提出来的。价值高，说明有益程度高；价值低，则说明益处不大。实际价值工程活动中，一般功能 F、成本 C 和价值 V 都用某种系数表示。

三、功能（Function）

功能是指某种产品（或作业）对使用者需求的满足程度，即其使用价值。一种产品往往有几种不同的功能，为了便于进行功能分析，需要对功能进行分类，但不论怎样分类，功能分析的目的在于确保必要功能，消除不必要功能。

1. 必要功能和不必要功能

必要功能是为满足使用者的需求而必须具备的功能；不必要功能是对象所具有的、与满足使用者的需求无关的功能。必要功能和不必要功能是相对而言。一个产品的功能是否必要并不是设计者主观所能决定的，而是要以用户为标准。对于现存方案内的功能要加以分析，经过反复提问、推敲，原来认为必要的功能也许会变为不必要的功能。价值工程的目的就是要保证用户所要求的必要功能，发现和剔除用户不需要的不必要功能。

2. 基本功能与辅助功能

基本功能就是用户对产品所要求的功能，是为了达到其使用目的所必不可少的功能，是产品存在的条件。比如，冰箱的基本功能是冷藏食品，钟表的基本功能是显示时间等，基本功能可从三个方面加以确定：首先，它的功能是必不可少的；其次，它的功能是主要的；最后，如果它的功能改变，则产品的结构或制造工艺等就会随之改变。

辅助功能是设计人员为实现基本功能而在用户直接要求的功能基础上加上去的功能，是为了更好地帮助基本功能的实现而存在的功能。如自行车的基本功能是代步，车上书包架的功能就只是一个辅助功能。辅助功能也可以从三个方面来判断：①它对基本功能的实现是否起辅助作用。②与基本功能相比是否处于从属地位。③是否是实现基本功能的手段。值得注意的是，在辅助功能中往往包含着不必要的功能，应通过改进设计予以消除。

3. 使用功能和品位功能

对每一种产品而言，使用功能是指产品的实际用途或使用价值。品位功能是指与使用者的精神感觉、主观意识有关的功能，如产品的外观、形状、色彩、艺术性等。使用功能与品位功能往往是兼而有之，但根据用途和消费者的要求不同而有所侧重。

四、寿命周期与寿命周期成本（Life cycle cost）

（一）寿命周期

寿命周期是指工程产品从研究开发、设计、建造、使用直到报废所经历的全部时间。影响工程寿命周期的因素比较多，一般可归纳为：

1. 物理因素

物理因素主要表现为工程产品外观以及内部结构的逐渐破损。

2. 经济因素

随着工程产品使用年限的增加或者其他相关因素的变化，继续使用该产品将在经济上变得不合理。比如，由于土地升值，对于业主来说，将原有建筑产品占用的土地用于开发可能比改造建筑产品在经济上更加合理。

3. 技术因素

一方面，随着工程产品使用年限的增加或者其他相关因素的变化，原有工程产品变得无法发挥其功能或者无法满足业主对其功能的要求。另一方面，由于技术进步，社会上出现了技术更先进、生产效率更高、原材料及能源消耗更少的工程产品（如空调、照明等），使得原有工程产品在技术上显得落后。为了降低经营费用或者提高效率，而放弃原有工程产品。

4. 社会和法律因素

社会和法律因素的影响表现在由于人们非经济性的需求欲望变化引起的工程寿命周期的变化。比如，当前我国对建筑节能及人们对于建筑产品的生态型要求越来越高，原有的建筑产品无法达到这一要求，其工程寿命周期的变化就是社会和法律因素引起的。

（二）寿命周期成本

寿命周期成本是指从对象被研究开发、设计制造、销售使用直到停止使用的寿命期间所发生的各项成本费用之和。工程寿命周期成本不仅包括经济意义上的成本，还包括环境成本和社会成本。

1. 工程寿命周期经济成本

工程寿命周期经济成本是指工程项目从项目构思到项目建成投入使用直至工程寿命终结全过程所发生的一切可直接体现为资金耗费的投入的总和，包括建设成本和使用成本。建设成本是指建筑产品从筹建到竣工验收为止所投入的全部成本费用。使用成本是指建筑产品在使用过程中发生的各种费用，包括各种能耗成本、维护成本和管理成本等。工程寿命周期与寿命周期成本的关系如图 7-1 所示。

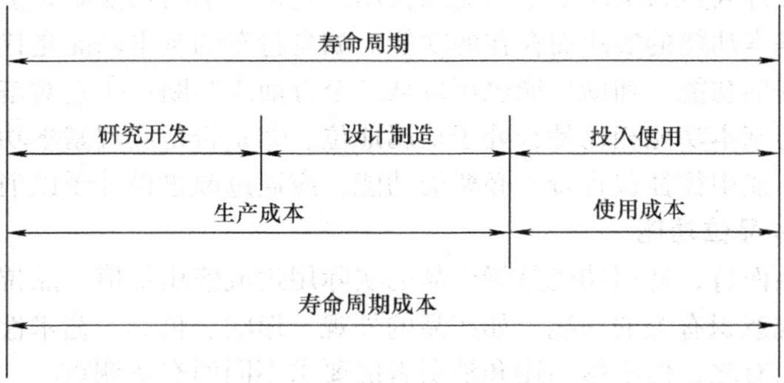

图 7-1　工程寿命周期与寿命周期成本的关系图

寿命周期成本 = 生产成本 + 使用成本

如用 C 表示寿命周期成本，C_1 表示生产成本，C_2 表示使用成本，

则
$$C = C_1 + C_2$$

产品的寿命周期成本与产品的功能有关。一般而言，生产成本与产品的功能成正比关系，使用成本与产品的功能成反比关系。

2. 工程寿命周期环境成本

根据国家标准化组织环境管理体系（ISO 14000）精神，工程寿命周期环境成本是指工程产品系列在其全寿命周期内对于环境的潜在和显在的不利影响。工程建设对于环境的影响可能是正面的，也可能是负面的，前者体现为某种形式的收益，后者则体现为某种形式的成本。在分析及计算环境成本时，应对环境影响进行分析甄别，剔除不属于成本的系列。在计量环境成本时，由于这种成本并不直接体现为某种货币化数值，必须借助于其他技术手段将环境影响货币化。

3. 工程寿命周期社会成本

工程寿命周期社会成本是指工程产品在从项目构思、产品建成投入使用直至报废不堪再用全过程中对社会的不利影响。与环境成本一样，工程建设及工程产品对于社会的影响可以是正面的，也可以是负面的。因此，也必须进行甄别，剔除不属于成本的系列。比如，建设某个工程项目可以增加社会就业率，有助于社会安定，这种影响就不应计算为成本。另一方面，如果一个工程项目的建设会增加社会的运行成本，如由于工程建设引起大规模移民，可能增加社会的不安定因素，这种影响就应计算为社会成本。

五、价值工程的特点

（1）价值工程的目标是以最低的寿命周期成本，使产品具备它所必须具备的功能。产品的寿命周期成本由生产成本和使用及维护成本组成。产品生产成本是指用户购买产品的费用，包括产品的科研、实验、设计、试制、生产、销售等费用及税利等；而产品的使用及维护成本是指用户在使用过程中支付的各种费用的总和，包括使用过程中的能耗费用、维修费用、人工费用和管理费用等，有时还包括报废拆除所需费用（扣除残值）。

在一定范围内，产品的生产成本和使用成本存在此消彼长的关系。随着产品功能水平提高，产品的生产成本增加，使用及维护成本降低；反之，产品功能水平降低，其生产成本降低，但使用及维护成本会增加。因此，当功能水平逐步提高时，寿命周期成本呈马鞍形变化，马鞍最低处所对应的功能水平是仅从成本方面考虑的最适宜功能水平。

（2）价值工程的核心是对产品进行功能分析。价值工程中的功能是指对象能够满足某种要求的一种属性，具体讲，功能就是效用。如住宅的功能是提供居住空间，建筑物基础的功能是承受荷载等。价值工程分析产品，首先不是分析其结构，而是分析功能。在分析功能的基础上，再研究结构、材质等问题。

（3）价值工程将产品价值、功能和成本作为一个整体同时考虑。即价值工程中对价值、功能、成本的考虑，不是片面和孤立的，而是在确保产品功能的基础上综合考虑生产成本和使用成本，兼顾生产者和用户的利益，从而创造出总体价值最高的产品。

（4）价值工程强调不断改革和创新，开拓新构思和新途径，获得新方案，创造新功能载体，从而简化产品结构，节约原材料，节约能源，绿色环保，提高产品的技术经济效益。

（5）价值工程要求将功能定量化，即将功能转化为能够与成本直接相比的量化值。

（6）价值工程是以集体的智慧开展的有计划、有组织的管理活动。价值工程研究的问题涉及产品的整个寿命周期，涉及面广，研究过程复杂。企业在开展价值工程活动时，必须集中人才，包括技术人员、经济管理人员、有经验的工作人员，甚至用户，以适当的组织形式组织起来，共同研究，依靠集体的智慧和力量，发挥各方面、各环节人员的知识、经验和积极性，有计划、有领导、有组织地开展活动，才能达到既定的目标。

六、提高产品价值的途径

由于价值工程以提高产品价值为目的，这既是用户的需要，又是生产经营者追求的目标，两者的根本利益是一致的。因此，企业应当研究产品功能与成本的最佳匹配。价值工程的基本原理公式 $V = F/C$，不仅深刻地反映出产品价值与产品功能和实现此功能所耗成本之间的关系，而且也为如何提高价值提供了有效途径。提高产品价值的途径见表 7-1。

表 7-1　提高产品价值的途径

序号	途　径	结果	F	C	V
1	成本不变，功能提高	价值提高	↑	→	↑
2	功能不变，成本降低	价值提高	→	↓	↑

（续）

序号	途　　径	结果	*F*	*C*	*V*
3	成本略有提高，功能有更大提高	价值适当提高	↑↑	↑	↑
4	功能略有下降，成本大幅度下降	价值适当提高	↓	↓↓	↑
5	功能提高，成本降低	价值大大提高	↑	↓	↑↑

第二节　价值工程的工作程序和方法

一、价值工程的工作程序

价值工程的工作程序实质就是针对产品的功能和成本提出问题、分析问题、解决问题的过程。针对价值工程的研究对象，整个活动围绕七个基本问题展开。这七个问题决定了价值工程的一般工作程序，见表 7-2。

表 7-2　价值工程的工作程序

价值工程的工作阶段	活动程序		对应问题
	基本步骤	具体步骤	
一、分析问题	1. 功能定义	（1）选择对象 （2）收集资料	（1）价值工程的研究对象是什么?
		（3）功能定义 （4）功能整理	（2）这是干什么用的?
	2. 功能评价	（5）功能分析及功能评价	（3）它的成本是多少? （4）它的价值是多少?
二、综合研究	3. 制订创新方案与评价	（6）方案创造	（5）有无其他方法实现同样功能?
三、方案评价		（7）概括评价 （8）指定具体方案 （9）实验研究 （10）详细评价 （11）提案审批 （12）方案实施 （13）成果评价	（6）新方案的成本是多少? （7）新方案能满足要求吗?

二、价值工程对象选择

（一）对象选择的原则

价值工程是就某个具体对象开展的有针对性的分析评价和改进，有了研究对象才有分析的具体内容和目标。对企业来说，凡是未获取功能而发生费用的事物，都可以作为价值工程的研究对象，如产品、工艺、工程、服务或它们的组成部分等。由于开展价值工程活动要花费一定的人力、财力，生产建设中的技术经济问题很多，涉及范围也很广，为了节省资金，提高效率，只能精选其中一部分来实施。因此，能否正确选择对象是价值工程收效大小与成败的关键。一般来说，选择价值工程对象应遵循以下原则：

（1）优先考虑在企业生产经营上有迫切需要的或对国计民生有重大影响的项目。

（2）在提高价值上有较大潜力的产品（或项目）。企业在具体选择时，一般应从以下几个方面考虑：

1）设计方面：考虑结构复杂，技术落后，零部件多，工艺性差，工艺繁琐、落后，体积大，重量大，材料价格昂贵，性能较差的产品或构配件。

2）生产制造方面：考虑产量多，批量大，工艺复杂，工序繁琐，原材料消耗高，成品率低的产品或构配件。

3）销售方面：考虑选择用户意见大，退货索赔多，销售量下降，竞争力差；需要巩固或扩大市场的，能够增加收益的产品，以及未投入市场的新产品等。

4）成本方面：应考虑选择市场需要，市场占有比重大，但成本高，利润低，物耗高的产品或费用项目。

（二）对象选择的方法

价值工程对象选择往往要兼顾定性分析和定量分析，因此，对象选择的方法有多种，不同方法适宜于不同的价值工程对象。应根据具体情况选用适当的方法，以取得较好的效果。以下介绍几种常用方法：

1. 经验分析法

经验分析法又叫因素分析法，是指凭借经验来分析各种可能的因素，从而进行对象选择的方法。具体来说，经验分析法是指参加价值工程活动的人员，根据自己所了解到的企业产品情况，凭借个人的知识和经验，经过对情况的全面分析和综合研究，区别轻重、主次，从而选定价值工程分析的对象。

这种方法简便易行，考虑问题比较全面，对象选择比较准确；当时间紧迫时，使用该方法更为适宜。经验分析法的缺点是缺乏定量依据，容易受参加选择人员的工作态度、经验水平等主观因素的限制。为了提高分析的准确程度，可以选择技术水平高、经验丰富、熟悉业务的人员参加，集中各方面的思想，并尽量与其他方法配合使用。

2. 百分比分析法

这是一种通过分析某种费用或资源对企业的某个技术经济指标的影响程度的大小（百分比），来选择价值工程对象的方法。

【例7-1】 某金属结构制品公司有6种产品，它们各自的年成本和年利润占公司总成本和年利润总额的百分比见表7-3。公司目前急需提高利润水平，试确定可能的价值工程对象。

解：由表7-3可见，产品D的成本占年总成本的17.3%，其利润仅占年利润总额的6.6%，显然产品D应作为价值工程的重点分析对象。

表7-3 成本和利润百分比

产品种类	A	B	C	D	E	F	合计
产品年成本/万元	565	65	35	160	55	45	925
产品年成本占总成本百分比（%）	61.1	7.0	3.8	17.3	5.9	4.9	100
产品年利润/万元	185	25	15	20	35	25	305

（续）

产品种类	A	B	C	D	E	F	合计
产品年利润占年利润总额百分比（%）	60.7	8.2	4.9	6.6	11.5	8.2	100
年利润百分比/年成本百分比	0.99	1.17	1.29	0.38	1.95	1.67	
排序	5	4	3	6	1	2	

百分比分析法的优点是，当企业在一定时期要提高某些经济指标且拟选对象数目不多时，具有较强的针对性和有效性。其缺点是不够系统和全面，有时为了更全面、综合地选择对象，百分比法可与经验分析法结合使用。

3. 价值指数法

根据价值的表达式 $V = F/C$，在产品成本已知的基础上，将产品功能定量化，即可计算产品价值。在应用该法选择价值工程的对象时，应当综合考虑价值指数偏离 1 的程度和改善幅度，优先选择 $V < 1$ 且改进幅度大的产品或零部件。

【例 7-2】 某机械制造厂生产四种型号的挖土机，各种型号挖土机的主要技术参数及相应的成本费用见表 7-4。试运用价值指数法选择价值工程对象。

表 7-4 挖土机主要参数及相应成本

产品型号	甲	乙	丙	丁
技术参数/（百米/台班）	1.51	1.55	1.60	1.30
成本费用/（百元/台班）	1.36	1.12	1.30	1.40
价值指数	1.11	1.38	1.23	0.93

解： 由表 7-4 可见，挖土机丁应作为价值工程对象。

价值指数法一般适用于产品功能单一、可计量，产品性能和生产特点可比的系列产品或零部件的价值工程对象选择。

4. ABC 分析法

ABC 分析法又称重点选择法或不均匀分布定律法，是应用数理统计分析的方法来选择对象。这个方法由意大利经济学家帕累托（Pareto）提出，方法的基本思路是把一个产品的各种部件（或企业各种产品）按成本大小由高到低排列起来，然后绘成费用累积分配图。将占总成本的 70% ~80% 而占零部件总数的 10% ~20% 的零部件划分为 A 类零部件；将占总成本 5% ~10% 而占零部件总数 60% ~80% 的零部件划分为 C 类；其余为 B 类。其中 A 类零部件是价值工程的主要研究对象。

ABC 分析法的优点是抓住重点，突出主要矛盾，在对复杂产品的零部件作对象选择时常用它进行主次分类，以便略去“次要的多数”，抓住“关键的少数”，卓有成效地开展工作。

（三）信息资料收集

当价值工程活动的对象选定以后，就要进一步开展信息资料收集工作，这是价值工程实施过程中不可缺少的重要环节。通过信息资料的收集整理和汇总分析，不但可以得到价值工程活动的依据、标准和对比的对象，而且还可以开阔思路、发现问题、找到差距，以明确解决问题的方向、方针和方法。

开展价值工程活动所需的信息资料，应视具体情况而定。对于产品分析来说，一般应收集以下几方面的资料：

1）用户方面的信息资料。

2）市场销售方面的信息资料。

3）技术方面的信息资料。

4）经济方面的信息资料。

5）本企业的基本资料。

6）环境保护方面的信息资料。

7）外协方面的信息资料。包括外协单位状况，外协件的品种、数量、质量、价格、交货期等。

8）政府和社会有关部门法规、条例等方面的信息资料。

收集的资料及信息不是简单的汇集，需要在收集的基础上分析、整理、删除无效资料，使用有效资料，以利于价值工程活动的分析研究。

三、功能分析与评价

（一）功能分析

功能分析是通过分析信息资料，用动词和名词的组合简明、正确地表达各对象的功能，明确功能特性的要求，并绘制功能系统图。通过功能分析，可以回答产品“用它干什么用的”问题，从而准确掌握用户的功能要求。

功能系统图是表示对象功能得以实现的功能逻辑关系图。功能系统图中包括总功能、上位功能、下位功能、同位功能、末位功能，以及由上述功能组成的功能区域。

功能系统图中，两个功能直接相连时，如果一个功能是另一个功能的目的，并且另一个功能是这个功能的手段，则把作为目的的功能称为上位功能，作为手段的功能称为下位功能。上位功能和下位功能通常具有相对性。如图 7-2 所示，F_1 相对 F_{11} 和 F_{12} 来说是上位功

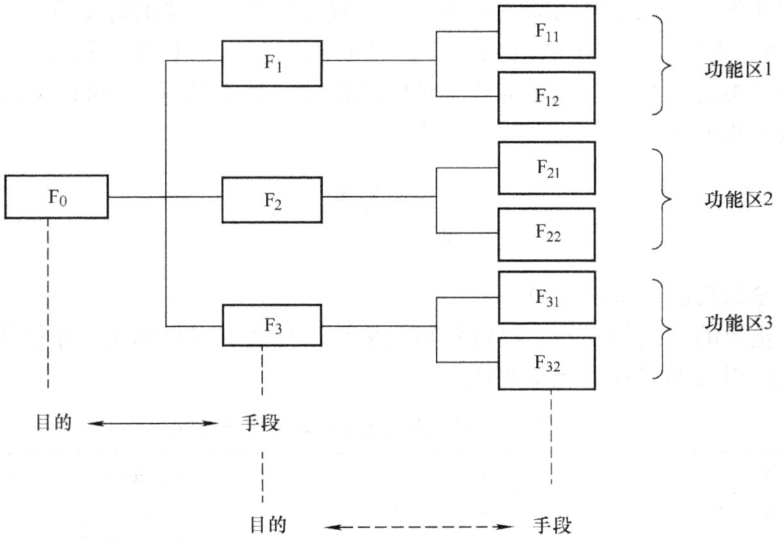

图 7-2　功能系统图基本模式

能，相对于 F_0 来说是下位功能。同位功能是指功能系统图中，与同一上位功能相连的若干下位功能，F_{11} 与 F_{12} 就是同位功能。总功能是指功能系统图中，仅为上位功能的功能，如 F_0。末位功能指功能系统图中，仅为下位功能的功能，如 F_{11}、F_{12}、F_{21}、F_{22} 等。功能区域是功能系统图中，任何一个功能及其各级下位功能的组合。

（二）功能评价

所谓功能评价，是指找出实现某一必要功能的最低成本（称为功能评价值），以这个最低成本为基准，通过与实现这一功能的现实成本相比较，求出二者的比值（称为功能的价值）和二者的差值（称为节约期望值），然后选择价值低、改善期望值大的功能，作为价值工程活动的重点对象。功能评价程序如图 7-3 所示。

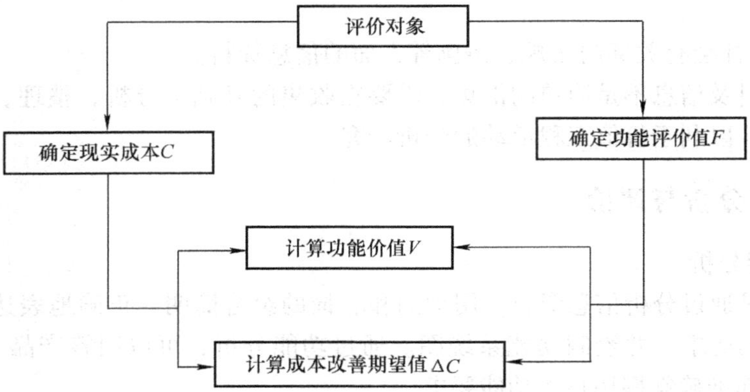

图 7-3　功能评价程序

功能评价的方法有："01" 评分法、"04" 评分法、直接评分法和倍比法。

1. "01" 评分法

"01" 评分法又称强制评分法，又称 FD 法，其具体做法是请 5 ~ 15 名对产品熟悉的人员参加功能的评价。首先按照功能重要程度一一对比打分，重要的打 1 分，相对不重要的打 0 分，见表 7-5。表中，要分析的对象（零部件）自己与自己相比不得分，用 "×" 表示。最后，根据每个参与人员选择该零部件得到的功能重要性系数 W_i，可以得到该零部件的功能重要性系数平均值 W。

$$W = \frac{\sum_{i=1}^{k} W_i}{k}$$

式中　k——参加功能评价的人数。

为避免不重要的功能等零分，可将各功能累计得分加 1 进行修正，用修正后的总分分别去除各功能累计得分即得到功能重要性系数。

表 7-5　"01" 法功能重要性系数计算表

零部件	A	B	C	D	E	功能总分	修正得分	功能重要性系数
A	×	1	1	0	1	3	4	0.267
B	0	×	1	0	1	2	3	0.200

（续）

零部件	A	B	C	D	E	功能总分	修正得分	功能重要性系数
C	0	0	×	0	1	1	2	0.133
D	1	1	1	×	1	4	5	0.333
E	0	0	0	0	×	0	1	0.067
合计						10	15	1.000

2. “04” 评分法

“01” 评分法中的重要程度差别仅为 1 分，不能拉开档次。为弥补不足，用“04” 评分法。具体打分矩阵同 01 评分法。档次划分如下：

F_1比F_2重要得多：F_1得 4 分，F_2得 0 分；

F_1比F_2重要：F_1得 3 分，F_2得 1 分；

F_1比F_2同等重要：F_1得 2 分，F_2得 2 分；

F_1不如F_2重要：F_1得 1 分，F_2得 3 分；

F_1远不如F_2重要：F_1得 0 分，F_2得 4 分；

“04” 评分法得分总和为$2n(n-1)$，n为对比的零件数量。例如，某个产品有 5 个零件，总分应为 40 分，某一评价人员采用“04” 评分法确定功能评价系数的过程见表 7-6。

表 7-6　“04” 法功能评价系数表

零件名称	一对一比较结果					得分	功能评价系数
	A	B	C	D	E		
A	×	3	1	4	4	12	0.300
B	1	×	3	1	4	9	0.225
C	3	1	×	3	0	7	0.175
D	0	3	1	×	3	7	0.175
E	0	0	4	1	×	5	0.125
合　计						40	1.000

3. 直接评分法

直接评分法是请 5 ~ 15 名对评价对象熟悉的人员对对象各零部件的功能直接打分，评价时规定总分标准，每个参评人员对对象各零部件功能的评分之和必须等于总分。如规定总分标准为 10 分，则直接评分法功能评价系数计算见表 7-7。

表 7-7　直接评分法功能评价系数计算表

评价人员 / 零件功能	1	2	3	4	5	6	7	8	9	10	各零件得分	功能评价系数
A	3	3	2	2	3	3	1	2	3	2	24	0.24
B	2	2	2	2	3	2	2	2	2	2	21	0.21
C	4	3	4	4	3	4	4	3	4	4	37	0.37
D	0	1	1	0	0	0	1	0	1	1	5	0.05
E	1	1	1	2	1	1	2	3	0	1	13	0.13
合计	10	10	10	10	10	10	10	10	10	10	100	1.00

4. 倍比法

这种方法是利用评价对象之间的相关性进行比较来确定功能评价系数，其具体步骤如下：

1）根据各评价对象的功能重要性程度，按上高下低的原则排序。

2）从上至下按倍数比较相邻两个评价对象，见表7-8，F_1 是 F_2的2倍。

3）令最后一个评价对象得分为1，按上述各对象之间的相对比值计算其他对象的得分。

4）计算各评价对象的功能评价系数。

表7-8 倍比法计算功能重要性系数表

评价对象	相对比值	得分	功能评价系数
F_1	$F_1/F_2=2$	9	0.51
F_2	$F_2/F_3=1.5$	4.5	0.26
F_3	$F_3/F_4=3$	3	0.17
F_4		1	0.06
合 计		17.5	1.00

四、功能改进目标的确定

确定功能改进目标的方法有价值系数法和最合适区域法。

1. 价值系数法

当对产品的各功能进行评价之后，得出每一个零件的功能评价系数，同样对各功能的现实成本分析之后，可求得每一个零件的成本系数，进而可求得价值系数。

$$成本系数=零件成本/总成本$$

$$价值系数=功能评价系数/成本系数$$

【例7-3】 某产品有4项功能，其功能评价系数已通过表7-8的倍比法确定，试确定该产品的功能改进目标。

解：该产品的成本系数、价值系数、功能改善优先次序如表7-9所示。

表7-9 价值系数计算表

功能 ①	功能评价系数 ②	现实成本 ③	成本系数 ④=③/1 129	价值系数 ⑤=②/④	改善幅度目标 ⑥
F_1	0.51	562	0.498	1.02	
F_2	0.26	298	0.264	0.98	
F_3	0.17	153	0.136	1.25	
F_4	0.06	116	0.103	0.58	√
合计	1.00	1 129			

2. 最合适区域法

以成本系数为横坐标，功能系数为纵坐标，见图7-4，则与横轴成45°的一条直线为理想价值线（$V=1$）。围绕该线有一朝向原点由两条双曲线包围的喇叭形区域，叫做最合适区域。凡落在这个区域的价值系数点，其功能与成本是适应的，可不作为重点改善目标。

$V>1$ 的点将落在喇叭形区域的左上方，$V<1$ 的点将落在喇叭形区域的右下方，均属于功能改善的目标。

喇叭形区域是这样确定的：设有一任意价值系数点 M。其坐标为（x,y），由图 7-4 可看出，M 离原点越远即 L 越大，意味着其功能及成本系数的绝对量大，改善的余地大，故应作为重点改善对象；反之若 M 离原点近，说明对全局影响小属于次要的改善对象。同时，M 点距离理想价值线的垂直距离 R 越大，表示与理想价值线的偏离度越大，改进的余地越大，应作为重点改善的目标。因此，可用 $L\times R$ 综合反映 M 点的这两个因素。

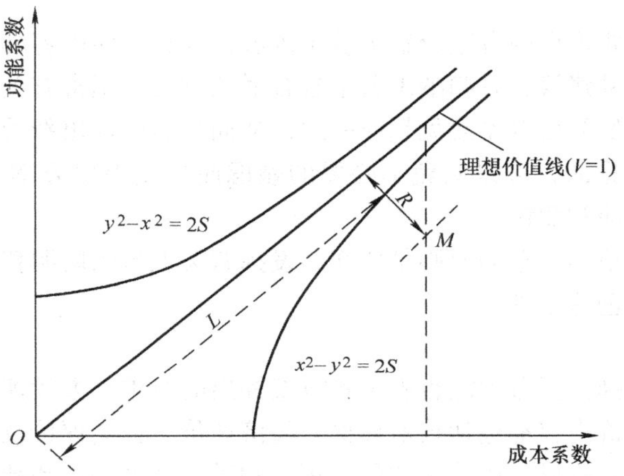

图 7-4 最合适区域图

令 $S=L\times R$ 为一个定值，则喇叭形区域的边界线为：$x^2-y^2=2S$，$y^2-x^2=2S$，式中 S 的取值大小决定了最合适区域的宽窄。因为 L 与 R 的乘积等于定值 S，显然 L 越大 R 越小，L 越小 R 越大，故图形呈喇叭状。

五、方案创造与评价

（一）方案创造

方案创造是从提高对象的功能价值出发，在正确的功能分析和评价的基础上，针对应该改进的具体目标，通过创造性的思维活动，提出能够可靠地实现必要功能的新方案。方案创造的过程是思想高度活跃、进行创造性开发的过程。为了引导和启发创造性的思考，可以采取各种方法，比较常用的方法有以下几种：

1. 头脑风暴法

头脑风暴法是指自由奔放地思考问题。该法由美国 BBDO 广告公司的奥斯本于 1941 年首次提出，通过这种方法他创造出许多新的广告形式。具体说是邀请一些有经验、有专长在非常融洽和不受任何限制的气氛中进行讨论、座谈，打破常规、积极思考、互相启发、集思广益，提出创新方案。这种方法以 5 ~ 10 人的小型会议方式进行为宜，会议按如下原则进行：

1）不互相批评指责，自由发表意见。

2）提出的方案越多越好。

3）结合别人的意见提出设想。

4）会议要有记录，以便于整理研究。

2. 哥顿法

此法于1964年由美国人哥顿所创。这种方法的指导思想是把所要研究解决的问题适当抽象，以利于开拓思路。提方案也是采用会议方式进行，具体目的先不说明，以免束缚大家的思想。例如，要研究“屋面排水”的方案，开始提出“如何把水排掉?”这个问题，让大家提方案。

3. 德尔菲法

这种方法是将所要提出的方案分解为若干内容，并将这些内容邮给提案的对方，经对方邮寄回来后整理出各种建议，并归纳出若干较合适的方案再函寄有关专家征求意见，再回收整理，如此经过几次反复后专家意见趋向一致，从而最后确定出新的功能实现方案。这种方法的优点是专家互不见面，可以避免不必要的顾虑而尽量提出方案。其缺点是花费时间较长，缺乏面对面的交谈和商议。

方案创造的方法很多，总的原则是要充分发挥有关人员的聪明智慧，集思广益，多提方案，从而为评价方案创造条件。

（二）方案评价

方案的评价和选择主要考虑能否满足各方案提出的要求。方案评价包括概略评价和详细评价两个阶段。其评价内容都包括技术评价、经济评价、社会评价及综合评价。无论是概略评价还是详细评价，一般可先作技术评价，再分别进行经济评价和社会评价，最后进行综合评价。

1. 概略评价

概略评价是对所提出的许多方案进行粗略的分析和筛选，减少详细评价的工作量。它的目的不是评定方案是否先进，而仅是剔除技术和经济上明显不可行的方案。它的任务是在尽可能短的时间内，对数量众多的方案进行初步筛选，因此，粗略评价的标准不必过严，评价的项目无需过细，评价结论无需详尽，评价的方法要尽可能简便易行。其评价的内容包括以下几个方面：

（1）在技术可行性方面，应分析和研究创新方案能否满足所要求的功能及其本身在技术上能否实现。

（2）在经济可行性方面，应分析和研究产品成本能否降低和降低的幅度，以及实现目标成本的可能性。

（3）在社会评价方面，应分析和研究创新方案对社会利害影响大小。

（4）在综合评价方面，应分析和研究创新方案能否使价值工程活动对象的功能和价值有所提高。

2. 详细评价

详细评价是对经过概略评价筛选后的少数方案再具体化，通过进一步的调查、研究，从技术、经济、社会三个方面进行详尽地评价分析，为提案的编写和审批提供依据。详细评价的内容包括以下几个方面：

（1）在技术可行性方面，主要评价方案能否实现所要求的功能，以及方案本身在技术上能否实现。大致包括：功能实现程序（性能、质量、寿命等）、可靠性、可维修性、可操作性、安全性、整个系统的协调与环境条件的协调性等。

（2）在经济可行性方面，主要包括费用的节省，对企业或公众产生的效益，同时还应考虑产品的市场情况，销路以及同类产品的竞争企业、竞争产品、产品盈利的多少和保持盈利的年限。

（3）在社会评价方面，主要研究和分析创新方案给国家和社会带来的影响，如环境污染、生态平衡等。

（4）在综合评价方面，是在上述三种评价的基础上，对整个创新方案的诸因素作出全面、系统的评价。

3. 方案综合评价方法

方案综合评价的方法很多，常用的定性方法有德尔菲法、优缺点列举法等；常用的定量方法有直接评分法、比较价值评分法、环比评分法、功能加权法、几何平均值评分法等，下面简单介绍几种方法：

（1）优缺点列举法。把每一个方案在技术上、经济上的优缺点详细列出，进行综合分析，并对优缺点作进一步调查，用淘汰法逐步缩小考虑范围，从范围不断缩小的过程中找出最后的结论。

（2）直接评分法。根据各种方案能够达到各项功能要求的程度，按10分制（或100分制）评分，然后算出每个方案达到功能要求的总分，比较各方案总分，作出采纳、保留、舍弃的决定，再对采纳、保留的方案进行成本比较，最后确定最优方案。

（3）加权评分法。加权评分法又称矩阵评分法。即将功能、成本等各种因素，根据要求的不同进行加权计算，权数大小应根据它在产品中所处的地位而定，算出综合分数，最后与各方案寿命周期成本进行综合分析，选择最优方案。加权评分法主要包括以下四个步骤：

1）确定评价项目及其权重系数。

2）根据各方案对各评价项目的满足程度进行评分。

3）计算各方案的评分权数和。

4）计算各方案的价值系数，以较大的为优。

方案经过评价，不能满足要求的淘汰，有价值的保留。

第三节　价值工程在工程项目方案评选中的应用举例

【例7-4】

背景：某市高新技术开发区由两幢科研楼和一幢综合楼，其设计方案对比项目如下：

A楼方案：结构方案为大柱网框架轻墙体系，采用预应力大跨度叠合楼板，墙体材料采用多孔砖及移动式可拆装式分室隔墙，窗户采用单框双玻璃塑钢窗，面积利用系数为93%，单方造价为1 438元/m^2。

B楼方案：结构方案同A方案，墙体采用内浇外砌，窗户采用单框双玻璃空腹钢窗，面积利用系数为87%，单方造价为1 108元/m^2；

C楼方案：结构方案为砖混结构体系，采用多孔预应力板，墙体材料采用标准黏土砖，窗户采用单玻璃空腹钢窗，面积利用系数为79%，单方造价为1 082元/m^2。

方案各功能的权重及各方案的功能得分见表7-10。

表 7-10 方案各功能的权重及各方案的功能得分

方案功能	功能权重	方案功能得分		
		A	B	C
结构体系	0.25	10	10	8
模板类型	0.05	10	10	9
墙体材料	0.25	8	9	7
面积系数	0.35	9	8	7
窗户类型	0.10	9	7	8

问题：

1. 试应用价值工程方法选择最优设计方案。

2. 为控制工程造价和进一步降低费用，拟针对所选的最优设计方案的关键工程部分，一工程材料费为对象开展价值工程分析。将土建工程划分为四个功能，各功能项目评分值及其目前成本见表 7-11 按限额设计要求，目标成本额应控制为 12 170 万元。

表 7-11 各功能项目的评分值和目前成本

功能项目	功能评分	目前成本/万元
A. 桩基围护工程	10	1 520
B. 地下室工程	11	1 482
C. 主体结构工程	35	4 705
D. 装饰工程	38	5 105
合　　计	94	12 812

试分析各功能项目的目标成本及其可能降低的额度，并确定功能改进顺序。

分析要点：

问题 1：主要考核运用价值工程进行设计方案评价的方法、过程和原理。

问题 2：考核运用价值工程进行设计方案优化和工程造价控制的方法。

价值工程要求方案满足必要功能，清除不必要功能。在应用价值工程对方案的功能进行分析时，各功能的价值指数有以下三种情况：

（1）VI = 1，说明该功能的重要性与其成本的比重大体相当，是合理的，无需再进行价值工程分析。

（2）VI < 1，说明该功能不太重要，而目前成本比重偏高，可能存在过剩功能，应作为重点分析对象，寻找降低成本的途径。

（3）VI > 1，出现这种结果的原因较多，其中较常见的是：该功能较重要，而目前成本偏低，可能未能充分实现该重要功能，应适当增加成本，以提高该功能的实现程度。

各功能目标成本的数值为目标成本与该功能指数的乘积。

答案：

问题 1：

解：分别计算各方案的功能指数、成本指数和价值指数，并根据价值指数选择最优方案。

1. 计算各方案的功能指数，见表7-12。

表7-12 各方案的功能指数

方案功能	功能权重	方案功能加权得分		
		A	B	C
结构体系	0.25	10×0.25=2.50	10×0.25=2.50	8×0.25=2.00
模板类型	0.05	10×0.05=0.50	10×0.05=0.50	9×0.05=0.45
墙体材料	0.25	8×0.25=2.00	9×0.25=2.25	7×0.25=1.75
面积系数	0.35	9×0.35=3.15	8×0.35=2.80	7×0.35=2.45
窗户类型	0.10	9×0.10=0.90	7×0.10=0.70	8×0.10=0.80
合计		9.05	8.75	7.45
功能指数		9.05/25.25=0.358	8.75/25.25=0.347	7.45/25.25=0.295

注：表7-12中各方案功能加权得分之和为：9.05+8.75+7.45=25.25

2. 计算各方案的成本指数，见表7-13。

表7-13 各方案的成本指数

方案	A	B	C	合计
单方造价/（元/m^2）	1 438	1 108	1 082	3 682
成本指数	0.396	0.305	0.298	0.999

3. 计算各方案的价值指数，见表7-14。

表7-14 各方案的价值指数

方案	A	B	C
功能指数	0.358	0.347	0.295
成本指数	0.396	0.305	0.298
价值指数	0.904	1.138	0.990

由表7-14的计算结果可知，B方案的价值指数最高，为最优方案。

问题2：

解：根据表7-11所列数据，分别计算桩基围护工程、地下室工程、主体结构工程和装饰工程的功能指数、成本指数和价值指数；再根据给定的总目标成本额，计算各工程内容的目标成本额，进而确定成本降低额度。其具体计算结果汇总见表7-15。

表7-15 各方案的计算结果汇总

功能项目	功能评分	功能指数	目前成本/万元	成本指数	价值指数	目标成本/万元	成本降低额度/万元
桩基围护工程	10	0.106 4	1 520	0.118 6	0.897 1	1 295	225
地下室工程	11	0.117 0	1 482	0.115 7	1.011 2	1 424	58
主体结构工程	35	0.372 3	4 705	0.367 2	1.013 9	4 531	174
装饰工程	38	0.404 3	5 105	0.398 5	1.014 6	4 920	185
合计	94	1.000 0	12 812	1.000 0		12 170	642

由表 7-15 的计算结果可知，桩基围护工程、地下室工程、主体结构工程和装饰工程均应通过适当方式降低成本。根据成本降低额的大小，功能改进顺序依次为：桩基围护工程、装饰工程、主体结构工程、地下室工程。

【例 7-5】

背景：某地产公司对某公寓项目的开发征集到若干设计方案，经筛选后对其中较为出色的四个设计方案作进一步的技术经济评价。有关专家决定从五个方面（分别以 $F_1 \sim F_5$表示）对不同方案的功能进行评价，并对各功能的重要性达成以下共识：F_2和 F_3同样重要，F_4和 F_5同样重要，F_1相对于 F_4很重要，F_1相对于 F_2较重要，F_2相对于 F_4较重要；此后，各专家对该四个方案的功能满足程度分别打分，其结果见表 7-16。

据造价工程师估算，A、B、C、D 四个方案的单方造价分别为 1 420 元/m^2、1 230 元/m^2、1 150 元/m^2、1 360 元/m^2。

表 7-16 方案功能得分

功能	方案功能得分			
	A	B	C	D
F_1	9	10	9	8
F_2	10	10	8	9
F_3	9	9	10	9
F_4	8	8	8	7
F_3	9	7	9	6

问题：

1. 计算各功能权重。
2. 用价值指数法选择最佳设计方案。

分析要点：

本案例主要考核“04”评分法的运用。本案例与例 7-1 的区别在于：例 7-1 中各功能因素的权重已知，本案例仅给出各功能因素重要性之间的关系，各功能因素的权重需要根据“04”评分法的计分办法自行计算。按“04”评分法的规定，两个功能因素比较时，其中相对重要程度有以下三种基本情况：

（1）很重要的功能因素得 4 分，另一很不重要的功能因素得 0 分。

（2）较重要的功能因素得 3 分，另一较不重要的功能因素得 1 分。

（3）同样重要或基本同样重要时，则两个功能因素各得 2 分。

答案：

问题 1：

解：根据背景资料情况所给出的条件，各功能权重的计算结果见表 7-17。

表 7-17 各功能权重计算结果

功能	F_1	F_2	F_3	F_4	F_5	得分	权重
F_1	×	3	3	4	4	14	14/40 = 0. 350
F_2	1	×	2	3	3	9	9/40 = 0. 225
F_3	1	2	×	3	3	9	9/40 = 0. 225

（续）

功能	F_1	F_2	F_3	F_4	F_5	得分	权重
F_4	0	1	1	×	2	4	4/40 = 0.100
F_5	0	1	1	2	×	4	4/40 = 0.100
合　计						40	1.000

问题2：

解： 分别计算各方案的功能指数、成本指数、价值指数：

1. 计算各方案的功能指数

将各方案的各功能得分分别与该功能的权重相乘，然后汇总，即为该方案的功能加权得分。各方案的功能加权得分为：

$W_A = 9 \times 0.350 + 10 \times 0.225 + 9 \times 0.225 + 8 \times 0.100 + 9 \times 0.100 = 9.125$

$W_B = 10 \times 0.350 + 10 \times 0.225 + 9 \times 0.225 + 8 \times 0.100 + 7 \times 0.100 = 9.275$

$W_C = 9 \times 0.350 + 8 \times 0.225 + 10 \times 0.225 + 8 \times 0.100 + 9 \times 0.100 = 8.900$

$W_D = 8 \times 0.350 + 9 \times 0.225 + 9 \times 0.225 + 7 \times 0.100 + 6 \times 0.100 = 8.150$

各方案功能的总加权得分为：$W = W_A + W_B + W_C + W_D = 9.125 + 9.275 + 8.900 + 8.150 = 35.450$

因此，各方案的功能指数为：

$F_A = 9.125/35.450 = 0.257$

$F_B = 9.275/35.450 = 0.262$

$F_C = 8.900/35.450 = 0.251$

$F_D = 8.150/35.450 = 0.230$

2. 计算各方案的成本指数

各方案的成本指数为：

$C_A = 1\,420/(1\,420 + 1\,230 + 1\,150 + 1\,360) = 1\,420/5\,160 = 0.275$

$C_B = 1\,230/5\,160 = 0.238$

$C_C = 1\,150/5\,160 = 0.223$

$C_D = 1\,360/5\,160 = 0.264$

3. 计算各方案的价值指数

各方案的价值指数为：

$V_A = F_A/C_A = 0.257/0.275 = 0.935$

$V_B = F_B/C_B = 0.262/0.238 = 1.101$

$V_C = F_C/C_C = 0.251/0.223 = 1.126$

$V_D = F_D/C_D = 0.230/0.264 = 0.871$

由于C方案的价值指数最大，所以C方案为最佳方案。

思　考　题

1. 什么是价值工程？价值工程中的价值含义是什么？提高价值的有哪些途径？

2. 什么是寿命周期成本？价值工程中为什么要考虑寿命周期成本？

3. 价值工程的工作程序是什么？每个程序需要解决什么问题？

4. 什么是价值工程对象的选择？常用方法有哪些？

5. 功能改善目标如何确定？最合适区域法的基本思路是什么？

6. 案例

背景：承包商B在某高层住宅楼的现浇楼板施工中，拟采用钢木组合模板体系或小钢模体系施工。经有关专家讨论，决定从模板总摊销费用、楼板浇筑质量、模板人工费、模板周转周期、模板拆装便利性等五个技术经济指标对该两个方案进行评价，并采用“01”评分法对各技术经济指标的重要程度进行评分，其部分结果见表7-18，两方案各技术经济指标的得分见表7-19。

经造价工程师估算，钢木结合模板在该工程的总摊销费用为40万元，每平方米楼板的模板人工费为8.5元；小钢模在该工程的总摊销费用为50万元，每平方米楼板的模板人工费为5.5元。该住宅楼的楼板工程量为2.5万m^2。

表7-18 “01”评分法对各技术经济指标的重要程度评分

方案	F_1	F_2	F_3	F_4	F_5
F_1	×	0	1	1	1
F_2	1	×	1	1	1
F_3	0	0	×	0	1
F_4	0	0	1	×	1
F_5	0	0	0	0	×

表7-19 两方案各技术经济指标的得分

指标 \ 方案	钢木组合模板	小钢模
总摊销费用	10	8
楼板浇筑质量	8	10
模板人工费	8	10
模板周转时间	10	7
模板装拆便利性	10	9

问题：

1. 试确定各技术经济指标的权重（计算结果保留三位小数）。

2. 若以楼板工程的单方模板费用作为成本比较对象，试用价值指数法选择较经济的模板体系（功能指数、成本指数、价值指数的计算结果均保留两位小数）。

3. 若该承包商准备参加另一幢高层办公楼的投标，为提高竞争能力，公司决定模板总摊销费用仍按本住宅考虑，其他条件均不变。该办公楼的现浇楼板工程量至少要达到多少平方米才应采用小钢模体系（计算结果保留两位小数）？

第八章 工程财务

【学习目标】通过本章学习，了解资金筹措与融资、工程项目成本管理、工程项目财务分析、与工程财务有关的税收及保险规定的相关概念；熟悉项目资本金制度、项目资金筹措的渠道与方式、项目成本管理的内容和方法等；掌握资金成本、资本结构与项目融资方式、项目财务分析的内容和方法、与工程财务有关的税收保险规定。

第一节 项目资金筹措与融资

一、项目资本金制度

《国务院关于固定资产投资项目试行资本金制度的通知》（国发［1996］35号）规定，各种经营性固定资产投资项目必须实行资本金制度。所谓投资项目资本金，是指在投资项目总投资中，由投资者认缴的出资额，对投资项目来说属于非债务性资金，项目法人不承担这部分资金的任何利息和债务。投资者可按其出资比例依法享有所有者权益，也可转让其出资，但不得以任何方式抽回。

1. 实施范围

各种经营性固定资产投资项目，包括国有单位的基本建设、技术改造、房地产项目和集体投资项目，都必须首先落实资本金才能进行建设。主要用财政预算内资金投资建设的公益性项目不实行资本金制度。

实行资本金制度的投资项目，在可行性研究报告中要就资本金筹措情况作出详细说明，包括出资方、出资方式、资本金来源及数额、资本金认缴进度等有关内容。上报可行性研究报告时需附有各出资方承诺出资的文件，以实物、工业产权、非专利技术、土地使用权作价出资的，还需附有资产评估证明等有关材料。

计算资本金基数的总投资，是指投资项目的固定资产投资与铺底流动资金之和。投资项目资本金占总投资的比例，根据不同行业和项目的经济效益等因素确定，现行规定如下：

（1）钢铁项目，资本金比例为40%及以上。

（2）交通运输、煤炭、水泥、电解铝、铜冶炼、房地产开发（不含经济适用房）项目，资本金比例为35%及以上。

（3）邮电、化肥项目，资本金比例为25%及以上。

（4）电力、机电、建材、化工、石油加工、有色、轻工、纺织、商贸及其他行业的项目，资本金比例为20%及以上。

投资项目资本金的具体比例，由项目审批（或核准）单位根据投资项目的经济效益、社会效益、环境效益以及银行贷款意愿和评估意见等情况，在审批可行性研究报告（或核准项目申请报告）时核定。经国务院批准，对个别情况特殊的国家重点建设项目，可以适当降低资本金比例。

2. 项目资本金来源

项目资本金可以用货币出资，也可以用实物、工业产权、非专利技术、土地使用权、资源开采权作价出资，但除国家对采用高新技术成果有特别规定的外，其比例不得超过投资项目资本金总额的20%。

投资者以货币方式认缴的资本金，其资金来源有：

(1) 各级人民政府的财政预算内资金、国家批准的各种专项建设基金、经营性基本建设基金回收的本息、土地批租收入、国有企业产权转让收入、地方人民政府按国家有关规定收取的各种规费及其他预算外资金。

(2) 国家授权的投资机构及企业法人的所有者权益、企业折旧资金以及投资者按照国家规定从资金市场上筹措的资金。

(3) 社会个人合法所有的资金。

(4) 国家规定的其他可以用作投资项目资本金的资金。

对某些投资回报率稳定、收益可靠的基础设施、基础产业投资项目，以及经济效益好的竞争性投资项目，经国务院批准，可以试行通过可转换债券或组建股份制公司发行股票方式筹措资本金。

为扶持不发达地区的经济发展，国家主要通过在投资项目资本金中适当增加国家投资的比重。在信贷资金中适当增加政策性贷款比重以及适当延长政策性贷款的还款期等措施增强其投融资能力。

二、项目资金筹措的渠道与方式

筹集项目资金时，应满足下列基本要求：①合理确定资金需要量，力求提高筹资效果。②认真选择资金来源，力求降低资金成本。③适时取得资金，保证资金投放需要。④适当维持自有资金比例，正确安排举债经营。

从总体上看，项目的资金来源可分为投入资金和借入资金，前者形成项目的资本金，后者形成项目的负债。

(一) 项目资本金

根据出资方的不同，项目资本金分为国家出资、法人出资、个人出资和外商出资。建设项目可通过政府投资、股东直接投资、发行股票、吸收国外资本直接投资等多种方式来集资本金。

1. 政府投资

政府投资资金包括各级政府的财政预算内资金、国家批准的各种专项建设基金统借国外贷款、土地批租收入、地方政府按规定收取的各种费用及其他预算外资金等。政府投资主要用于关系国家安全和市场不能有效配置资源的经济领域和社会领域。国家根据资金来源、项目性质和调控需要，分别采取直接投资、资本金注入、投资补助、转贷和贷款贴息等方式，并按项目安排政府投资。

2. 股东直接投资

股东直接投资包括政府授权投资机构入股资金、国内外企业入股资金、社会团体和个人入股资金以及基金投资公司入股的资金，分别构成国家资本金、法人资本金、个人资本金和外商资本金。

对于既有法人融资项目，股东直接投资表现为扩充既有企业的资本金，包括原有股东增资扩股和吸收新股东投资。对于新设法人融资项目，股东直接投资表现为项目投资者为项目提供资本金。

国家放宽社会资本的投资领域，允许社会资本进入法律、法规未禁入的基础设施、公用事业及其他行业和领域。在吸收股东直接投资时应注意，有些项目不允许国外资本控股，有些项目要求国有资本控股。《外商投资产业指导目录》中明确规定，核电站、铁路干线路网、城市地铁及轻轨等项目，必须由中方控股。

3. 发行股票

股票是股份有限公司发放给股东作为已投资入股的证书和索取股息的凭证，是可作为买卖对象或质押品的有价证券。发行股票融资可以采取公募与私募两种形式。

(1) 股票的种类。按股东承担风险和享有权益的大小，股票可分为优先股和普通股两大类。

1) 优先股：在公司利润分配方面较普通股有优先权的股份。优先股的股东按一定比例取得固定股息；企业清算时，能优先得到剩下的可分配给股东的财产。

2) 普通股：在公司利润分配方面享有普通权利的股份。普通股股东除能分得股息外，还可在公司盈利较多时再分享红利。因此，普通股获利水平与公司盈亏息息相关。股票持有人不仅可据此分配股息和获得股票涨价时的利益，且有选举该公司董事、监事的机会，有参与公司管理的权利，股东大会的选举权根据普通股持有额计算。

(2) 发行股票筹资的优点

1) 以股票筹资是一种有弹性的融资方式。与利息不同，由于股息或红利不需要按期支付，当公司经营不佳或现金短缺时，董事会有权决定不发股息或红利，因而公司融资风险低。

2) 股票无到期日。其投资属永久性投资，公司不需为偿还资金而担心。

3) 发行股票筹集资金可降低公司负债比率，提高公司财务信用，增加公司今后的融资能力。

(3) 发行股票筹资的缺点

1) 资金成本高。购买股票承担的风险比购买债券高，投资者只有在股票的投资报酬高于债券的利息收入时，才愿意投资股票。此外，债券利息可在税前扣除，而股息和红利须在税后利润中支付，这样就使股票筹资的资金成本大大高于债券筹资的资金成本。

2) 增发普通股需给新股东投票权和控制权，从而降低原有股东的控制权。

3) 上市公司公开发行股票，必须公开披露信息，接受投资者和社会公众的监督。

4. 吸收国外资本直接投资

(1) 投资方式。吸收国外资本直接投资的方式主要包括与外商合资经营、合作经营、合作开发及外商独资经营等形式。国外资本直接投资方式的特点是：不发生债权、债务关系，但要让出一部分管理权，并且要支付一部分利润。

1) 合资经营（股权式经营）。合资经营是外国公司、企业或个人经我国政府批准，同我国的公司在我国境内举办合营企业。合资经营企业由合资各方出资认股组成，各方出资额由双方协商确定，但外方出资不得低于一定比例。合资企业各方的出资方式可以是现金、实物，也可以是工业产权和专有技术。但不能超出其出资额的一定比例，合资各方按照其出资比例对企业实施控制权、分享收益和承担风险。

2）合作经营（契约式经营）。这种经营方式是一种无股权的契约式经济组织，一般情况下由中方提供土地、厂房、劳动力。由国外合作方提供资金、技术或设备而共同兴办的企业。合作经营企业的合作双方权利、责任、义务由双方协商并用协议或合同加以规定。

3）合作开发。合作开发主要是指对海上石油和其他资源的合作勘探开发，合作方式与合作经营类似。合作勘探开发，双方应按合同规定分享产品或利润。

4）外资独营。外资独营是由外国投资者独资和经营的企业形式。按我国规定，外国投资者可以在经济特区、开发区及其他经我国政府批准的地区开办独资企业，企业的产、供、销由外国投资者自行规定。外资独营企业的一切活动应遵守我国的法律、法规和我国政府的有关规定，并照章纳税。纳税后的利润，可通过中国银行按外汇管理条例汇往国外。

（2）注册资本要求。按照现行规定，对于吸收外商直接投资的项目，其注册资本（资本金）的要求如下：

1）投资总额在300万美元及以下的，其注册资本不得低于投资总额的70%。

2）投资总额在300万美元以上至1 000万美元（含1 000万美元）的，其注册资本不得低于投资总额的50%，其中投资总额在420万美元以下的，注册资本不得低于210万美元。

3）投资总额在1 000万美元以上至3 000万美元（含3 000万美元）的，其注册资本不得低于投资总额的40%，其中投资总额在1 250万美元以下的，注册资本不得低于500万美元。

4）投资总额在3 000万美元以上的，其注册资本不得低于投资总额的1/3，其中投资总额在3 600万美元以下的，注册资本不得低于1 200万美元。

（二）负债筹资

项目负债筹资一般包括银行贷款、发行债券、设备租赁和借用国外资金等方式。

1. 银行贷款

银行贷款是银行利用信贷资金所发放的投资性贷款。银行贷款因其性质不同可分为政策性银行贷款和商业银行贷款。商业银行贷款是我国建设项目获得短期、中长期贷款的重要渠道，国内商业银行贷款手续简单，成本较低，适用于有偿债能力的建设项目；政策性银行贷款一般期限较长，利率较低，是为配合国家产业政策等的实施，对有关的政策性项目提供的贷款。我国政策性银行有国家开发银行、中国进出口银行和中国农业发展银行。

2. 发行债券

债券是借款单位为筹集资金而发行的一种信用凭证，它证明持券人有权按期取得固定利息并到期收回本金。我国发行的债券又可分为国家债券、地方政府债券、企业债券和金融债券等，其中作为项目资金筹措渠道的主要是企业债券。

目前，我国企业债券的发行需纳入国家信贷计划；申请发行企业债券必须经过严格的审核，只有实力强、资信好的企业才有可能被批准发行企业债券，还必须有实力很强的第三方提供担保。

（1）债券筹资的优点

1）支出固定。不论企业将来盈利如何，它只需付给持券人固定的债券利息。

2）企业控制权不变。债券持有者无权参与企业管理，因此，公司原有投资者控制权不因发行债券而受到影响。

3）少纳所得税。合理的债券利息可计入成本，实际上等于政府为企业负担了部分债券利息。

4）可以提高自有资金利润率。如果企业投资报酬率大于利息率，由于财务杠杆的作用，发行债券可提高股东投资报酬率。

（2）债券筹资的缺点

1）固定利息支出会使企业承受一定的风险。特别是企业盈利波动较大时，按期偿还本息较为困难。

2）发行债券会提高企业负债比率，增加企业风险，降低企业的财务信誉。

3）债券合约的条款，常常对企业的经营管理有较多的限制，如限制企业在偿还期内再向别人借款、未按时支付到期债券利息不得发行新债券、限制分发股息等，因此，企业发行债券在一定程度上约束了企业从外部筹资的扩展能力。

一般来说，当企业预测未来市场销售情况良好、盈利稳定、预计未来物价上涨较快，企业负债比率不高时，可以考虑以发行债券的方式进行筹资。

3. 设备租赁

设备租赁包括融资租赁、经营租赁和服务出租等方式。

（1）融资租赁。融资租赁是设备租赁的重要形式，它将贷款、贸易与出租三者有机地结合在一起。有利于及时引进设备，加速技术改造。但融资租赁的成本相对较高。

（2）经营租赁。出租人将自己经营的出租设备进行反复出租，直至设备报废或淘汰为止。

（3）服务出租。服务出租主要用于车辆的租赁，即租赁公司向用户出租车辆时，还提供保养、维修、验车、事故处理等业务。

4. 借用国外资金

借用国外资金大致可分为以下几种途径：

（1）外国政府贷款。这种贷款的特点是利率较低（年利率一般为2% ~4%），期限较长（一般为20~30年，最长可达50年），但数额有限。因此，这种贷款比较适用于建设周期较长、金额较大的工程建设项目，如发电站、港口、铁路及能源开发等项目。目前，我国可利用的外国政府贷款主要有：日本国际协力银行贷款、日本能源贷款、美国国际开发署贷款、加拿大国际开发署贷款，以及德国、法国等政府的贷款。外国政府贷款一般以混合贷款方式提供，即在贷款总额中，政府贷款一般占1/3，其余2/3为出口信贷。此外，贷款一般都限定用途，如用于支付从贷款国进口设备，或用于某类项目建设。

（2）国际金融组织贷款。目前与我国关系最为密切的国际金融组织是国际货币基金组织、世界银行和亚洲开发银行。

1）国际货币基金组织贷款。只限于成员国财政和金融当局，不与任何企业发生业务，贷款用途限于弥补国际收支逆差或用于经常项目的国际支付，期限为1~5年。

2）世界银行贷款。世界银行贷款具有以下特点：

① 贷款期限较长。一般为20年左右，最长可达30年，宽限期为5年。

② 贷款利率实行浮动利率，随金融市场利率的变化定期调整，但一般低于市场利率。对已订立贷款契约而未使用的部分，要按年征收0.75%的承诺费。

③ 世界银行通常对其资助的项目只提供货物和服务所需要的外汇部分，约占项目总额的30% ~40%，个别项目可达50%。但在某些特殊情况下，世界银行也提供建设项目所需

要的部分国内费用。

④ 贷款程序严密，审批时间较长。借款国从提出项目到最终同世界银行签订贷款协议获得资金，一般要一年半到两年时间。

3）亚洲开发银行贷款。亚洲开发银行贷款分为硬贷款、软贷款和赠款。硬贷款是亚洲开发银行普通资金提供的贷款，贷款的期限为10～30年。含2～7年的宽限期，贷款的利率为浮动利率，每年调整一次。软贷款又称优惠利率贷款，是由亚洲开发银行开发基金提供的贷款，贷款的期限为40年，含10年的宽限期，不收利息，仅收1%的手续费，此种贷款只提供还款能力有限的发展中国家。赠款资金由技术援助特别基金提供。

（3）国外商业银行贷款。它包括国外开发银行、投资银行、长期信用银行以及开发金融公司对我国提供的贷款。建设项目投资贷款主要是向国外银行筹措中长期资金，一般通过中国银行、国际信托投资公司办理。这种贷款的特点是可以较快筹集大额资金，借得资金可由借款人自由支配，但利息和费用负担较重。

（4）在国外金融市场上发行债券。债券的偿付期限较长，一般在7年以上；发行金额一次在1亿美元以上，筹得的款项可以自由使用。但债券发行手续比较烦琐，且发行费用较高，同时还要求发行人有较高的信誉，精通国际金融业务。由此可见，这种筹资方式适用于资金运用要求自由，投资回报率较高的项目。

（5）吸收外国银行、企业和私人存款。吸收国外的存款主要是通过我国的金融机构。特别是设在经济特区、开发区和海外的金融机构，广泛吸收包括私人客户外汇存款、同业银行存款、企业外汇存款在内的各类外汇存款。这类存款的特点是分散、流动性大。但成本低、风险小。若安排得当，不失为利用外资的一种好方法。

（6）利用出口信贷。出口信贷是西方国家政府为了鼓励资本和商品输出而设置的专门信贷。这种贷款的特点是利息率较低，期限一般为10～15年，借方所借款项只能用于购买出口信贷国设备。出口信贷可根据贷款对象的不同分为买方信贷和卖方信贷。买方信贷是指发放出口信贷的银行将贷款直接贷给国外进口者（即买方）；卖方信贷是指发放出口信贷的银行将资金贷给本国的出口者（即卖方），以便卖方将产品赊给国外进口者（即买方），而不致发生资金周转困难。利用出口信贷方式获得贷款的使用条件是购买贷款国的设备。出口信贷利率通常要低于国际上商业银行的贷款利率，但需要支付一定的附加费用（管理费、承诺费、信贷保险费等）。

三、资金成本与资本结构

（一）资金成本的概念及含义

1. 资金成本及其组成

资金成本是指企业为筹集和使用资金而付出的代价。广义地讲，企业筹集和使用任何资金，不论是短期的还是长期的，都要付出代价。狭义的资金成本仅是指筹集和使用长期资金（包括自有资金和借入长期资金）的成本。由于长期资金也被称为资本，所以，长期资金的成本也可称为资本成本。在这里所说的资金成本主要是指资本成本。资金成本一般包括资金筹集成本和资金使用成本两部分。

（1）资金筹集成本。资金筹集成本是指在资金筹集过程中所支付的各项费用，如发行股票或债券支付的印刷费、发行手续费、律师费、资信评估费、公证费、担保费和广告费等。资金筹集成本一般属于一次性费用，筹资次数越多，资金筹集成本也就越大。

（2）资金使用成本。资金使用成本又称为资金占用费，是指占用资金而支付的费用，它主要包括支付给股东的各种股息和红利、向债权人支付的贷款利息以及支付给其他债权人的各种利息费用等。资金使用成本一般与所筹集的资金多少以及使用时间的长短有关，具有经常性、定期性的特征，是资金成本的主要内容。

资金筹集成本与资金使用成本是有区别的，前者是在筹措资金时一次性支付的，在使用资金过程中不再发生，因此可作为筹资金额的一项扣除，而后者是在资金使用过程中多次、定期发生的。

2. 资金成本的性质

资金成本是在商品经济社会中由于资金所有权与资金使用权相分离而产生的。

（1）资金成本是资金使用者向资金所有者和中介机构支付的占用费和筹资费。作为资金的所有者，它绝不会将资金无偿让渡给资金使用者；而作为资金的使用者，也不能无偿地占用他人的资金。因此，企业筹集资金以后，暂时地取得了这些资金的使用价值，就要为资金所有者丧失其使用价值而付出代价，即承担资金成本。

（2）资金成本与资金的时间价值既有联系，又有区别。资金的时间价值反映了资金随着其运动时间的不断延续而不断增值，是一种时间函数，而资金成本除可以看做是时间函数外，还表现为资金占用额的函数。

（3）资金成本具有一般产品成本的基本属性。资金成本是企业的耗费，企业要为占用资金而付出代价、支付费用，而且这些代价或费用最终也要作为收益的扣除额来得到补偿。但是资金成本只有一部分具有产品成本的性质，即这一部分耗费计入产品成本，而另一部分则作为利润的分配，不能列入产品成本。

3. 资金成本的作用

（1）资金成本是选择筹资方式、拟订筹资方案的依据。企业筹资可通过股票、债券、贷款、融资租赁、留存利润等方式进行。不同来源取得的资金，其成本是不相同的。企业资金构成发生变动，综合的资金成本率也会变动。为了以最小耗费，最方便地取得企业所需资金，就必须分析多种资金来源的资金成本的高低，并合理配置资金来源。

（2）资金成本是评价投资项目可行性的重要标准。企业投资项目的可行性通常采用净现值、现值指数和内含报酬率等指标来进行评价，其中净现值的计算一般就是以资金成本为折现率，当净现值大于0时方案可行，否则方案不可行；而用内含报酬率评价方案的可行性时，一般以资金成本作为基准收益率，当内含报酬率大于资金成本时，说明方案可行，否则不可行。

（3）资金成本还可作为评价企业经营成果的依据。资金成本在一定程度上成为判断企业经营业绩的重要依据，只有在企业资金利润率大于资金成本率时，投资者的收益期望才能得到满足，才能表明企业经营有方，否则被认为是经营不利。

（二）资金成本的计算

1. 资金成本计算的一般形式

资金成本可用绝对数表示，也可用相对数表示。为了便于分析比较，资金成本一般用相对数表示，称之为资金成本率，其一般计算公式为：

$$K=\frac{D}{P-F}$$

或

$$K=\frac{D}{P(1-f)}$$

式中　K——资金成本率（一般也可称为资金成本）；

P——筹集资金总额；

D——使用费；

F——筹资费；

f——筹资费费率（即筹资费占筹集资金总额的比率）。

2. 各种资金来源的资金成本

（1）负债融资成本

1）银行借款成本。银行借款付出的代价是利息，利息列为财务费用，计入当期损益。由于支付利息后减少了企业所得税，可以少缴所得税。其成本计算公式为：

$$K_L=\frac{I(1-T)}{L(1-f)}=\frac{Li(1-T)}{L(1-f)}=\frac{i(1-T)}{1-f}$$

式中　K_L——银行借款成本；

I——银行借款年利息；

L——银行借款筹资总额；

T——所得税税率；

i——银行借款利息率；

f——银行借款筹资费率。

由于银行借款的手续费很低，上式中的 f 常常可以忽略不计，则上式可简化为：

$$K_L=i(1-T)$$

【例 8-1】　某公司从银行取得长期借款 200 万元，年利率为 8%，期限为 3 年，每年计息一次，到期还本付息，假定银行手续费率为 1%，企业所得税税率为 33%，则借款成本为：

$$K_L=\frac{200\text{ 万元}\times 8\%\times(1-33\%)}{200\text{ 万元}\times(1-1\%)}=5.414\%$$

2）债券成本。债券成本中的利息在税前支付，具有减税效应。债券的筹资费用一般较高，这类费用主要包括申请发行债券的手续费、债券注册费、印刷费、上市费以及推销费用等。债券成本的计算公式为：

$$K_b=\frac{I(1-T)}{B_0(1-f)}=\frac{Bi(1-T)}{B_0(1-f)}$$

$$\text{或}=\frac{i(1-T)}{1-f}\text{（债券按面值等价发行时）}$$

$$\text{或}=i\ (1-T)\text{（债券按面值等价发行且无筹资费）}$$

式中　K_b——债券成本；

I——债券每年支付的利息；

T——所得税税率；

B——债券面值；

i——债券票面利息率；

B_0——债券筹资额，按发行价格确定；

f——债券筹资费率。

【例8-2】 某公司发行总面额为500万元的10年期债券，票面利率为12%，发行费用率为5%，公司所得税税率为33%。该债券的成本为：

$$K_b = \frac{500\text{万元} \times 12\% \times (1-33\%)}{500\text{万元} \times (1-5\%)} = 8.64\%$$

若债券溢价或折价发行，为更精确地计算资金成本，应以实际发行价格作为债券筹资额。

【例8-3】 假定上述公司发行面额为500万元的10年期债券，票面利率为12%，发行费用率为5%，发行价格为600万元，公司所得税率为25%。则该债券成本为：

$$K_b = \frac{500\text{万元} \times 12\% \times (1-25\%)}{600\text{万元} \times (1-5\%)} = 7.89\%$$

3）租赁成本。企业租入某项资产，获得其使用权，要定期支付租金，并且租金列入企业成本，可以减少应付所得税。因此，其租金成本率为：

$$K_L = \frac{E(1-T)}{P_L}$$

式中 K_L——租赁成本；

P_L——租赁资产价值；

E——年租金额。

（2）权益融资成本

1）优先股成本。与债券相同，优先股的股利通常是固定的，因此，优先股成本与债券成本计算有相同之处。不同之处在于，优先股无届满期限，另外，优先股股利在所得税后支付，不涉及税款扣减问题。因此，优先股成本计算公式为：

$$K_P = \frac{D_P}{P_0(1-f)}$$

或

$$K_P = \frac{P_0 i}{P_0(1-f)} = \frac{i}{1-f}$$

式中 K_P——优先股资金成本；

D_P——优先股每年的股息；

P_0——优先股发行总额；

f——优先股筹资费率；

i——股息率。

【例8-4】 某公司发行优先股股票，票面额按正常市价计算为200万元，筹资费费率为4%，股息年利率为14%，则其资金成本率为：

$$K_P = \frac{200\text{万元} \times 14\%}{200\text{万元} \times (1-4\%)} = \frac{14\%}{1-4\%} = 14.58\%$$

2）普通股成本。确定普通股资金成本的方法有股利增长模型法和资本资产定价模型法。

① 股利增长模型法。普通股的股利往往不是固定的，因此，其资金成本率的计算通常用股利增长模型法计算。一般假定收益以固定的年增长率递增，则普通股成本的计算公式为：

$$K_s = \frac{D_c}{P_c(1-f)} + g = \frac{i_c}{1-f} + g$$

式中 K_s——普通股成本率；

P_c——普通股票面值；

D_c——普通股预计年股利额；

i_c——普通股预计年股利率；

g——普通股利年增长率。

【例 8-5】 某公司发行普通股正常市价为 56 元，估计年增长率为 12%，第一年预计发放股利 2 元，筹资费用率为股票市价的 10%，则新发行普通股的成本为：

$$K_s = \frac{2\text{元}}{56\text{元} \times (1-10\%)} + 12\% = 15.97\%$$

② 资本资产定价模型法。这是一种根据投资者对股票的期望收益来确定资金成本的方法。在这种前提下，普通股成本的计算公式为：

$$K_s = R_f + \beta(R_m - R_f)$$

式中 R_f——社会无风险投资收益率；

β——股票的投资风险系数；

R_m——平均股票必要报酬率。

【例 8-6】 某期间市场无风险报酬率为 11%，平均风险股票必要报酬率为 15%，某公司普通股 β 值为 1.15。则普通股的资金成本为：

$$K_s = 11\% + 1.15 \times (15\% - 11\%) = 15.6\%$$

3）留存收益。留存收益的所有权属于股东，是企业资金的一种重要来源。企业保留盈余，等于股东对企业进行追加投资。股东对这部分投资与以前认缴给企业的股本一样，也要求有一定的报酬，所以，保留盈余也有资金成本。它的资金成本是股东失去投资的机会成本，故与普通股成本的计算基本相同，只是不考虑筹资费用。

其计算公式为：

$$K_e = \frac{D_1}{V_0} + g$$

式中 K_e——留存收益资金成本率；

D_1——第一年股利；

V_0——留存收益资金。

【例 8-7】 某公司拟将留存收益 500 万元用于扩大再生产。据测算第一年股利率为 10%，以后每年递增 6%，则留存收益资金成本率为：

$$K_e = \frac{500\text{万元} \times 10\%}{500\text{万元}} + 6\% = 16\%$$

3. 综合资金成本

企业可以从多种渠道、用多种方式来筹集资金，而各种方式的筹集成本是不一样的。为了正确进行筹资和投资决策，就必须计算企业的综合资金成本。综合资金成本是以各种资本占全部资本的比重为权重，对各类资金成本进行加权平均确定的。其计算公式为：

$$K_W = \sum_{j=1}^{n} W_j K_j$$

式中 K_W——综合的资金成本；

W_j——第 j 种资金占总资金的比重；

K_j——第 j 种资金的成本。

【例 8-8】 某企业共有资金 100 万元，其中债券 30 元，优先股 10 万元，普通股 40 万元，留存收益 20 万元，各种资金的成本分别为：$K_b = 6\%$，$K_P = 12\%$，$K_s = 15.5\%$，$K_e = 15\%$。试计算该企业加权平均的资金成本。

解： ① 计算各种资金所占的比重

$$W_b = \frac{30}{100} \times 100\% = 30\%$$

$$W_P = \frac{10}{100} \times 100\% = 10\%$$

$$W_s = \frac{40}{100} \times 100\% = 40\%$$

$$W_e = \frac{20}{100} \times 100\% = 20\%$$

② 计算综合资金成本

$$\begin{aligned} K_W &= W_b K_b + W_P K_P + W_s K_s + W_e K_e \\ &= 30\% \times 6\% + 10\% \times 12\% + 40\% \times 15.5\% + 20\% \times 15\% \\ &= 12.2\% \end{aligned}$$

（三）资本结构

1. 资本结构的概念

资本结构是指企业各种资金的构成及其比例关系。在通常情况下，企业的资本结构由长期债务资本和权益资本构成。资本结构是指长期债务资本和权益资本各占多大比例。资本结构是企业筹资决策的核心问题。企业应综合考虑有关影响因素，运用适当的方法确定最佳资本结构，并在以后追加筹资中继续保持。企业现有资本结构不合理，应通过筹资活动进行调整，使其趋于合理化。

2. 资本结构中负债的意义

（1）一定程度的负债有理有利于降低企业资金成本。

（2）负债筹集具有财务杠杆作用。

（3）负债资金会加大企业的财务风险。

3. 最优资本结构

利用负债资金具有双重作用，适当利用负债，可以降低企业资金成本，但当企业负债比率太高时，会带来较大的财务风险。为此，企业必须权衡财务风险和资金成本的关系，确定最优的资本结构。所谓最优资本结构是指在一定条件下使企业综合资金成本最低、企业价值最大的资本结构。从理论上讲，最优资本结构是存在的，但由于企业内部条件和外部环境经常发生变化，寻找最优资本结构十分困难。有关确定资本结构的方法，可以有效地帮助财务管理人员确定合理的资本结构。但这些方法并不能当做绝对的判别标准，在应用这些方法时，还应结合其他因素，以便使资本结构趋于最优。

四、项目融资

（一）项目融资的特点和程序

1. 项目融资的含义

融资是指为项目投资而进行的资金筹措行为。从广义上理解，所有的筹资行为都是融资。但从狭义上理解，项目融资是指以项目的资产、收益作抵押来融资。项目融资本质上是资金提供方对项目的发起人无追索权或有限追索权（无担保或有限担保）的融资贷款。它的一个重要特点，是贷款方在决定是否发放贷款时，通常不把发起方现在的信用能力作为重要因素来考虑。如果项目本身有潜力，即使项目发起方现在的资产少，收益情况不理想，项目融资也完全可以成功；相反，如果项目本身发展前景不好，即使项目发起方现在的规模再大，资产再多，项目融资也不一定成功。

例如，某公司现拥有 A、B 两个分厂。为了增建 C 厂，决定从金融市场上筹建资金。

方案 1：贷款用于建设新厂 C，而归还贷款的款项来源于 A、B、C 三个厂的收益。如果新厂 C 建设失败，该公司把原来 A、B 两个厂的收益作为偿债的担保。这时，贷款方对公司完全追索权。

方案 2：贷款用于建设新厂 C，而归还贷款的款项仅限于 C 厂建成后的收益。如果新厂 C 建设失败，贷方只能从清理 C 厂的资产中收回一部分，除此之外，不能要求该公司有其他资金来源，包括 A、B 两个厂的收益归还贷款，这时称贷款方对公司无追索权。

方案 3：在签订贷款协议时，只要求自来水公司把特定的一部分资产作为贷款担保，这里称贷款方对公司有有限追索权。

方案 2 和方案 3 称为项目融资。

2. 项目融资的特点

与传统的贷款方式相比，项目融资具有以下特点：

（1）项目导向。资金来源主要依赖于项目的现金流量而不是依赖于项目的投资者或发起人的资信。贷款银行在项目融资中的注意力主要放在项目在贷款期间能够产生多少现金流量用于还款，贷款的数量、融资成本的高低以及融资结构的设计都是与项目的预期现金流量和资产价值直接联系在一起的。

（2）有限追索。追索是指在借款人未按期偿还债务时，贷款人要求借款人用除抵押财产之外的其他资产偿还债务的权力。在某种意义上说，贷款人对项目借款人的追索形式和程度是区分狭义项目融资与广义资金筹措的重要标志。作为有限追索的项目融资，贷款人可以在贷款的某个特定阶段对项目借款人实行追索，或者在一个规定的范围内对项目借款人实行追索。除此之外，无论项目出现任何问题，贷款人均不能追索到项目借款人除该项目资产、现金流量以及所承担的义务之外的任何形式的资产。

（3）风险分担。为实现项目融资的有限追索，对于与项目有关的各种风险要素，需要以某种形式在项目投资者（借款人）、与项目开发有直接或间接利益关系的其他参与者和贷款人之间进行分担。项目主办人通过融资，将原来应由自己承担的还债义务，部分地转移到该项目身上，也就是将原来由借款人承担的风险部分地转移给贷款人，由借贷双方共担项目风险。

（4）非公司负债型融资。非公司负债型融资也称资产负债表之外的融资，是指项目的债务不表现在项目投资者（即实际借款人）的公司资产负债表中的一种融资形式。根据项目融资风险分担的原则，贷款人对于项目的债务追索权主要被限制在项目公司的资产和现金流量上，借款人所承担的是有限责任，因而有条件使融资被安排为一种不需要进入借款人资产负债表的贷款形式。

（5）信用结构多样化。在项目融资中，用于支持贷款的信用结构的安排是灵活和多样化的。项目融资的框架结构由四个基本模块组成，即项目的投资结构、融资结构、资金结构和信用保证结构。

1）项目的投资结构。投资结构即项目的资产所有权结构，是指项目的投资者对项目资产权益的法律拥有形式和项目投资者之间的法律合作关系。采用不同的项目投资结构，投资者对其资产的拥有形式，对项目产品、项目现金流量的控制程度，以及投资者在项目中所承担的债务责任和所涉及的税务结构会有很大的差异。这些差异会对项目融资的整体结构设计产生直接影响。因此，为了满足投资者对项目投资和融资的具体要求，第一步工作就需要在项目所在国法律、法规许可的范围内，设计安排符合这种投资和融资要求的目标投资结构。

2）项目的融资结构。融资结构是项目融资的核心部分。一旦项目的投资者在确定投资结构问题上达成一致意见之后，接下来的重要工作就是要设计和选择合适的融资结构以实现投资者在融资方面的目标要求。设计项目的融资结构是投资者所聘请的融资顾问（通常由投资银行来担任）的重点工作之一。

3）项目的资金结构。项目的资金结构设计用于决定在项目中股本资金、准股本资金和债务资金的形式、相互之间比例关系以及相应的来源。资金结构是由投资结构和融资结构决定的，但反过来又会影响到整体项目融资结构的设计。针对同一个项目，选择不同的融资结构和资金结构，最终所收到的结果可能会有相当大的差别。项目融资重点解决的是项目的债务资金问题，然而，在整个结构中也需要适当数量和适当形式的股本资金和准股本资金作为结构的信用支持。

4）项目的信用保证结构。对于银行和其他债权人而言，项目融资的安全性来自两个方面。一方面来自项目本身的经济强度；另一方面来自项目之外的各种直接或间接的担保。这些担保可以是由项目的投资者提供的，也可以是由与项目有直接或间接利益关系的其他方面提供的。这些担保可以是直接的财务保证，如完工担保、成本超支担保、不可预见费用担保；也可以是间接的或非财务性的担保，如长期购买项目产品的协议、技术服务协议、以某种定价公式为基础的长期供货协议等。所有这一切担保形式的组合，构成了项目的信用保证结构。项目本身的经济强度与信用保证结构相辅相成。项目的经济强度高，信用保证结构就相对简单，条件就相对宽松；反之，就要相对复杂和严格。

（6）融资成本较高。项目融资涉及面广，结构复杂，需要做好大量有关风险分担、税收结构、资产抵押等一系列技术性的工作，所需文件比传统的资金筹措往往要多出好几倍，需要几十个甚至上百个法律文件才能解决问题。因此，与传统的资金筹措方式相比，项目融资存在的一个主要问题，是融资成本相对较高，组织融资所需要的时间较长。

项目融资的这一特点限制了其使用范围。在实际运作中，除了需要分析项目融资的优势之外，也必须考虑到项目融资的规模经济效益问题。

3. 项目融资程序

从项目的投资决策至选择项目融资方式，最后到完成项目融资为止，项目融资大致可分为五个阶段，即投资决策分析、融资决策分析、融资结构分析、融资谈判和融资的执行（见图8-1）。

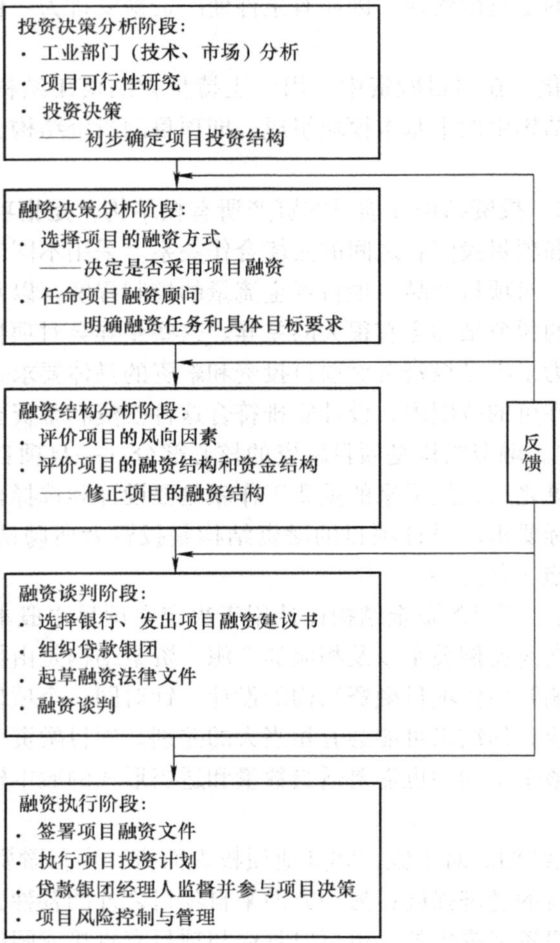

图8-1 项目融资阶段

（1）投资决策分析。严格地讲，投资决策分析也可以不属于项目融资范畴。但在很多情况下，项目投资决策与项目能否融资以及如何融资密切相关。投资者在决定项目投资结构时需要考虑的因素很多，其中主要包括：项目的产权形式、产品分配方式、决策程序、债务责任、现金流量控制、税务结构和会计处理等方面的内容。投资结构的选择将影响到项目融资结构和资金来源的选择，反过来，项目融资结构的设计在多数情况下也将会对投资结构的安排作出调整。

（2）融资决策分析。在这一阶段，项目投资者将决定采用何种融资方式为项目开发筹集资金。是否采用项目融资，取决于投资者对债务责任分担上的要求、贷款资金数量上的要求、时间上的要求、融资费用上的要求，以及诸如债务会计处理等方面的综合评价。如果决定选择采用项目融资作为筹资手段，投资者就需要选择和任命融资顾问，开始设计项目的融资结构，并分析和比较融资方案。

(3) 融资结构分析。设计项目融资结构的一个重要步骤是完成对项目风险的分析和评估。项目融资顾问和项目投资者需要一起全面地分析和判断项目有关的风险因素，确定项目的债务承受能力和风险，设计出切实可行的融资方案。

(4) 融资谈判。在初步确定项目融资方案之后，融资顾问将有选择地向商业银行或其他一些金融机构发出参加项目融资的建议书，组织贷款银团，着手起草项目融资的有关协议。此时，融资顾问、法律顾问和税务顾问的作用是十分重要的。强有力的融资顾问和法律顾问可以帮助加强项目投资者的谈判地位，保护投资者的利益，并在谈判陷入僵局时，及时、灵活地找出适当的变通办法，绕过难点解决问题。

(5) 项目融资的执行。在正式签署项目融资的法律文件之后，项目融资将进入其执行阶段。在传统的融资方式中，一旦进入贷款的执行阶段，借贷双方的关系就变得相对简单明了，借款人只要求按照贷款协议的规定提款和偿还贷款的利息和本金。然而，在项目融资中，贷款银团通过其经理人将会经常性地监督项目的进展，根据融资文件的规定，参与部分项目的决策程序，控制项目的贷款资金投入和部分现金流量。除此之外，银团经理人也会参与一部分项目生产经营决策，在项目的重点决策问题上（例如，新增资本支出、减产、停产和资产处理）有一定的发言权。由于项目融资的债务偿还与该项目的金融环境和市场环境密切相关，因此，帮助项目投资者加强对项目风险的管理，也成为银团经理人在项目正常运行阶段的一项重要工作。

(二) 项目融资的主要方式

1. BOT 方式

BOT 方式是20 世纪80 年代中后期发展起来的一种主要用于公共基础设施建设的项目融资方式。其基本思路是，由项目所在国政府或其所属机构为项目的建设和经营提供一种特许权协议（Concession Agreement）作为项目融资的基础，由本国公司或者外国公司作为项目的投资者和经营者安排融资，承担风险，开发建设项目并在特许权协议期间经营项目获取商业利润。特许期满后，根据协议将该项目转让给相应的政府机构。

通常所说的 BOT 方式主要包括以下三种基本形式：

(1) 标准 BOT（Build—Operate—Transfer），即建设—经营—移交。投资财团愿意自己融资，建设某项基础设施，并在项目所在国政府授予的特许期内经营该公共设施，以经营收入抵偿建设投资，并获得一定收益，经营期满后将此设施转让给项目所在国政府。

(2) BOOT（Build—Own—Operate—Transfer），即建设—拥有—经营—移交。BOOT 与 BOT 的区别在于：BOOT 在特许期内既拥有经营权，又拥有所有权。此外，BOOT 的特许期要比 BOT 的长一些。

(3) BOO（Build—Own—Operate），即建设—拥有—经营。该方式特许项目公司根据政府的特许权建设并拥有某项基础设施，但最终不将该基础设施移交给项目所在国政府。

除上述3 种基本形式外，BOT 还有 10 多种演变形式，如 BT 等。所谓 BT，是指政府在项目建成后从民营机构中购回项目（可一次支付也可分期支付）。与政府借贷不同，政府用于购买项目的资金往往是事后支付（可通过财政拨款，但更多的是通过运营项目收费来支付）；民营机构用于项目建设的资金大多来自银行的有限追索权贷款。事实上，如果建设资金不是来自银行的有限追索权贷款，BT 方式实际上成为“垫资承包”或“延期付款”，这样就超出了项目融资范畴。

近年来，经常与 BOT 相提并论的项目融资模式是 PPP（Public—Private—Partnership）。所谓 PPP（公私合作），是指政府与民营机构（或任何国营/民营/外商法人机构）签订长期合作协议，授权民营机构代替政府建设、运营或管理基础设施（如道路、桥梁、电厂、水厂等）或其他公共服务设施（如医院、学校、监狱、警岗等），并向公众提供公共服务。由此可见，PPP 与 BOT 在本质上区别不大，都是通过项目的期望收益进行融资，对民营机构的补偿都是通过授权民营机构在规定的特许期内向项目的使用者收取费用，由此回收项目的投资、经营和维护等成本，并获得合理的回报（即建成项目投入使用所产生的现金流量成为支付经营成本、偿还贷款和提供投资回报等的唯一来源），特许期满后项目将移交回政府（也有不移交的，如 BOO）。

当然，PPP 与 BOT 在细节上也有一些差异。例如，在 PPP 项目中，民营机构做不了的或不愿做的，需要由政府来做；其余全由民营机构来做，政府只起监管作用。而在 BOT 项目中，绝大多数工作由民营机构来做，政府则提供支持和担保。但无论 PPP 或 BOT 方式，都要合理分担项目风险，从而提高项目的投资、建设、运营和管理效率，这是 PPP 或 BOT 的最重要目标。此外，PPP 的含义更为广泛，反映更为广义的公私合伙/合作关系，除了基础设施和自然资源开发，还可包括公共服务设施和国有企业的私有化等，因此，近年来国际上越来越多采用 PPP 这个词，有取代 BOT 的趋势。

2. ABS 方式

ABS（Asset—Backed Securitization）是指以资产支持的证券化。具体讲，它是以目标项目所拥有的资产为基础，以该项目资产的未来收益为保证，通过在国际资本市场上发行债券筹集资金的一种项目融资方式。其目的在于，通过其特有的提高信用等级方式，使原本信用等级较低的项目照样可以进入高等级证券市场，利用该市场信用等级高、债券安全性和流动性高、债券利率低的特点大幅度降低发行债券筹集资金的成本。

（1）ABS 融资方式的运作过程。主要包括以下几个方面：

1）组建 SPC（Special Purpose Corporation），即组建一个特别用途的公司。该机构可以是一个信托投资公司、信用担保公司、投资保险公司或其他独立法人，该机构应能够获得国际权威资信评估机构较高级别的信用等级（AAA 或 AA 级），由于 SPC 是进行 ABS 融资的载体，成功组建 SPC 是 ABS 能够成功运作的基本条件和关键因素。

2）SPC 与项目结合。即 SPC 寻找可以进行资产证券化融资的对象。一般来说，投资项目所依附的资产只要在未来一定时期内能带来现金收入，就可以进行 ABS 融资。它们可以是房地产的未来租金收入，飞机、汽车等未来运营的收入，项目产品出口贸易收入，航空、港口及铁路的未来运费收入，收费公路及其他公用设施收费收入，税收及其他财政收入等。拥有这种未来现金流量所有权的企业（项目公司）成为原始权益人。这些未来现金流量所代表的资产，是 ABS 融资方式的物质基础。在进行 ABS 融资时，一般应选择未来现金流量稳定、可靠、风险较小的项目资产。SPC 进行 ABS 方式融资时，其融资风险仅与项目资产未来现金收入有关，而与建设项目的原始权益人本身的风险无关。

3）进行信用增级。利用信用增级手段使该组资产获得预期的信用等级。为此，就要调整项目资产现有的财务结构，使项目融资债券达到投资级水平，达到 SPC 关于承包 ABS 债券的条件要求。SPC 通过提供专业化的信用担保进行信用升级。

4）SPC 发行债券。SPC 直接在资本市场上发行债券募集资金，或者经过 SPC 通过信用担保，由其他机构组织债券发行，并将通过发行债券筹集的资金用于项目建设。

5）SPC 偿债。由于项目原始收益人已将项目资产的未来现金收入权利让渡给 SPC，因此，SPC 就能利用项目资产的现金流入量，清偿其在国际高等级投资证券市场上所发行债券的本息。

（2）BOT 与 ABS 的区别。BOT 和 ABS 融资方式都适用于基础设施建设，但两者在运作中特点及对经济的影响等方面存在着很大差异，其主要区别有：

1）运作繁简程度与融资成本的差异。BOT 方式的操作复杂，难度大。采用 BOT 方式必须经过确定项目、项目准备、招标、谈判、文件合同签署、建设、运营、维护、移交等阶段，涉及政府特许以及外汇担保等诸多环节，牵扯的范围广，不易实施，其融资成本也因中间环节多而增高。ABS 融资方式的运作则相对简单，它只涉及原始权益人、特别用途公司 SPC、投资者、证券承销商等几个主体，无需政府的特许及外汇担保，是一种主要通过民间的非政府的途径运作的融资方式。它既实现了操作的简单化，又降低了融资成本。

2）项目所有权、运营权的差异。BOT 项目的所有权、运营权在特许期内属于项目公司，特许期届满，所有权将移交给政府。因此，通过外资 BOT 进行基础设施项目融资可以带来国外先进的技术和管理，但会使外商掌握项目控制权。ABS 方式中，在债券的发行期内，项目资产的所有权属于 SPC，而项目的运营决策权属于原始收益人，原始收益人有义务把项目的现金收入支付给 SPC，待债券到期，用资产产生的收入还本付息后，资产的所有权又复归原始权益人。因此，利用 ABS 进行基础设施国际项目融资，可以使东道国保持对项目运营的控制，但却不能得到国外先进的技术和管理经验。

3）投资风险的差异。BOT 项目投资人一般都为企业或金融机构，其投资是不能随便放弃和转让的，每一个投资者承担的风险相对较大。而 ABS 项目的投资者是国际资本市场上的债券购买者，数量众多，这就极大地分散了投资风险，同时，这种债券可在二级市场流通，并经过信用增级降低了投资风险，这对投资者有很强的吸引力。

4）适用范围的差异。BOT 方式是非政府资本介入基础设施领域，其实质是 BOT 项目在特许期内的民营化，因此，某些关系国计民生的要害部门是不能采用 BOT 方式的。ABS 方式则不然，在债券的发行期间，项目的资产所有权虽然归 SPC 所有，但项目的经营决策权依然归原始权益人所有。因此，运用 ABS 方式不必担心重要项目被外商控制。比如，不能采用 BOT 方式的重要铁路干线、大规模发电厂等重大基础设施项目，都可以考虑采用 ABS 方式。相比而言，在基础设施领域，ABS 方式的使用范围要比 BOT 方式广泛。

3. TOT 方式

TOT（Transfer—Operate—Transfer），即移交—经营—移交，是指通过出售现有投产项目在一定期限内的现金流量，从而获得资金来建设新项目的一种融资方式。具体说来，是东道国将已经投产运行的项目在一定期限内移交（T）给外资经营（O），以项目在该期限内的现金流量为标的，一次性地从外商那里融得一笔资金，用于建设新的项目；外资经营期满后，再将原来项目移交（T）回东道国。

（1）TOT 的运作程序

TOT 的运作程序相对比较简单，一般包括以下步骤：

1）东道国项目发起人设立SPC，发起人将完工项目的所有权和新建项目的所有权均转让给SPC，以确保有专门机构对两个项目的管理、移交、建造负有全责，并对出现的问题加以协调。SPC通常是政府设立或政府参与设立的具有特许权的机构。

2）SPC与外商洽谈以达成移交投产运行项目在未来一定期限内全部或部分经营权的协议，并取得资金。

3）东道国利用获得资金来建设新项目。

4）新项目投入运行。

5）移交经营项目期满后，收回移交的项目。

（2）TOT方式的特点

1）有利于引进先进的管理方式。在TOT项目融资方式中，由于经营期较长，外商受到利益驱动，常常会将先进的技术、管理引入到投产项目中，并进行必要的维修，从而有助于投产项目的高效运行，使基础设施的经营逐步走向市场化、国际化道路。

2）项目引资成功的可能性增加。在TOT融资方式下，由于具有大量风险的建设阶段和试生产阶段已经完成，明显地降低了项目的风险，外商面临的风险大幅度减少，基于较低的风险，其预期收益率会合理下调，要价将会降低；另一方面，由于涉及环节较少，评估、谈判等方面的从属费用也势必有较大幅度下降。而东道国面临风险虽比BOT方式有所增加，但却与自筹资金和向外贷款方式中的风险完全相当。在这种背景下，引资成功的可能性将会大大增加。

3）使建设项目的建设和营运时间提前。采用TOT融资方式，由于不涉及所有权问题，加之风险小，政府无需对外商作过多承诺，通过引资而在东道国引起的政治争论的可能性降低，减小了引资的阻力。而且TOT融资方式仅涉及风险较小的生产运行阶段，用于评估、谈判的时间远远短于BOT方式，从而使拟建项目能及早建设，及早投入运营，可以加快东道国基础设施建设的步伐。

4）融资对象更为广泛。采用BOT方式，融资对象多为外国大银行、大建筑公司或能源公司等，而采用TOT融资方式，其他金融机构、基金组织和私人资本等都有机会参与投资。这样，扩大了投资者的范围，也加剧了投资者之间的竞争，而政府是其中当然的受益者。

5）具有很强的可操作性。TOT融资方式将开放基础设施建设市场与开放基础设施经营市场、基础设施装备市场分割开来，使得问题尽量简单化，并且只涉及基础设施项目经营权的转让，不存在产权、股权的让渡，可以避免不必要的争执和纠纷，也不存在外商对国内基础设施的永久控制问题，不会威胁国家的安全。

（3）TOT与BOT的比较。与BOT方式相比，TOT方式不以需要融资的项目的经济强度为保证，不依赖这个项目，而是依赖所获特许经营权的项目的一定时期的未来收益。而对于政府，相当于为旧项目垫支了资金进行建设，而在项目有收益的时候获得返回。然后，取得资金垫支下一个项目。TOT要求着眼于一定范围内的所有项目，分析现金流入流出的时间，要筹资的项目与可以出售未来项目的资金安排在项目间是交叉的。融资成功与否取决于已经建设好的项目，与需筹资项目分割开来，融资人对拟建项目无发言权，无直接关系，政府具有完全的控制权。

4. PFI方式

PFI（Private Finance Initiative）是指由私营企业进行项目的建设与运营，从政府方或接受服务方收取费用以回收成本。在这种方式下，政府以不同于传统的由政府负责提供公共项目产出的方式，而采取促进私营企业有机会参与基础设施和公共物品的生产和提供公共服务的一种全新的公共项目产出方式。该方式是政府与私营企业合作，由私营企业承担部分政府公共物品的生产或提供公共服务，政府购买私营企业提供的产品或服务，或给予私营企业以收费特许权，或政府与私营企业以合伙方式共同营运等方式，来实现政府公共物品产出中的资源配置最优化、效率和产出的最大化。

（1）PFI 的典型模式。PFI 模式最早出现在英国，在英国的实践中，通常有三种典型模式：

1）在经济上独立的项目。以这种方式实施的 PFI 项目，私营企业提供服务时，政府不向其提供财政的支持，但是在政府的政策支持下，私营企业通过项目的服务向最终使用者收费，来回收成本和实现利润。其中，公共部门不承担项目建设和运营的费用，但是私营企业可以在政府的特许下，通过适当调整对使用者的收费来补偿成本的增加。在这种模式下，公共部门对项目的作用是有限的，也许仅仅是承担项目最初的计划或按照法定程序帮助项目公司开展前期工作和按照法律进行管理。

2）向公共部门出售服务的项目。这种项目与在经济上独立的项目的不同点在于，私营企业提供项目服务所产生的成本，完全或主要通过私营企业服务提供者向公共部门收费来补偿，这样的项目主要包括私人融资兴建的监狱、医院和交通线路等。

3）合资经营。在这种形式的项目中，公共部门与私营企业共同出资、分担成本和共享收益。但是，为了使项目成为一个真正的 PFI 项目，项目的控制权必须是由私营企业来掌握，公共部门只是一个合伙人的角色。

（2）PFI 的特点。PFI 与私有化不同，公共部门要么作为服务的主要购买者，要么充当实施的基本法定授权控制者，这是政府部门必须坚持的基本原则；同时，与买断经营有所不同，买断经营方式中的私营企业受政府的制约较小，是比较完全的市场行为，私营企业既是资本财产的所有者又是服务的提供者。PFI 方式的核心旨在增加包括私营企业参与的公共服务或者是公共服务的产出大众化。

PFI 在本质上是一个设计、建设、融资和运营模式，政府与私营企业是一种合作关系，对 PFI 项目服务的购买是由有采购特权的政府与私营企业签订的。

PFI 模式的主要优点表现在：

1）PFI 有非常广泛的适用范围，不仅包括基础设施项目，在学校、医院、监狱等公共项目上也有广泛的应用。

2）推行 PFI 方式，能够广泛吸引经济领域的私营企业或非官方投资者，参与公共物品的产出，这不仅大大缓解了政府公共项目建设的资金压力，同时也提高了政府公共物品的产出水平。

3）吸引私营企业的知识、技术和管理方法，提高公共项目的效率和降低产出成本，使社会资源配置更加合理化，同时也使政府摆脱了长期困扰的政府项目低效率的压力，使政府有更多的精力和财力用于社会发展更加急需的项目建设。

4）PFI 方式最大的优势在于，它是政府公共项目投融资和建设管理方式的重要的制度创新。在英国的实践中，PFI 方式被认为是政府获得高质量、高效率的公共设施的重要工具。

第二节　工程项目成本管理

一、工程项目成本与承包企业成本

（一）工程项目成本

工程项目成本是指围绕工程项目建设全过程而发生的资源消耗的货币体现。其所涵盖的内容与整个工程项目投资基本一致，但二者的侧重点有所不同，投资通常强调资金付出的目标，即以提高投资经济效益为目的；成本则强调付出本身，以节约投资为目标。

工程项目是由不同的参与方共同建设完成，参建各方的角度不同、参与工程建设的阶段和内容不同，工程项目的成本范围也有所不同，项目的成本范围主要取决于参建方参与工程建设的阶段和内容。

业主作为工程项目建设的组织者，其面对的是工程项目建设（包括决策、设计、招标、施工、竣工验收等）全过程，其所理解的工程项目成本是最为完整的。对于总承包企业而言，其承包工程的范围包括工程项目的勘察、设计、材料设备的采购以及工程项目的施工、试运行和交工验收的若干阶段或全过程，这样，总承包企业所理解的工程项目成本包括其实施承包范围内工程所支付的全部成本。对于其他参建方，如设计单位、咨询单位、施工单位和材料设备供应单位，如果只是参与工程项目建设的某个阶段或某些工作，则其所理解的工程项目成本仅包括其实施设计、咨询、施工和材料设备供应等工作所需支付的成本。

（二）承包企业成本

1. 承包企业项目成本

承包企业项目成本是指工程承包企业以工程项目为成本核算对象，在实施其承包范围内工程的过程中消耗资源的货币体现。即狭义上是指承包企业对承包工程项目付出的成本。

2. 承包企业成本

承包企业成本是指工程承包企业以整个企业为成本核算对象，为保证企业正常经营所付出的成本。承包企业项目成本是承包企业经济核算体系的基础，是承包企业成本中不可缺少的有机组成部分，两者具有密不可分的联系。但是，不能据此简单地将承包企业成本理解为承包企业项目成本的数据叠加，或者认为承包企业项目成本是企业成本的直接分解。

对于承包企业而言，工程项目成本不同于企业成本。前者是指企业发生的按项目核算的成本，其成本核算的对象是具体的工程项目；项目成本管理的目的是保证工程项目在预定的成本范围内完成企业交付的任务；其成本管理的责任由项目经理部全面负责。后者是指企业正常生产运营必须投入的成本，其成本核算的对象为整个承包企业，不仅包括其下属的各个项目经理部，还包括为工程承包服务的附属企业及企业各职能部门；企业成本管理的任务是将整个企业的成本、费用控制在预定计划之内，成本管理强调部门成本责任，涉及各个职能部门和机构。

二、工程项目成本管理流程

（一）工程项目成本管理体系

工程项目成本管理一般是指承包企业为使项目成本控制在计划目标之内所进行的预测、

计划、控制、核算、分析和考核等管理工作。承包企业应建立健全项目成本管理责任体系，明确管理业务分工和责任关系，将项目成本管理的目标分解并渗透到各项工作中。承包企业的项目成本管理体系应包括两个不同层次的管理职能。

1. 企业管理层的成本管理

企业管理层应是项目成本管理的决策与计划中心，确定项目投标报价和合同价格；确定项目成本目标和成本计划，通过项目管理目标责任书确定项目管理层的成本目标。

2. 项目管理层的成本管理

项目管理层应是项目生产成本的控制中心，负责执行企业对项目提出的成本管理目标，在企业授权范围内实施可控责任成本的控制。

（二）工程项目成本管理流程

工程项目成本管理是一个有机联系与相互制约的系统过程，承包企业应按照其形成的特点和规律，建立文件化的工程项目成本管理流程，规范和指导工程项目成本管理的实施。工程项目成本管理流程分为两类：

一是总体工作流程。承包企业应从项目投标报价开始至项目竣工结算为止，确定项目成本管理工作的展开程序及各阶段的衔接关系。

二是单项业务流程。承包企业应明确总体工作流程中各项具体业务活动的过程、步骤和工作标准。

按照动态成本管理的原则和成本管理的内容，承包企业项目成本管理流程具体包括成本预测、成本计划、成本控制、成本核算、成本分析和成本考核等活动。

1. 成本预测

项目成本预测是指承包企业及其项目经理部有关人员凭借历史数据和工程经验，运用一定方法对工程项目未来的成本水平及其可能的发展趋势作出科学的估计。预测时，通常是对项目计划工期内影响成本的因素进行分析，比照近期已完工程项目或即将完工程项目的成本（单位成本），预测这些因素对工程成本的影响程度，估算出工程的单位成本或总成本。项目成本预测是项目成本计划的依据。

成本预测的方法可分为定性预测和定量预测两大类。

（1）定性预测。定性预测是指成本管理人员根据专业知识和实践经验，通过调查研究，利用已有资料，对成本费用的发展趋势及可能达到的水平所进行的分析和推断。由于定性预测主要依靠管理人员的素质和判断能力，因而这种方法必须建立在对项目成本费用的历史资料、现状及影响因素深刻了解的基础之上。这种方法简便易行，在资料不多、难以进行定量预测时最为适用。最常用的定性预测方法是调查研究判断法，具体方式有：座谈会法和函询调查法。

（2）定量预测。定量预测是指利用历史成本费用统计资料以及成本费用与影响因素之间的数量关系，通过建立数学模型来推测、计算未来成本费用的可能结果。在成本费用预测中，常用的定量预测方法有加权平均法和回归分析法等。

2. 成本计划

成本计划是在成本预测的基础上，承包企业及其项目经理部对计划期内项目的成本水平所作的筹划。可以说，成本计划是目标成本的一种形式。承包企业项目成本计划是以货币形式编制的项目在计划期内的生产费用、成本水平及为降低成本所采取的主要措施和规划的具体方案。成本计划是建立项目成本管理责任制、开展成本控制和核算的基础，是进行成本费用控制的主要依据。

承包企业的项目计划成本应通过投标与签订合同形成。目标成本是承包企业实施项目成本控制和工程价款结算的基本依据。项目经理在接受企业法定代表人委托之后，应通过主持编制项目管理实施规划寻求降低成本的途径，组织编制施工预算，确定项目的计划目标成本。

（1）成本计划内容。根据承包工程范围的不同，承包企业项目成本计划所包括的内容也有所不同。例如，工程全过程总承包项目成本计划应包括勘察、设计、采购、施工的全部成本；设计、采购、施工总承包项目和设计—施工总承包项目计划成本应包括相应阶段的成本；施工总承包项目计划成本应按招标文件的工程量清单确定；其他承包方式的项目计划成本，可参照以上类型进行调整组合。

项目成本计划一般由直接成本计划和间接成本计划组成。

1）直接成本计划。直接成本计划主要反映项目直接成本的预算成本、计划降低额及计划降低率。直接成本计划主要包括项目的成本目标及核算原则、降低成本计划表或总控制方案、对成本计划估算过程的说明及对降低成本途径的分析等。

2）间接成本计划。间接成本计划主要反映项目间接成本的计划额及降低额，在计划制订中，成本项目应与会计核算中间接成本项目的内容一致。

此外，项目成本计划还应包括项目经理对可控责任目标成本进行分解后形成的各个实施性计划成本，即各责任中心的责任成本计划。责任成本计划又包括年度、季度和月度责任成本计划。

（2）成本计划的编制方法

1）目标利润法。目标利润法是指根据项目的合同价格扣除目标利润后得到目标成本的方法。在采用正确的投标策略和方法以最理想的合同价中标后，项目经理部从标价中减去预期利润、税金、应上缴的管理费等，其余额即为项目实施中所能支出的最大限额。

2）技术进步法。技术进步法是指以项目计划采取的技术组织措施和节约措施所能取得的经济效果为项目成本降低额，求项目目标成本的方法。即：

项目目标成本 = 项目成本估算值 − 技术节约措施计划节约额（或降低成本额）

3）按实计算法。按实计算法是指以项目的实际资源消耗测算为基础，根据所需资源的实际价格，详细计算各项活动或各项成本组成的目标成本。

人工费 = Σ各类人员计划用工量 × 实际工资标准

材料费 = Σ各类材料的计划用量 × 实际材料基价

施工机械使用费 = Σ各类机械的计划台班量 × 实际台班单价

在此基础上，由项目经理部生产和财务管理人员结合施工技术和管理方案等测算措施费、项目经理部的管理费等，最后构成项目的目标成本。

4）定率估算法（历史资料法）。当项目非常庞大和复杂而需要分为几个部分时采用的方法。首先将项目分为若干子项目，参照同类项目的历史数据，采用算术平均法计算子项目目标成本降低率和降低额，然后再汇总整个项目的目标成本降低率、降低额。在确定子项目成本降低率时，可采用加权平均法或三点估算法。

3. 成本控制

成本控制是指在项目实施过程中，对影响项目成本的各项要素，采取一定措施进行监督、调节和控制，及时预防、发现和纠正偏差，保证项目成本目标的实现。成本控制应贯穿于项目建设的各个阶段，是项目成本管理的核心内容，也是项目成本管理中不确定因素最多、最复杂、最基础的管理内容。

（1）项目成本控制的内容和过程。项目成本控制的主要内容包括项目决策成本控制、投标费用控制、设计成本控制和施工成本控制等内容。承包企业项目成本控制的重心应放在项目经理部，包括计划预控、过程控制和纠偏控制三个重要环节。

1）项目成本的计划预控。计划预控是指应运用计划管理的手段事先做好各项建设活动的成本安排，使项目预期成本目标的实现建立在有充分技术和管理措施保障的基础上，为项目的技术与资源的合理配置和消耗控制提供依据。控制的重点是优化项目实施方案（包括工程总承包项目的设计方案）、合理配置资源和控制生产要素的采购价格。

2）项目成本运行过程控制。项目成本运行过程控制是指控制实际成本的发生，包括实际采购费用发生过程的控制、劳动力和生产资料使用过程的消耗控制、质量成本及管理费用的支出控制。承包企业应充分发挥项目成本责任体系的约束和激励机制，提高项目成本运行过程的控制能力。

3）项目成本的纠偏控制。纠偏控制是指在项目成本运行过程中，对各项成本进行动态跟踪核算，发现实际成本与目标成本产生偏差时，分析原因，采取有效措施予以纠偏。

（2）项目成本控制的方法

1）项目成本分析表法。项目成本分析表法是指利用项目中的各种表格进行成本分析和控制的方法。应用成本分析表法可以清晰地进行成本比较研究。常见的成本分析表有月成本分析表、成本日报或周报表、月成本计算及最终预测报告表。

2）工期—成本同步分析法。成本控制与进度控制之间有着必然的同步关系。因为成本是伴随着工程进展而发生的。如果成本与进度不对应，说明项目进展中出现虚盈或虚亏的不正常现象。

施工成本的实际开支与计划不相符，往往是由两个因素引起的：一是在某道工序上的成本开支超出计划；二是某道工序的施工进度与计划不符。因此，要想找出成本变化的真正原因，实施良好、有效的成本控制措施，必须与进度计划的适时更新相结合。

3）挣值分析法。挣值分析法是对工程项目成本/进度进行综合控制的一种分析方法。通过比较已完工程预算成本（Budget Cost of the Work Performed，BCWP）与已完工程实际成本（Actual Cost of the Work Performed，ACWP）之间的差值，可以分析由于实际价格的变化而引起的累计成本偏差；通过比较已完工程预算成本（BCWP）与拟完工程预算成本（Budget Cost of the Work Scheduled，BCWS）之间的差值，可以分析由于进度偏差而引起的累计成本偏差，并通过计算后续未完工程的计划成本余额，预测其尚需的成本数额，从而为后续工程施工的成本、进度控制及寻求降低成本挖潜途径指明方向。

4）价值工程方法。价值工程方法是对项目进行事前成本控制的重要方法，在项目的设计阶段，研究工程设计的技术合理性，探索有无改进的可能性，在提高功能的条件下，降低成本。在项目的施工阶段，也可以通过价值工程活动，进行施工方案的技术经济分析，确定最佳施工方案，降低施工成本。

4. 成本核算

成本核算是承包企业利用会计核算体系，对项目建设工程中所发生的各项费用进行归集，统计其实际发生额，并计算项目总成本和单位工程成本的管理工作。项目成本核算是承包企业成本管理最基础的工作，它所提供的各种信息，是成本预测、成本计划、成本控制和成本考核等的依据。因此，加强成本核算工作，对降低成本、提高企业的经济效益有积极的作用。

（1）项目成本核算的对象和范围。承包企业的项目经理部应建立和健全以单位工程为对象的项目成本核算账务体系，严格区分企业经营成本和项目生产成本，在项目实施阶段不对企业经营成本进行分摊，以正确反映项目可控成本的收、支、结、转状况和项目成本管理的业绩。

承包企业的项目成本核算应以项目经理责任成本目标为基本核算范围；以项目经理授权范围相对应的可控责任成本为核算对象，进行全过程分月跟踪核算。根据工程当月形象进度，对已完实际成本按照分部分项工程进行归集，并与相应范围的计划成本进行比较，分析各分部分项工程成本偏差的原因，并在后续工程中采取有效控制措施并进一步寻找降本挖潜的途径。企业的项目经理部应在每月成本核算的基础上编制当月成本报告，作为项目施工月报的组成内容，提交企业主管领导、生产管理和财务部门审核备案。

（2）项目成本核算的方法

1）表格核算法。表格核算法是指建立在内部各项成本核算基础上，由各要素部门和核算单位定期采集信息，按有关规定填制一系列的表格，完成数据比较、考核和简单的核算，形成项目施工成本核算体系，作为支撑项目施工成本核算的平台。表格核算法需要依靠众多部门和单位支持，专业性要求不高。其优点是比较简捷明了，直观易懂，易于操作，适时性较好。其缺点是覆盖范围较窄，核算债权债务等比较困难；且较难实现科学严密的审核制度，有可能造成数据失实，精度较差。

2）会计核算法。会计核算法是指建立在会计核算基础上，利用会计核算所独有的借贷记账法和收支全面核算的综合特点，按项目施工成本内容和收支范围，组织项目施工成本的核算。不仅要核算项目施工的直接成本，而且还要核算项目在施工生产过程中出现的债权债务、项目为施工生产而自购的工具、器具摊销、向业主的报量和收款、分包完成和分包付款等。其优点是核算严密、逻辑性强、人为调节的可能因素较小、核算范围较大。但对核算人员的专业水平要求较高。

由于表格核算法具有便于操作和表格格式自由等特点，可以根据企业管理方式和要求设置各种表格。因而对项目内各岗位成本的责任核算比较实用。承包企业除对整个企业的生产经营进行会计核算外，还应在项目上设成本会计，进行项目成本核算，减少数据的传递，提高数据的及时性，便于与表格核算的数据接口，这将成为项目施工成本核算的发展趋势。

总的说来，用表格核算法进行项目施工各岗位成本的责任核算和控制，用会计核算法进行项目施工成本核算，两者互补，相得益彰，确保项目施工成本核算工作的开展。

（3）项目成本费用的归集与分配。根据《施工企业会计核算办法》（财会［2003］27号）的规定，工程项目成本包括直接成本和间接成本。按照《企业会计准则》的规定，会计核算应当以实际发生的经济业务为依据，如实反映财务状况和经营成果；会计信息应当符合国家宏观经济管理的要求，满足有关各方了解企业财务状况和经营成果的需要，满足企业加强内部经营管理的需要。各施工企业在成本核算时，在符合《企业会计制度》和《企业会计准则》的前提下，根据企业经营管理的需要划分成本、费用的类型。例如，在工程项目的成本核算中，可根据《建筑安装工程费用项目组成》（建标［2003］206号文件）规定，将直接费的组成内容，即人工费、材料费、施工机械使用费和措施费计入直接成本；将间接费组成内容中的管理费支出计入间接成本。在进行成本核算时，能够直接计入有关成本核算对象的，直接计入；不能直接计入的，采用一定的分配方法分配计入各成本核算对象成本，然后计算出各施工项目的实际成本。

1）人工费。人工费计入成本的方法，一般应根据企业实行的具体工资制度而定。在实行计件工资制度时，所支付的工资一般能分清受益对象，应根据“工程任务单”和“工资计算汇总表”将归集的工资直接计入成本核算对象的人工费成本项目中。实行计时工资制度时，在只存在一个成本核算对象或者所发生的工资能分清是服务于哪个成本核算对象时，方可将之直接计入，否则，就需将所发生的工资在各个成本核算对象之间进行分配，再分别计入。一般采用实用工时比例或定额工时比例进行分配。计算公式为：

$$\text{工资分配率}=\frac{\text{建筑安装工人工资总额}}{\text{各项目实用工时(或定额工时)总和}}$$

$$\text{某项工程应分配的人工费}=\text{该项工程实用工时}\times\text{工资分配率}$$

2）材料费。项目耗用的材料应根据限额领料单、退料单、报损报耗单、大堆材料耗用计算单等计入项目成本。凡领料时能点清数量、分清成本核算对象的，应在有关领料凭证（如限额领料单）上注明成本核算对象名称，据以计入成本核算对象。领料时虽能点清数量、但需集中配料或统一下料的，则由材料管理人员或领用部门，结合材料消耗定额将材料费分配计入各成本核算对象。领料时不能点清数量和分清成本核算对象的，由材料管理人员或施工现场保管员保管，月末实地盘点结存数量，结合月初结存数量和本月购进数量，倒推出本月实际消耗量，再结合材料耗用定额，编制“大堆材料耗用计算表”，据以计入各成本核算对象的成本。工程竣工后的剩余材料，应填写“退料单”据以办理材料退库手续，同时冲减相关成本核算对象的材料费。施工中的残次材料和包装物，应尽量回收再用，冲减工程成本的材料费。

3）施工机械使用费。施工机械使用费按自有机械和租赁机械分别加以核算。从外单位或本企业内部独立核算的机械站租入施工机械支付的租赁费，直接计入成本核算对象的机械使用费。如租入的机械是为两个或两个以上的工程服务，应以租入机械所服务的各个工程受益对象提供的作业台班数量为基数进行分配，计算公式如下：

$$\text{平均台班租赁费}=\frac{\text{支付的租赁费总额}}{\text{租入机械作业总台班数}}$$

自有机械费用应按各个成本核算对象实际使用的机械台班数计算所分摊的机械使用费，分别计入不同的成本核算对象成本中。

在施工机械使用费中，占比重最大的往往是施工机械折旧费。按现行财务制度规定，承包企业计提折旧一般采用平均年限法和工作量法。技术进步较快或使用寿命受工作环境影响较大的施工机械和运输设备，经国家财政主管部门批准，可采用双倍余额递减法或年数总和法计提折旧。

4）措施费。凡能分清受益对象的，应直接计入受益成本核算对象中。如与若干个成本核算对象有关的，可先归集到措施费总账中，月末再按适当的方法分配计入有关成本核算对象的措施费中。

5）间接成本。凡能分清受益对象的间接成本，应直接计入受益成本核算对象中去。否则先在项目"间接成本"总账中进行归集，月末再按一定的分配标准计入受益成本核算对象。分配的方法：土建工程是以实际成本中直接成本为分配依据，安装工程则以人工费为分配依据。其计算公式如下：

$$土建（安装）工程间接成本分配率=\frac{土建(安装)工程分配的间接成本总额}{全部土建工程直接成本(安装工程人工费)总额}$$

$$某土建(安装)分配的间接成本=该土建工程直接成本(安装工程人工费)\times土建(安装)工程间接成本分配率$$

5. 成本分析

成本分析是揭示项目成本变化情况及其变化原因的过程。在成本形成过程中，利用项目的成本核算资料，将项目的实际成本与目标成本（计划成本）进行比较，系统研究成本升降的各种因素及其产生的原因，总结经验教训，寻找降低项目施工成本的途径，以进一步改进成本管理工作。成本分析为成本考核提供依据，也为未来的成本预测与成本计划编制指明方向。

（1）项目成本的分析方法。成本分析的基本方法包括：比较法、因素分析法、差额计算法和比率法等。

1）比较法。比较法又称指标对比分析法，是通过技术经济指标的对比，检查目标的完成情况，分析产生差异的原因，进而挖掘内部潜力的方法。其特点是通俗易懂、简单易行、便于掌握，因而得到广泛应用。比较法的应用通常有下列形式：

① 将本期实际指标与目标指标对比。以此检查目标完成情况，分析影响目标完成的积极因素和消极因素，以便及时采取措施，保证成本目标的实现。

② 本期实际指标与上期实际指标对比。通过这种对比，可以看出各项技术经济指标的变动情况，反映项目管理水平的提高程度。

③ 本期实际指标与本行业平均水平、先进水平对比。通过这种对比，可以反映本项目的技术管理和经济管理水平与行业的平均和先进水平的差距，进而采取措施赶超先进水平。

在采用比较法时，可采取绝对数对比、增减差额对比或相对数对比等多种形式。

2）因素分析法。因素分析法又称连环替代法。这种方法可用来分析各种因素对成本的影响程度。在进行分析时，首先要假定众多因素中的一个因素发生了变化，而其他因素则不变，在前一个因素变动的基础上分析第二个因素的变动，然后逐个替换，分别比较其计算结果，以确定各个因素的变化对成本的影响程度。并据此对企业的成本计划执行情况进行评价，并提出进一步的改进措施。因素分析法的计算步骤如下：

① 以各个因素的计划数为基础，计算出一个总数。

② 逐项以各个因素的实际数替换计划数。

③ 每次替换后，实际数就保留下来，直到所有计划数都被替换成实际数为止。

④ 每次替换后，都应求出新的计算结果。

⑤ 最后将每次替换所得结果，与其相邻的前一个计算结果比较，其差额即为替换因素

对总差异的影响程度。

【例8-9】 某工程浇筑一层结构商品混凝土，目标成本为364 000元，实际成本为383 760元，比目标成本增加19 760元。根据表8-1资料，用因素分析法分析其成本增加的原因。

表8-1　商品混凝土成本目标与实际成本对比表

项目	计划	实际	差额
产量/m^3	500	520	20
单价/元	700	720	20
损耗率（%）	4	2.5	-1.5
成本/元	364 000	383 760	19 760

解：分析对象是浇筑一层结构商品混凝土的成本，实际成本与目标成本的差额为19 760元。

该指标是由产量、单价、损耗率三个因素组成的，其排序见表8-1。

以目标数364 000（500×700×1.04）元为分析替代的基础。

替换：

第一次替换产量因素：以520元替代500元，得520m^3×700元/m^3×1.04＝378 560元。

第二次替换单价因素：以720元替代700元，并保留上次替换后的值，得389 376元，即520m^3×720元/m^3×1.04＝389 376（元）。

第三次替换损耗率因素：以1.025替代1.04，并保留上两次替换后的值，得383 760元。

计算差额：

第一次替换与目标数的差额＝378 560元－364 000元＝14 560元

第二次替换与第一次替换的差额＝389 376元－378 560元＝10 816元

第三次替换与第二次替换的差额＝383 760元－389 376元＝－5 616元

产量增加使成本增加了14 560元，单价提高使成本增加了10 816元，而损耗率下降使成本减少了5 616元。

各因素的影响程度之和＝14 560元＋10 816元－5 616元＝19 760元，与实际成本与目标成本的总差额相等。

为了使用方便，企业也可以通过运用因素分析表来求出各因素的变动对实际成本的影响程度，其具体形式见表8-2。

必须说明，在应用因素分析法时，各个因素的排列顺序应该固定不变。否则，就会得出不同的计算结果，产生不同的结论。

表8-2　商品混凝土成本变动因素分析　（单位：元）

顺序	循环替换计算	差异	因素分析
计划数	500×700×1.04＝364 000		
第一次替代	520×700×1.04＝378 560	14 560	由于产量增加20立方米，成本增加14 560元
第二次替代	520×720×1.04＝389 376	10 816	由于单价提高20元，成本增加10 816元
第三次替代	520×720×1.025＝383 760	－5 616	由于损耗下降1.5%，成本减少5 616元
合计	14 560＋10 816－5 616＝19 760	19 760	

3）差额计算法。差额计算法是因素分析法的一种简化形式，它利用各个因素的目标值与实际值的差额来计算其对成本的影响程度。

【例8-10】 某施工项目某月的实际成本降低额比目标值提高了2.40万元，具体数据见表8-3。

表8-3　降低成本目标与实际对比表

项　目	目　标	实　际	差　异
预算成本/万元	310.0	320.0	+10.0
成本降低率（%）	4.0	4.5	+0.5
成本降低额/万元	12.4	14.4	+2.4

根据表8-3的资料，应用差额计算法分析预算成本和成本降低率对成本降低额的影响程度。

解： 预算成本增加对成本降低额的影响程度：

$$(320-310)\text{万元}\times4\%=0.80\text{万元}$$

成本降低率提高对成本降低额的影响程度：

$$(4.5\%-4\%)\times320\text{万元}=1.60\text{万元}$$

以上两项合计：0.80万元+1.60万元=2.40万元

4）比率法。比率法是指用两个以上的指标的比例进行分析的方法。其基本特点是：先把对比分析的数值变成相对数，再观察其相互之间的关系。常用的比率法有以下几种：

① 相关比率法。通过将两个性质不同而又相关的指标加以对比，求出比率，并以此来考察经营成果的好坏。例如，将成本指标与反映生产、销售等经营成果的产值、销售收入、利润指标相比较，就可以反映项目经济效益的好坏。

② 构成比率法。构成比率法又称比重分析法或结构对比分析法。它是通过计算某技术经济指标中各组成部分占总体比重进行数量分析的方法。通过构成比率，可以考察项目成本的构成情况，将不同时期的成本构成比率相比较，可以观察成本构成的变动情况，同时也可看出量、本、利的比例关系（即目标成本、实际成本和降低成本的比例关系），从而为寻求降低成本的途径指明方向。

③ 动态比率法。动态比率法是指将同类指标不同时期的数值进行对比，求出比率，以分析该项指标的发展方向和发展速度的方法。动态比率的计算通常采用定基指数和环比指数两种方法。

（2）综合成本的分析方法。所谓综合成本是指涉及多种生产要素，并受多种因素影响的成本费用，如分部分项工程成本，月（季）度成本、年度成本等。由于这些成本都是随着项目施工的进展而逐步形成的，与生产经营有着密切的关系。因此，做好上述成本的分析工作，无疑将促进项目的生产经营管理，提高项目的经济效益。

1）分部分项工程成本分析。分部分项工程成本分析是施工项目成本分析的基础。分部分项工程成本分析的对象为主要的已完分部分项工程。其分析的方法是：进行预算成本、目标成本和实际成本的“三算”对比，分别计算实际成本与预算成本、实际成本与目标成本的偏差，分析偏差产生的原因，为今后的分部分项工程成本寻求节约途径。

分部分项工程成本分析的资料来源是：预算成本是以施工图和定额为依据编制的施工图预算成本，目标成本为分解到该分部分项工程上的计划成本，实际成本来自施工任务单的实际工程量、实耗人工和限额领料单的实耗材料。

对分部分项工程进行成本分析，要做到从开工到竣工进行系统的成本分析。因为通过主要分部分项工程成本的系统分析，可以基本了解项目成本形成的全过程，为竣工成本分析和今后的项目成本管理提供宝贵的参考资料。

分部分项工程成本分析表的格式见表8-4。

表8-4 分部分项工程成本分析

单位工程：________

分部分项工程名称：________工程量：________施工班组：________施工日期：________

工料名称	规格	单位	单价	预算成本		目标成本		实际成本		实际与预算比较		实际与目标比较	
				数量	金额	数量	金额	数量	金额	数量	金额	数量	金额
实际与预算比较（%）=实际成本合计/预算成本合计×100%													
实际与目标比较（%）=实际成本合计/目标成本合计×100%													
节超原因说明													

编制单位： 编制人员： 编制日期：

2）月（季）度成本分析。月（季）度成本分析是项目定期的、经常性的中间成本分析。通过月（季）度成本分析，可以及时发现问题，以便按照成本目标指定的方向进行监督和控制，保证项目成本目标的实现。

月（季）度成本分析的依据是当月（季）的成本报表。分析的方法通常包括：

① 通过实际成本与预算成本的比较，分析当月（季）的成本降低水平；通过累计实际成本与累计预算成本的对比，分析累计的成本降低水平，预测实现项目成本目标的前景。

② 通过实际成本与目标成本的比较，分析目标成本的落实情况，以及目标管理中的问题和不足，进而采取措施，加强成本管理，保证成本目标的落实。

③ 通过对各成本项目的成本分析，可以了解成本总量的构成比例和成本管理的薄弱环节。对超支幅度大的成本项目，应深入分析超支原因，并采取对应的增收节支措施，防止今后再超支。

④ 通过主要技术经济指标的实际与目标比较，分析产量、工期、质量、“三材”节约率、机械利用率等对成本的影响。

⑤ 通过对技术组织措施执行效果的分析，寻求更加有效的节约途径。

⑥ 分析其他有利条件和不利条件对成本的影响。

3）年度成本分析。企业成本要求按年结算，不得将本年成本转入下一年度。而项目成本则以项目的施工（或承包）周期为结算期，要求从开工、竣工到保修期结束连续计算，最后结算出成本总量及其盈亏。由于项目的施工（或承包）周期一般较长，除进行月（季）度成本核算和分析外，还要进行年度成本核算和分析。这不仅是为了满足企业汇编年度成本报表的需要，同时也是项目成本管理的需要。通过年度成本的综合分析，可以总结一年来成本管理的成绩和不足，为今后的成本管理提供经验和教训。

年度成本分析的依据是年度成本报表。年度成本分析的内容，除月（季）度成本分析的6个方面外，重点是针对下一年度的施工进展情况规划切实可行的成本管理措施，以保证施工项目成本目标的实现。

4）竣工成本的综合分析。凡是有几个单位工程而且是单独进行成本核算的项目，其竣工成本分析应以各单位工程竣工成本分析资料为基础，再加上项目经理部的经营效益（如资金调度、对外分包等所产生的效益）进行综合分析。如果施工项目只有一个成本核算对象（单位工程），就以该成本核算对象的竣工成本资料作为成本分析的依据。单位工程竣工成本分析应包括：竣工成本分析，主要资源节超对比分析，主要技术节约措施及经济效果分析。

通过以上分析，可以全面了解单位工程的成本构成和降低成本的来源，对今后同类工程的成本管理很有参考价值。

6. 成本考核

成本考核是指在工程项目建设的过程中或项目完成后，定期对项目形成过程中的各级单位成本管理的成绩或失误进行总结与评价。通过成本考核，给予责任者相应的奖励或惩罚。承包企业应建立和健全项目成本考核制度，作为项目成本管理责任体系的组成部分。项目成本考核制度应对考核的目的、时间、范围、对象、方式、依据、指标、组织领导以及结论与奖惩原则等作出明确规定。

（1）项目成本考核的内容。承包企业项目成本的考核，包括企业对项目成本的考核和企业对项目经理部可控责任成本的考核。企业对项目成本的考核包括对项目设计成本和施工成本目标（降低额）完成情况的考核和成本管理工作业绩的考核。企业对项目经理部可控责任成本的考核包括：

1）项目成本目标和阶段成本目标完成情况。

2）建立以项目经理为核心的成本管理责任制的落实情况。

3）成本计划的编制和落实情况。

4）对各部门、各施工队和班组责任成本的检查和考核情况。

5）在成本管理中贯彻责、权、利相结合原则的执行情况。

除此之外，为层层落实项目成本管理工作，项目经理对所属各部门、各施工队和班组也要进行成本考核，主要考核其责任成本的完成情况。

（2）项目成本考核指标

1）企业的项目成本考核指标。

① 项目设计成本降低额和降低率：

$$\text{项目设计成本降低额}=\text{项目设计合同成本}-\text{项目设计预算成本}$$

$$\text{项目设计成本降低率}=\frac{\text{项目设计成本降低额}}{\text{项目设计合同成本}}\times 100\%$$

② 项目施工成本降低额和降低率：

$$项目施工成本降低额=项目施工合同成本-项目实际施工成本$$

$$项目施工成本降低率=\frac{项目施工成本降低额}{项目施工合同成本}\times 100\%$$

2）项目经理部可控责任成本考核指标。

① 项目经理责任目标总成本降低额和降低率：

$$目标总成本降低额=项目经理责任目标总成本-项目竣工结算总成本$$

$$目标总成本降低率=\frac{目标总成本降低额}{项目经理责任目标总成本}\times 100\%$$

② 施工责任目标成本实际降低额和降低率：

$$施工责任目标成本实际降低额=施工责任目标总成本-工程竣工结算总成本$$

$$施工责任目标成本实际降低率=\frac{施工责任目标成本实际降低额}{施工责任目标总成本}\times 100\%$$

③ 施工计划成本实际降低额和降低率：

$$施工计划成本实际降低额=施工计划总成本-工程竣工结算总成本$$

$$施工计划成本实际降低率=\frac{施工计划成本实际降低额}{施工计划总成本}\times 100\%$$

承包企业应充分利用项目成本核算资料和报表，由企业财务审计部门对项目经理部的成本和效益进行全面审核，在此基础上做好项目成本效益的考核与评价，并按照项目经理部的绩效，落实成本管理责任制的激励措施。

在工程项目成本管理系统中，每个环节都是相互联系和相互作用的。成本预测是成本计划的编制基础，成本计划是开展成本控制和核算的基础；成本控制能对成本计划的实施进行监督，保证成本计划的实现，而成本核算又是成本计划是否实现的最后检查，它所提供的成本信息又是下一个项目成本预测、成本计划、成本控制和成本考核等的依据；成本分析为成本考核提供依据，也为未来的成本预测与编制成本计划指明方向；成本考核是实现成本目标责任制的保证和手段。

三、项目成本报表

项目成本报表是反映承包企业所承揽的工程项目成本及其降低情况，为企业管理部门提供成本信息的内部会计报表。项目成本报表主要包括工程成本表、竣工工程成本表等，按期编制成本报表是成本分析和成本考核的依据，同时也能为不同类型工程、产品积累经济技术资料。

（一）工程成本表

工程成本表用以反映在月度、季度或年度内已经向发包单位办理工程价款结算的工程成本的构成及其节约或超支情况，一般可按成本项目反映本期和本年累计已经办理工程价款结算的已完工程的目标成本、实际成本、成本降低额和降低率。

为了便于表格编制，对本期和本年已完工程各成本项目的实际成本，可在表 8-5 所示的工作底稿中先行计算。

表 8-5　工程成本表工作底稿　（单位：元）

项　目	人工费	材料费	机械使用费	措施费	直接费	间接费	工程成本合计
本期工程成本合计 加：期初未完工程成本合计 减：期末未完工程成本合计							
本期已完工程实际成本							
本年工程实际成本累计	1 882 000	16 193 400	1 378 000	393 000	19 846 400	1 119 600	20 966 000
加：年初未完工程成本合计	120 000	1 207 200	92 000	20 000	1 439 200	88 800	1 528 000
减：年末未完工程成本合计	130 000	1 253 200	100 000	28 540	1 511 740	88 800	1 600 540
本年已完工程实际成本	1 872 000	16 147 400	1 370 000	384 460	19 773 860	1 119 600	20 893 460

工程成本表的格式见表 8-6。

表 8-6　工程成本表

编制单位：　　××年度　　（单位：元）

成本项目	本期数				本年累计数			
	目标成本	实际成本	降低额	降低率（%）	目标成本	实际成本	降低额	降低率（%）
人工费					1 900 000	1 872 000	28 000	1.5
材料费					17 147 000	16 147 400	999 600	5.8
机械使用费					1 400 000	1 370 000	30 000	2.1
措施费					400 000	384 460	15 540	3.9
间接费					1 200 000	1 119 600	80 400	6.7
工程成本合计					22 047 000	20 893 460	1 153 540	5.2

在表 8-6 中，“目标成本”栏反映本期和本年累计已完工程的目标成本，根据已完工程结算表中目标成本按成本项目分析的项目成本加总填列。如有单独计算计入工程成本的工程费用，也要按成本项目分析计入。

“实际成本”栏反映本期和本年累计已完工程的实际成本，根据承包单位设置的工程施工成本明细分类账中各成本项目的本期和本年工程实际成本合计，加期初（即上期末）、年初（即上年末）未完工程盘点单中各成本项目的未完工程成本，减期末、年末未完工程盘点单中各成本项目的未完施工成本填列。

工程成本表中“降低额”栏内数字，根据“目标成本”栏内数字减“实际成本”栏内数字填列。出现成本超支时，应以“-”号表示。

“降低率”栏按本项目的降低额和目标成本计算填列：

$$降低率 = \frac{降低额}{目标成本} \times 100\%$$

（二）竣工工程成本表

竣工工程成本表可由施工企业或其所属内部独立核算的施工单位编制，用以反映各个季度和年度内已经完成工程设计文件所规定的全部工程内容，并已向发包单位办理移交和竣工结算手续的工程的全部成本，全面、完整地考核其成本的节约或超支情况。

竣工工程成本表的格式见表 8-7。

表 8-7 竣工工程成本表

编制单位： ××年×季度 （单位：元）

工程名称	竣工工程量	目标成本		实际成本	成本降低额	成本降低率（%）
		总成本	其中：上年结转			
一、自年初起至上季末止的竣工工程累计	×	13 780 000	3 612 000	13 128 000	652 000	4.73
二、本季竣工工程合计	×	5 500 000		5 186 000	314 000	5.71
其中：						
1. 103 厂房建筑工程	4 060	1 500 000		1 402 500	97 500	6.50
2. 104 办公楼建筑工程	3 060	990 000		937 600	52 400	5.29
三、自年初起至本季末止的竣工工程累计	×	19 280 000	3 612 000	18 314 000	966 000	5.01

“工程名称”栏的第一项“自年初起至上季末止的竣工工程累计”即上季度本表第三项“自年初起至本季末止的竣工工程累计”，第一季度编制本表时，本项目空置不填。本季竣工的各项工程应加总填入第二项“本季竣工工程合计”，其中主要工程应按成本计算对象逐行填列。

“竣工工程量”栏填列竣工工程的实物工程量，如对房屋建筑工程填列竣工房屋建筑面积。

“目标成本”栏反映各项竣工工程自开工到竣工止的全部目标成本，根据工程施工成本明细分类账中的已完工程目标成本（即竣工成本决算表中的工程目标成本）加总填列。其中：“上年结转”数是指跨年度工程在以前年度已办理过工程价款结算，在本季度竣工的工程目标成本，根据工程施工成本明细分类账中上年度已完工程目标成本加总填列。竣工工程的预算总成本减去上年结转的目标成本，就是竣工工程本年完成的目标成本。将它与工程成本表的本年累计已完工程目标总成本比较，就可算出按价值形式表示的竣工率：

$$\text{按价值形式表示的竣工率} = \frac{\text{竣工工程目标总成本} - \text{上年的目标成本}}{\text{本年已完工程目标总成本}} \times 100\%$$

“实际成本”栏反映各项竣工工程自开工起至竣工止的全部实际成本，根据工程施工成本明细分类账中的工程实际成本加总填列。

第三节 工程项目财务分析

一、项目盈利能力分析

（一）主要的会计要素

项目的盈利能力分析往往与会计要素有关。根据《企业会计准则》，会计要素包括资产、负债、所有者权益、收入、费用和利润。其中，后三个要素前已述及，此处重点介绍前三个要素。

1. 资产

资产是指企业过去的交易或者事项形成的、由企业拥有或者控制的、预期会给企业带来经济利益的资源。企业过去的交易或者事项包括购买、生产、建造行为或其他交易或者事项，预期在未来发生的交易或者事项不形成资产。资产由企业拥有或者控制，是指企业享有某项资源的所有权，或者虽然不享有某项资源的所有权，但该资源被企业所控制，预期会给企业带来经济利益，即直接或者间接导致现金和现金等价物流入企业的潜力。具体来讲，企业从事生产经营活动必须具备一定的物质资源，如货币资金、厂房场地、机器设备、原材料等，这些都是企业从事生产经营的物质基础，都属于企业的资产。此外，像专利权、商标权等不具有实物形态，但却有助于生产经营活动进行的无形资产，以及企业对其他单位的投资等，也都属于资产。

（1）资产的特征。资产具有以下基本特征：

1）资产能够直接或间接地给企业带来经济利益。所谓经济利益，是指直接或间接地流入企业的现金或现金等价物。资产能够为企业带来经济利益，如企业通过收回应收账款、出售库存商品等直接获得经济利益，也可通过对外投资以获得股利或参与分配利润的方式间接获得经济利益。按照这一特征，那些已经没有经济价值、不能给企业带来经济利益的项目，就不能继续确认为企业的资产。

2）资产是为企业拥有的，或者即使不为企业拥有，也是企业所控制的。一项资源要作为企业资产予以确认，企业应该拥有此项资源的所有权，可以按照自己的意愿使用或处置资产。

3）资产是由过去的交易或事项形成的。也就是说，资产是过去已经发生的交易或事项所产生的结果，资产必须是现实的资产，而不能是预期的资产。未来交易或事项可能产生的结果不能作为资产确认。

（2）资产的分类。资产按其流动性不同，分为流动资产、长期投资、固定资产、无形资产和其他资产。

1）流动资产。流动资产是指可以在1年或者超过1年的一个营业周期内变现或耗用的资产，主要包括：货币资金（现金、银行存款等）、交易性金融资产、应收及预付款项（即结算债权）、待摊费用和存货等。

① 货币资金包括库存现金（简称现金）、银行存款和其他货币资金（包括外埠存款、银行汇票存款、银行本票存款和信用卡存款等）。

② 交易性金融资产是指能够随时变现并且持有时间不超过1年（含1年）的投资，一般包括股票、债券、基金等。企业持有交易性金融资产，一般是为了获利，即取得股利、利息等。交易性金融资产变现能力很强，随时能够通过资本市场变卖收回现金。

③ 应收及预付款项或称结算债权，是指企业在日常生产经营过程中发生的各项债权，主要包括：应收款项（包括应收账款、应收票据、应收股利、应收利息、其他应收款）和预付账款等。

④ 待摊费用是指企业已经支出、但应当由本期和以后各期分别负担的、分摊期在1年以内（含1年）的各项费用。待摊费用主要包括：低值易耗品摊销、预付保险费、一次性购买印花税票、一次性支付固定资产中小修理费用、需要在年度内分月摊销的金额等。待摊费用应按其受益期限在1年内分期平均摊销，计入成本费用。如果某项待摊费用已经不能使

企业受益，应将其摊余价值一次性全部转入当期成本、费用。

⑤ 存货是指企业在日常生产经营过程中持有以备出售，或者仍然处在生产过程，或者在生产或提供劳务过程中将消耗的材料或物料等。施工企业的存货主要包括：原材料、在途存货、委托加工物资、低值易耗品、周转材料、未完施工和已完施工、在产品和产成品等。

2）长期投资。长期投资是指除短期投资以外的投资，包括持有时间超过1年（不含1年）的各种股权性质的投资、不能变现或不准备随时变现的债券、长期债权投资和其他长期投资。

3）固定资产。固定资产是指为生产商品、提供劳务、出租或经营管理而持有的、使用寿命超过一个会计期间、单位价值在规定的限额以上并能够可靠地计量、且长期使用的保持其原有实物形态的劳动资料。

不属于生产经营主要设备的物品，但单位价值在2 000元以上，并且使用年限超过2年的，也应当作为固定资产。

不能同时满足这两个条件的劳动资料，应当作为低值易耗品处理。

4）无形资产。无形资产是指企业拥有或者控制的、没有实物形态的、可辨认非货币性长期资产，其内容包括专利权、非专利技术、商标权、著作权和土地使用权等。

① 专利权是指权利人在法定期限内对某一发明创造所拥有的独占权和专有权。

② 非专利技术也叫专有技术，是指发明人垄断的、不公开的、具有实用价值的先进技术、资料、技能、知识等。

③ 商标权是指企业专门在某种指定的商品上使用特定的名称、图案、标记的权利。

④ 著作权是指著作人对其著作依法享有的出版、发行等方面的权利。

⑤ 土地使用权是指国家准许某一企业在一定期间内对国有土地享有开发、利用、经营的权利。

2. 负债

负债是指企业过去的交易或者事项形成的预期会导致经济利益流出企业的现时义务。现时义务是指企业在现行条件下已承担的义务。未来发生的交易或者事项形成的义务，不属于现时义务，不应当确认为负债。

（1）负债的特征。负债具有以下基本特征：

1）负债的清偿预期会导致经济利益流出企业。负债通常是在未来某一时日通过交付资产（包括现金和其他资产）或提供劳务来清偿。例如，企业赊购一批材料，材料已验收入库，但尚未付款，该笔业务所形成的应付账款应确认为企业的负债，需要在未来某一时日通过交付现金或银行存款来清偿。有时，企业可以通过承诺新的负债或转化为所有者权益来了结一项现有负债，但最终一般都会导致企业经济利益的流出。

2）负债是由过去的交易或事项形成的。也就是说，导致负债的交易或事项必须已经发生，例如，购置货物或使用劳务会产生应付账款（已经预付或是在交货时支付的款项除外），接受银行贷款则会产生偿还贷款的义务。只有源于已经发生的交易或事项，会计上才有可能确认为负债。对于企业正在筹划的未来交易或事项，如企业的业务计划等，并不构成企业的负债。

（2）负债的分类。负债按其流动性（即负债的偿付期限的长短）不同，分为流动负债和非流动负债。

1）流动负债。流动负债是指在1年（含1年）或者超过1年的一个营业周期内偿还的债务，包括短期借款、应付票据、应付账款、预收账款、应付职工薪酬、应付股利、应交税费、其他暂收应付款项、预提费用和一年内到期的长期借款等。

① 短期借款是指企业借入的期限在1年以下的各种借款。

② 应付票据是由出票人出票，委托付款人在指定日期无条件支付确定的金额给收款人或者持票人的票据。

③ 应付账款是指因购买材料、商品或者接受劳务等而发生的债务。

④ 预收账款是指买卖双方根据协议的规定，由购货方预先支付一部分货款给供应方而产生的一种负债。

⑤ 应付职工薪酬是指企业按规定应当支付给职工的劳动报酬和应当计提的职工福利费。

⑥ 应付股利是指企业分配给投资者的现金股利或者利润在未支付之前所形成的一项负债。

⑦ 应交税费是指企业按照国家税法的规定而尚未缴纳税金所形成的一种负债。

⑧ 预提费用是指预先提取计入成本、费用但尚未实际支付的项目所形成的一种负债。

2）非流动负债。长期负债是指偿还期在1年或者超过1年的一个营业周期以上的负债，包括长期借款、应付债券和长期应付款等。

① 长期借款是指企业向银行或者其他金融机构借入的、偿还期在1年（不含1年）以上的借款。

② 应付债券是指企业为筹集长期资金而对外发行债券所形成的一种负债。

③ 长期应付款主要包括应付补偿贸易引进设备款、应付融资租赁款等长期债务。

3. 所有者权益

所有者权益是指所有者在企业资产中享有的经济利益，其金额为资产减去负债后的余额。所有者权益具有以下特征：除非发生减资、清算或分派现金股利，企业不需要偿还所有者权益；企业清算时，只有在清偿所有的负债后，所有者权益才返还给所有者。

所有者权益包括投入资本（或者股本）、直接计入所有者权益的利得和损失、盈余公积和未分配利润。其中，盈余公积和未分配利润又会称为留存收益。

（1）投入资本（股本）。投入资本是指投资者按照企业章程，或合同、协议的约定，实际投入企业的资本。我国实行的是注册资本制，因而，在投资者足额缴纳资本之后，企业的投入资本应该等于企业的注册资本。

（2）直接计入所有者权益的利得和损失。这是指由于资本溢价、接受捐赠资产等原因导致的资本积累。其项目主要包括：

1）资本（或股本）溢价。这是指企业投资者投入的资金超过其在注册资本中所占份额的部分。

2）接受非现金资产捐赠准备。这是指企业因接受非现金资产捐赠而增加的资本公积。

3）接受现金捐赠。这是指企业因接受现金捐赠而增加的资本公积。

4）股权投资准备。这是指企业对被投资单位的长期股权投资采用权益法核算时，因被投资单位接受捐赠等原因增加的资本公积，企业按其持股比例计算而增加的资本公积。

5）拨款转入。拨款转入是指企业收到国家拨入的专门用于技术改造、技术研究等的拨款项目完成后，按规定转入资本公积的部分。

6）外币资本折算差额。外币资本折算差额是指企业接受外币投资因所采用的汇率不同而产生的资本折算差额。

7）其他。其他是指除上述各项资本公积以外所形成的资本积累，以及从资本积累各准备项目转入的金额。债权人豁免的债务也在本项目中反映。

（3）盈余公积。企业的盈余公积包括：

1）法定公积金。法定公积金是指企业按照规定的比例从净利润中提取的盈余公积。

2）任意公积金。任意公积金是指企业经股东大会或类似机构批准按照规定的比例从净利润中提取的盈余公积。

（4）未分配利润。未分配利润是指企业利润经过分配程序后剩下的结余额。

（二）项目盈利能力分析指标

项目盈利能力主要考察投资项目投资的盈利水平，是在编制项目投资现金流量表、项目资本金现金流量表、利润和利润分配等财务报表的基础上，计算财务净现值、财务内部收益率、投资回收期、总投资收益率和项目资本金净利润率等指标，可根据项目的特点及财务分析的目的、要求等选用。

1. 财务净现值（FNPV）

财务净现值是指把项目计算期内各年的财务净现金流量，按照一个设定的标准折现率（基准收益率）折算到建设期初（项目计算期第一年年初）的现值之和。财务净现值是考察项目在其计算期内盈利能力的主要动态评价指标。其表达式为：

$$FNPV = \sum_{t=0}^{n} (CI - CO)_t (1 + i_c)^{-t}$$

式中 FNPV——净现值；

CI——现金流入；

CO——现金流出；

n——项目计算期；

i_c——设定的折现率（同基准收益率）。

项目财务净现值是考察项目盈利能力的绝对量指标，它反映项目在满足按设定折现率要求的盈利之外所能获得的超额盈利的现值。如果项目财务净现值等于或大于零，表明项目的盈利能力达到或超过了所要求的盈利水平，项目财务上可行。

2. 财务内部收益率（FIRR）

财务内部收益率是指项目在整个计算期内各年财务净现金流量的现值之和等于零时的折现率，也就是使项目的财务净现值等于零时的折现率，其表达式为：

$$\sum_{t=0}^{n} (CI - CO)_t (1 + FIRR)^{-t} = 0$$

财务内部收益率是反映项目实际收益率的一个动态指标，该指标越大越好。一般情况下，财务内部收益率大于等于基准收益率时，项目可行。项目财务内部收益率一般通过计算机软件中配置的财务函数计算，若需要手工计算，可根据财务现金流量表中净现金流量，采用试算插值法计算，将求得的财务内部收益率与设定的判别基准 i_c 进行比较，当 $FIRR \geq i_c$ 时，即认为项目的盈利性能够满足要求。公式为：

$$FIRR = i_1 + \frac{FNPV_1}{FNPV_1 - FNPV_2}(i_2 - i)$$

根据投资各方财务现金流量表也可以计算内部收益率指标，即投资各方内部收益率。不过应注意的是，投资各方内部收益率实际上是一个相对次要的指标。在普遍按股本比例分配利润和分担亏损和风险的原则下，投资各方的利益是均等的。只有投资者中的各方有股权之外的不对等的利益分配时，投资各方的利益才会有差异，比如，其中一方有技术转让方面的收益，或一方有租赁设施的收益，或一方有土地使用权方面的收益时，需要计算投资各方的内部收益率。对于投资各方的内部收益率来说，其最低可接受收益率只能由各投资者自己确定，因为不同的投资者的资本实力和风险承受能力有很大差异，且出于某些原因，可能会对不同项目有不同的收益水平要求。

3. 投资回收期

投资回收期按照是否考虑资金时间价值可以分为静态投资回收期和动态投资回收期。

（1）静态投资回收期。静态投资回收期是指以项目每年的净收益回收项目全部投资所需要的时间，是考察项目财务上投资回收能力的重要指标。这里所说的全部投资既包括建设投资，又包括流动资金投资。项目每年的净收益是指税后利润加折旧。静态投资回收期的表达式如下：

$$\sum_{t=0}^{P_t}(CI - CO)_t = 0$$

式中　P_t——静态投资回收期。

如果项目建成投产后各年的净收益不相同，则静态投资回收期可根据累计净现金流量用插值法求得。其计算公式为：

$$P_t = \text{累计净现金流量开始出现正值的年份} - 1 + \frac{\text{上一年累计现金流量的绝对值}}{\text{当年净现金流量}}$$

当静态投资回收期小于等于基准投资回收期时，项目可行。

（2）动态投资回收期。动态投资回收期是指在考虑了资金时间价值的情况下，以项目每年的净收益回收项目全部投资所需要的时间。这个指标主要是为了克服静态投资回收期指标没有考虑资金时间价值的缺点而提出的。动态投资回收期的表达式如下：

$$\sum_{t=0}^{P'_t}(CI - CO)_t(1 + i_c)^{-t} = 0$$

式中　P'_t——动态投资回收期。

与 P_t 类似，P'_t 也可以用插值法求出，公式为：

$$P'_t = \text{累计净现金流量现值开始出现正值的年份} - 1 + \frac{\text{上一年累计现金流量现值的绝对值}}{\text{当年净现金流量现值}}$$

动态投资回收期是在考虑了项目合理收益的基础上收回投资的时间，只要在项目寿命期结束之前能够回收投资，就表示项目已经获得了合理的收益。因此，只要动态投资回收期不大于项目寿命期，项目就可行。

4. 总投资收益率（ROI）

总投资收益率是指项目达到设计能力后正常年份的年息税前利润或营运期内年平均息税前利润（EBIT）与项目总投资（TI）的比率。其表达式为：

$$ROI=\frac{EBIT}{TI}\times 100\%$$

总投资收益率高于同行业的收益率参考值，表明用总投资收益率表示的盈利能力满足要求。

5. 项目资本金净利润率（ROE）

项目资本金净利润率是指项目达到设计能力后正常年份的年净利润或运营期内平均净利润（NP）与项目资本金（EC）的比率。其表达式为：

$$ROE=\frac{NP}{EC}\times 100\%$$

项目资本金净利润率高于同行业的净利润率参考值，表明用项目资本金净利润率表示的盈利能力满足要求。

二、项目清偿能力分析

投资项目的资金构成一般可分为借入资金和自有资金。自有资金可长期使用，而借入资金必须按期偿还。项目的投资者自然要关心项目偿债能力；借入资金的所有者——债权人也非常关心贷出资金能否按期收回本息。因此，偿债分析是财务分析中的一项重要内容。评价项目借款偿债能力，需要根据有关财务报表，计算利息备付率、偿债备付率、资产负债率、流动比率和速动比率等指标，分析判断财务主体的偿债能力。

1. 利息备付率（ICR）

利息备付率是指项目在借款偿还期内的息税前利润（EBIT）与应付利息（PI）的比值，它从付息资金来源的充裕性角度反映项目偿付债务利息的保障程度。利息备付率的含义和计算公式均与财政部对企业绩效评价的“已获利息倍数”指标相同，用于支付利息的息税前利润等于利润总额和当期应付利息之和，当期应付利息是指计入总成本费用的全部利息。利息备付率应按下式计算：

$$ICR=\frac{EBIT}{PI}$$

利息备付率应分年计算。对于正常经营的企业，利息备付率应当大于1，并结合债权人的要求确定。利息备付率高，表明利息偿付的保障程度高，偿债风险小。

2. 偿债备付率（DSCR）

偿债备付率是指项目在借款偿还期内，各年可用于还本付息的资金（$EBITDA-T_{AX}$）与当期应还本付息金额（PD）的比值，它表示可用于还本付息的资金偿还借款本息的保障程度，应按下式计算：

$$DSCR=\frac{EBITDA-T_{AX}}{PD}$$

式中 EBITDA——息税前利润加折旧和摊销；

T_{AX}——企业所得税。

偿债备付率可以按年计算，也可以按整个借款期计算。偿债备付率表示企业可用于还本付息的资金偿还借款本息的保证倍率。正常情况下，偿债备付率应当大于1，并结合债权人的要求确定。

3. 资产负债率

资产负债率是各期末负债总额除以资产总额的百分比。资产负债率反映债权人所提供的资本占全部资本的比例。这个指标也被称为举债经营比率。资产负债率也可以衡量企业在清算时保护债权人利益的程度。计算公式如下：

$$\text{资产负债率}=\frac{\text{负债合计}}{\text{资产合计}}\times 100\%$$

负债合计不仅包括长期负债，还包括短期负债。这是因为，短期负债作为一个整体，企业总是长期占有，可以视为长期性资本来源的一部分。例如，一个应付账款明细科目可能是短期性的，但企业总是长期性地保持一个相对稳定的应付账款总额。这部分应付账款可以成为企业长期性资本来源的一部分。资产负债率的高低可以从以下几方面进行理解：

（1）一般情况下，资产负债率越小，表明企业长期偿债能力越强。保守的观点认为资产负债率不应高于50%，而国际上通常认为资产负债率为60%时较为合适。

（2）从债权人的角度看，他们最关心的是能否按期收回本金和利息。如果股东（或所有者）提供的资本与企业资本总额相比，只占较小的比例，则企业的风险将主要由债权人负担。因此，债权人希望企业债务比例越低越好，企业偿债有保证，贷款风险较小。

（3）从股东的角度看，由于企业通过举债筹措的资金与股东提供的资金在经营中发挥同样的作用，所以，股东所关心的是全部资金利润率是否超过借入款项的利率，即借入资本的代价。在企业所得的全部资本利润率超过因借款而支付的利息率时，股东所得到的利润就会加大。相反，如果运用全部资本所得的利润率低于借款利息率，则对股东不利，因为借入资本的多余的利息要用股东所得的利润份额来弥补。因此，从股东的角度看，在全部资本利润率高于借款利息率时，负债比例越大越好，否则反之。

（4）从经营者的角度看，如果举债超出债权人心理承受程度，企业就难以借到资金。如果企业不举债，或负债比例很小，则说明企业经营保守，对前途信心不足，利用债权人资本进行经营活动的能力很差。从财务管理的角度来看，企业应当审时度势，全面考虑，在利用资产负债率制定借入资本决策时，必须充分估计预期的利润和增加的风险，在二者之间权衡利害得失，作出正确决策。

4. 流动比率

流动比率是反映项目各年偿付流动负债能力的指标，计算公式为：

$$\text{流动比率}=\frac{\text{流动资产总额}}{\text{流动负债总额}}\times 100\%$$

流动比率衡量企业资金流动性的大小，考虑流动资产规模与负债规模之间的关系，判断企业短期债务到期前，可以转化为现金用于偿还流动负债的能力。该指标越高，说明偿还流动负债的能力越强。但该指标过高，说明企业资金利用效率低，对企业的运营也不利。国际公认的标准流动比率是200%。但行业间流动比率会有很大差异，一般来说，若行业生产周期较长，流动比率就应该相应提高；反之，就可以相对降低。

5. 速动比率

速动比率是反映项目各年快速偿付流动负债能力的指标，计算公式为：

$$\text{速动比率}=\frac{\text{流动资产总额}-\text{存货}}{\text{流动负债总额}}\times 100\%$$

速动比率指标是对流动比率指标的补充，是将流动比率指标计算公式的分子剔除了流动资产中的变现力最差的存货后，计算企业实际的短期债务偿还能力，较流动比率更为准确。该指标越高，说明偿还流动负债的能力越强。与流动比率一样，该指标过高，说明企业资金利用效率低，对企业的运营也不利。国际公认的标准速动比率为100%。同样，该指标在行业间也有较大差异，实践中应结合行业特点分析判断。

在项目评价过程中，可行性研究人员应该综合考察以上的盈利能力和偿债能力分析指标，分析项目的财务运营能力能否满足预期的要求和规定的标准要求，从而评价项目的财务可行性。

第四节　与工程财务有关的税收及保险规定

一、与工程财务有关的税收规定

按照纳税对象的不同性质，税收可以划分为流转税类、资源税类、所得税类、特定目的税类、财产行为税类、农业税类和关税。在项目的投资与建设过程中缴纳的主要税收包括营业税、所得税、城市维护建设税和教育费附加（可视作税收）。另外，针对其占有的财产和行为，还涉及房产税、土地使用税、土地增值税和契税等的征收。

（一）营业税

1. 纳税人

营业税的纳税人是指在中华人民共和国境内提供应税劳务、转让无形资产或者销售不动产的单位和个人。作为营业税纳税义务人的单位是指发生应税行为、并向对方收取货币、货物和其他经济利益的单位，无论其是否独立核算，均为营业税的纳税义务人。作为营业税纳税义务人的个人，是指个体工商户及其他有经营行为的个人。

2. 纳税对象

纳税对象包括在我国境内提供应税劳务、转让无形资产或销售不动产三个方面：

提供应税劳务主要包括交通运输业、建筑业、金融保险业、邮电通信业、文化体育业、娱乐业和服务业7项。

转让无形资产是指转让无形资产的所有权或使用权。具体包括转让土地使用权、商标权、专利权、非专利技术、著作权和商誉等。

销售不动产是指有偿转让不动产所有权。具体包括销售建筑物或构筑物、销售其他土地附着物；单位将不动产无偿赠与他人，视同销售不动产；以不动产投资入股，在转让该项股权时，也视同销售不动产。

3. 计税依据和税率

（1）计税依据。我国营业税的计税依据为计税营业额。营业税属于价内税，所谓价内税是指商品价值或价格内包含应纳的此项税金，因而作为计税依据的营业额为纳税人提供应税劳务、转让无形资产或者销售不动产时向对方收取的全部价款和价外费用（包括基金、集资款、手续费、代收代垫款项及其他各种性质的价外费用），价外费用均应依法并入营业额计算应纳税额。建筑业和销售不动产营业税计税依据的具体规定如下：

1）总承包企业将工程分包时，以全部承包额减去付给分包单位价款后的余额为营业额。

2）从事建筑、修缮、装饰工程作业的，无论是“包工包料”还是“包工不包料”，营业额均包括工程所用原材料及其他物资和动力的价格；从事安装工程作业的，凡安装的设备价值作为安装工程产值的，营业额包括设备价款营业额。

3）自建自用的房屋不纳营业税；自建房屋对外销售（不包括个人自建自用住房销售的，其自建行为应按建筑业缴纳营业税，再按销售不动产缴纳营业税。

4）单位和个人销售或转让其购置的不动产或受让的土地使用权，以全部收入减去不动产或土地使用权的购置或受让原价后的余额为营业额。单位和个人销售或转让抵债所得的不动产、土地使用权的，以全部收入减去抵债时该项不动产或土地使用权作价后的余额为营业额。

（2）税率。营业税实行差别比例税率，对同一行业实行同一税率，对不同行业实行不同税率。营业税税目税率见表8-8。

表8-8　营业税税目税率表

税　目	税　率
交通运输业	3%
建筑业	3%
金融保险业	5%
邮电通信业	3%
文化体育业	3%
娱乐业	5%～20%
服务业	5%
转让无形资产	5%
销售不动产	5%

4. 应纳税额计算

营业税应纳税额一般根据计税营业额和适用税率计算，基本计算公式为：

$$应纳税额 = 计税营业额 \times 适用税率$$

纳税人兼有不同税目的，应当分别核算不同税目的营业额，未分别核算营业额的，从高适用税率。纳税人兼营应税劳务与货物或非应税劳务的，应分别核算应税劳务的营业额与货物或非应税劳务的销售额，不分别核算或不能准确核算的，其应税劳务与货物或非应税劳务一并征收增值税，不征收营业税。基本建设单位和从事建筑安装业务的企业附设的工厂、车间生产的水泥预制构件、其他构件或建筑材料，用于本单位或本企业的建筑工程的，应在移送使用时征收增值税。但对其在建筑现场制造的预制构件，凡直接用于本单位或本企业建筑工程的，征收营业税，不征收增值税。

5. 纳税地点

（1）纳税人提供应税劳务应当向其机构所在地或者居住地的主管税务机关申报纳税。但是，纳税人提供的建筑业劳务以及国务院财政、税务主管部门规定的其他应税劳务，应当向应税劳务发生地的主管税务机关申报纳税。

（2）纳税人转让无形资产应当向其机构所在地或者居住地的主管税务机关申报纳税。

但是，纳税人转让、出租土地使用权，应当向土地所在地的主管税务机关申报纳税。

（3）纳税人销售、出租不动产应当向不动产所在地的主管税务机关申报纳税。

【例8-11】 甲建筑公司以15 000万元的总承包额中标为某房地产开发公司承建一幢写字楼，之后甲建筑公司又将该写字楼工程的装饰工程以6 000万元分包给乙建筑公司。工程完工后，房地产开发公司用其自有的市值5 000万元的两幢普通住宅楼抵顶了应付给甲建筑公司的工程劳务费；甲建筑公司将一幢普通住宅楼自用，另一幢市值2 500万元的普通住宅抵顶了应付给乙建筑公司的工程劳务费。试分别计算有关各方应缴纳和应扣缴的营业税税款。

解：（1）甲建筑公司应缴建筑业营业税 =（15 000 − 6 000）万元 × 3% = 270万元

（2）甲建筑公司应代扣代缴乙建筑公司建筑业营业税 = 6 000万元 × 3% = 180万元

（3）房地产公司应缴销售不动产营业税 = 5 000万元 × 5% = 250万元

（4）甲建筑公司应缴销售不动产营业税 = 2 500万元 × 5% = 125万元

【例8-12】 甲企业转让10年前建成的旧车间，取得收入1 100万元，该车间的原值为1 000万元，已提取折旧400万元。还转让一块土地使用权，取得收入550万元。年初取得该土地使用权时支付金额410万元，转让时发生相关费用6万元。试确定该企业应缴纳的营业税。

解： 应缴纳营业税 = 1 100万元 × 5% +（550 − 410）万元 × 5% = 62万元

（二）所得税

所得税又称所得课税、收益税，是指国家对法人、自然人和其他经济组织在一定时期内的各种所得额征收的一类税收。所得税主要包括企业所得税和个人所得税。

1. 纳税人和纳税对象

企业所得税的纳税人是指企业或其他取得收入的组织（以下统称企业）。可分为居民企业和非居民企业。

（1）居民企业是指依法在中国境内成立，或者依照外国（地区）法律成立但实际管理机构在中国境内的企业。居民企业应当就其来源于中国境内、境外的所得缴纳企业所得税。

（2）非居民企业是指依照外国（地区）法律成立且实际管理机构不在中国境内，但在中国境内设立机构、场所的，或者在中国境内未设立机构、场所，但却来源于中国境内所得的企业。

1）非居民企业在中国境内设立机构、场所的，应当就其所设机构、场所取得的来源于中国境内的所得，以及发生在中国境外但与其所设机构、场所有实际联系的所得，缴纳企业所得税。

2）非居民企业在中国境内未设立机构、场所的，或者虽设立机构、场所但取得的所得与其所设机构、场所没有实际联系的，应当就其来源于中国境内的所得缴纳企业所得税。

2. 计税依据和税率

（1）计税依据。企业所得税的计税依据为应纳税所得额。即：企业每一纳税年度的收入总额，减除不征税收入、免税收入、各项扣除以及允许弥补的以前年度亏损后的余额。其计算公式为：

应纳税所得额 = 收入总额 − 不征税收入 − 免税收入 − 各项扣除 − 弥补以前年度亏损

1）收入总额。收入总额是指企业以货币形式和非货币形式从各种来源取得的收入，包括：销售货物收入，提供劳务收入，转让财产收入，股息、红利等权益性投资收益，利息收入，租金收入，特许权使用费收入，接受捐赠收入，以及其他收入。

2）不征税收入。收入总额中的下列收入为不征税收入：财政拨款，依法收取并纳入财政管理的行政事业性收费、政府性基金，国务院规定的其他不征税收入。

3）免税收入。企业的下列收入为免税收入：国债利息收入，符合条件的居民企业之间的股息、红利等权益性投资收益，在中国境内设立机构、场所的非居民企业从居民企业取得与该机构、场所有实际联系的股息、红利等权益性投资收益，符合条件的非营利组织的收入。

4）各项扣除。企业实际发生的与取得收入有关的、合理的支出，包括成本、费用、税金、损失和其他支出，准予在计算应纳税所得额时扣除。同时，企业发生的公益性捐赠支出，在年度利润总额12%以内的部分，准予在计算应纳税所得额时扣除。

5）弥补以前年度亏损。根据利润的分配顺序，企业发生的年度亏损，在连续5年内可以用税前利润进行弥补。

6）在计算应纳税所得额时，不得扣除的支出：向投资者支付的股息、红利等权益性投资收益款项，企业所得税税款，税收滞纳金；罚金、罚款和被没收财物的损失，允许扣除范围以外的捐赠支出，赞助支出，未经核定的准备金支出，以及与取得收入无关的其他支出。

（2）税率。企业所得税实行25%的比例税率。对于非居民企业取得的应税所得额，适用税率为20%。

符合条件的小型微利企业，减按20%的税率征收企业所得税。国家需要重点扶持的高新技术企业，减按15%的税率征收企业所得税。此外，企业的下列所得可以免征、减征企业所得税：从事农、林、牧、渔业项目的所得，从事国家重点扶持的公共基础设施项目投资经营的所得，从事符合条件的环境保护、节能减排项目的所得，符合条件的技术转让所得。

3. 应纳税额计算

企业的应纳税所得额乘以适用税率，减除有关税收优惠的规定减免和抵免的税额后的余额，为应纳税额：

应纳税额 = 应纳税所得额 × 所得税税率 − 减免和抵免的税额

企业取得的下列所得已在境外缴纳的所得税税额，可以从其当期应纳税额中抵免，抵免限额为该项所得依照规定计算的应纳税额；超过抵免限额的部分，可以在以后5个年度内，用每年度抵免限额抵免当年应抵税额后的余额进行抵补：

1）居民企业来源于中国境外的应税所得。

2）非居民企业在中国境内设立机构、场所，取得发生在中国境外且与该机构、场所有实际联系的应税所得。

居民企业从其直接或者间接控制的外国企业分得的来源于中国境外的股息、红利等权益性投资收益，外国企业在境外实际缴纳的所得税税额中属于该项所得负担的部分，可以作为该居民企业的可抵免境外所得税税额，在规定的抵免限额内抵免。

（三）城市维护建设税与教育费附加

1. 城市维护建设税

城市维护建设税是指为筹集城市维护和建设资金而开征的一种附加税。城市维护建设税的纳税人，是有义务缴纳增值税、消费税和营业税的单位和个人。外商投资企业和外国企业不缴纳城市维护建设税。城市维护建设税以实际缴纳的增值税、消费税和营业税之和为计税依据，与增值税、消费税和营业税同时缴纳。城市维护建设税根据纳税人所在地的不同，分别规定不同的比例税率。纳税人所在地在市区的，税率为7%；纳税人所在地在县城或镇的，税率为5%；纳税人所在地不在市区、县城或镇的，税率为1%。施工企业、房地产开发企业应该以实际缴纳的营业税税额为计税依据，同时缴纳城市维护建设税。

2. 教育费附加

教育费附加是指为了发展地方教育事业、扩大地方教育经费来源而征收的一种附加税。教育费附加的纳税人，是有义务缴纳增值税、消费税和营业税的单位和个人。教育费附加以实际缴纳的增值税、营业税、消费税的税额为计征依据，与增值税、消费税和营业税同时缴纳。教育费附加的税率为3%。

（四）房产税

1. 纳税人

房产税的纳税义务人是征税范围内的房屋的产权所有人，包括国家所有和集体、个人所有房屋的产权所有人、承典人、代管人或使用人三类。

（1）产权属国家所有的，由经营管理单位纳税；产权属集体和个人所有的，由集体单位和个人纳税。

（2）产权出典的，由承典人纳税。所谓产权出典，是指产权所有人将房屋、生产资料等的产权，在一定期限内典当给他人使用，而取得资金的一种融资业务。

（3）产权所有人、承典人不在房屋所在地的，产权未确定及租典纠纷未解决的，由房产代管人或者使用人纳税。

（4）无租使用其他单位房产的房产，应由使用人代为缴纳房产税。

（5）外商投资企业、外国企业和外国人经营的房产不适用房产税。

2. 纳税对象

房产税的纳税对象为房产。与房屋不可分割的各种附属设施或不单独计价的配套设施，也属于房屋，应一并征收房产税；但独立于房屋之外的建筑物（如水塔、围墙等）不属于房屋，不征房产税。

房地产开发企业建造的商品房，在出售前，不征收房产税；但对出售前房地产开发企业已使用或出租、出借的商品房应按规定征收房产税。

3. 计税依据和税率

（1）从价计征。计税依据是房产原值一次减除10%～30%的扣除比例后的余值，税率为1.2%。

房产原值是指纳税人按照会计制度规定，在账簿“固定资产”科目中记载的房屋原价。房产原值应包括与房屋不可分割的各种附属设备或一般不单独计算价值的配套设施。纳税人对原有房屋进行改建、扩建的，要相应增加房屋的原值。

需要注意的特殊问题：

1）以房产联营投资的，房产税计税依据应区别对待：

① 以房产联营投资，共担经营风险的，按房产余值为计税依据计征房产税。

② 以房产联营投资，不承担经营风险，只收取固定收入的，实际是以联营名义取得房产租金，因此，应由出租方按租金收入计征房产税。

2）融资租赁房屋的，以房产余值为计税依据计征房产税，租赁期内该税的纳税人，由当地税务机关根据实际情况确定。

3）新建房屋空调设备价值计入房产原值的，应并入房产税计税依据计征房产税。

（2）从租计征。计税依据为房产租金收入，税率为12%，对个人按市场价格出租的居民住房，暂按4%的税率征收房产税。

4. 应纳税额

房产税应纳税额按表8-9的规定计算。

表8-9　房产税应纳税额计算表

计税方法	计税依据	税率	税额计算公式
从价计征	房产计税余值	1.2%	全年应纳税额＝应税房产原值×（1－扣除比例）×1.2%
从租计征	房屋租金	12%（个人为4%）	全年应纳税额＝租金收入×12%（个人为4%）

【例8-13】 甲企业2010年1月1日的房产原值为3 000万元，4月1日将其中原值为1 000万元的临街房出租给某商店，月租金5万元。当地政府规定允许按房产原值减除20%后的余值计税。试确定该企业当年应缴纳的房产税额。

解：自身经营用房的房产税按房产余值从价计征，临街房4月1日才出租，1～3月仍从价计征。

自身经营用房应缴房产税＝(3 000－1 000）万元×(1－20%)×1.2%＋1 000万元×(1－20%)×1.2%÷12×3＝19.2万元＋2.4万元＝21.6万元

出租的房产按本年租金从租计征＝5万元×9万元×12%＝5.4万元

企业当年应缴房产税＝21.6万元＋5.4万元＝27万元

【例8-14】 甲企业有一处房产原值1 000万元，2010年7月1日用于联营投资（收取固定收入，不承担联营风险），投资期为5年。已知该企业当年取得固定收入50万元，当地政府规定的扣除比例为20%。试确定该企业2010年应缴纳的房产税额。

解：以房产联营投资，不承担风险，只收取固定收入，应由出租方按租金收入计缴房产税。

$$应纳房产税＝[1\ 000万元×(1－20\%)×1.2\%÷2＋50万元×12\%]＝$$
$$4.8万元＋6万元＝10.8万元$$

（五）城镇土地使用税

1. 纳税义务人

城镇土地使用税的纳税义务人，是指在城市、县城、建制镇、工矿区范围内使用土地的单位和个人。单位包括国有企业、集体企业、私营企业、股份制企业、外商投资企业、外国企业以及其他企业和事业单位、社会团体、国家机关、军队以及其他单位；个人包括个体工商户以及其他个人。

2. 纳税对象

城镇土地使用税的纳税对象包括在城市、县城、建制镇和工矿区内的国有和集体所有土地，但不包括农村土地。

3. 计税依据和税率

城镇土地使用税以纳税人实际占用的土地面积（m^2）为计税依据。

纳税人实际占用的土地面积按下列办法确定：

（1）凡由省、自治区、直辖市人民政府确定的单位组织测定土地面积的，以测定的面积为准。

（2）尚未组织测量，但纳税人持有政府部门核发的土地使用证书的，以证书确认的土地面积为准。

（3）尚未核发出土地使用证书的，应由纳税人申报土地面积，据以纳税，待核发土地使用证后再作调整。

城镇土地使用税采用定额税率。按大、中、小城市和县城、建制镇和工矿区分别规定每平方米土地使用税年应纳税额。具体标准为：①大城市 1.5～30 元/m^2。②中等城市 1.2～24 元/m^2。③小城市 0.9～18 元/m^2。④县城、建制镇和工矿区 0.6～12 元/m^2。

各省、自治区、直辖市人民政府可根据市政建设情况和经济繁荣程度在规定税额幅度内，确定所辖地区适用税额幅度。

4. 应纳税额

城镇土地使用税应纳税额可通过纳税人实际占用的土地面积乘以该土地所在地段的适用税额求得。其计算公式为：

$$全年应纳税额 = 实际占用应税土地面积（m^2）\times 适用税额$$

【例 8-15】 甲城市的一家公司，实际占地 22 000m^2。由于经营规模扩大，年初该公司又受让了一块尚未办理土地使用证的土地 3 000m^2，公司按其当年开发使用的 2 000m^2 土地面积申报纳税，以上土地均适用 2 元/m^2的城镇土地使用税税率。试确定该公司当年应缴纳的城镇土地使用税额。

解：应纳税额 =（22 000 + 3 000）m^2 ×2 元/m^2 = 50 000 元。

（六）土地增值税

1. 纳税人

土地增值税的纳税人是转让国有土地使用权、地上建筑物及其附着物并取得收入的单位和个人。土地增值税的纳税人包括内外资企业、行政事业单位和中外籍个人等。

2. 纳税对象

土地增值税的纳税对象为：转让国有土地使用权、地上建筑物及其附属物连同国有土地使用权一并转让所取得的增值额。土地增值税的征税范围常以三个标准来判定：

（1）转让的土地使用权是否国家所有。

（2）土地使用权、地上建筑物及其附着物是否发生产权转让。

（3）转让房地产是否取得收入。

3. 计税依据和税率

（1）计税依据。土地增值税以纳税人转让房地产所取得的收入减除税法规定的扣除项目金额后的余额为计税依据。

所谓转让房地产所取得的收入，是指纳税人转让房地产从受让方收取的，没有任何扣除的全部收入，包括货币收入、实物收入和其他收入。

税法准予纳税人从转让收入中扣除的项目包括下列几项：

1）取得土地使用权支付的金额：

① 纳税人为取得土地使用权所支付的地价款。以转让方式取得土地使用权的，是实际

支付的地价款；其他方式取得的，为支付的土地出让金。

② 按国家统一规定缴纳的有关登记、过户手续费。

2）房地产开发成本。房地产开发成本包括土地的征用及拆迁补偿费、前期工程费、建筑安装费、基础设施费、公共配套设施费和开发间接费用。

3）房地产开发费用。房地产开发费用包括与房地产开发项目有关的管理费用、销售费用和财务费用。这三项费用不能据实扣除，应按下列标准扣除：

① 纳税人能够按转让房地产项目计算分摊利息支出，并能提供金融机构的贷款证明的：

房地产开发费用扣除总额 = 利息 +（取得土地使用权所支付的金额 + 房地产开发成本）×5% 以内

② 纳税人不能按转让房地产项目计算分摊利息支出，或不能提供金融机构贷款证明的：

房地产开发费用扣除总额 =（取得土地使用权所支付的金额 + 房地产开发成本）×10% 以内

4）与转让房地产有关的税金。非房地产开发企业扣除：营业税、城市维护建设税、教育费附加和印花税；房地产开发企业因印花税已列入管理费用中，故不允许在此扣除。

5）其他扣除项目。对于从事房地产开发的纳税人可加计 20% 的扣除：

加计扣除费用 =（取得土地使用权支付的金额 + 房地产开发成本）×20%

6）旧房及建筑物的评估价格。指转让已使用的房屋及建筑物时，由政府批准设立的房地产评估机构评定的重置成本价乘以成新度后的价格。

转让旧房的扣除额 = 评估价 + 取得土地使用权所支付的地价款 + 按国家规定缴纳的费用 + 转让环节缴纳的税金

（2）税率。土地增值税实行四级超率累进税率，具体税率见表 8-10。

表 8-10　土地增值税税率表

增值额占扣除项目金额比例	税　率	速算扣除系数
50% 以下（含 50%）	30%	0
超过 50% ~100%（含 100%）	40%	5%
超过 100% ~200%（含 200%）	50%	15%
200% 以上	60%	35%

4. 应纳税额

土地增值税应纳税额的计算公式为：

应纳税额 = ∑（每级距的土地增值额 × 适用税率）

或：　应纳税额 = 增值额 × 适用税率 − 扣除项目金额 × 速算扣除系数

土地增值额 = 转让收入 − 扣除项目金额

【例 8-16】 甲企业 2010 年转让一幢新建办公楼取得收入 5 000 万元，该办公楼建造成本和相关费用 3 700 万元，缴纳与转让办公楼相关的税金 277.5 万元（其中印花税金 2.5 万元）。试确定该企业应缴纳的土地增值税。

解：扣除项目金额 = 3 700 万元 + 277.5 万元 = 3 977.5 万元

土地增值额 = 5 000 万元 − 3 977.55 万元 = 1 022.5 万元

增值额与扣除项目比例 = 1 022.5/3 977.5 = 26%，适用税率为 30%，扣除率为 0，应纳土地增值税 = 1 022.5 万元 ×30% = 306.75 万元

【例8-17】 甲企业转让房地产，收入总额为1 000万元，扣除项目金额为250万元，试计算此次转让房地产应缴纳的土地增值税。

解：应纳土地增值税可按以下步骤进行：

（1）计算增值额：

$$1\ 000\text{万元}-250\text{万元}=750\text{万元}$$

（2）计算增值额与扣除项目金额的比值：

$$750/250=3\text{倍}$$

（3）计算每级距的土地增值额：

税率为30%部分的土地增值额：

$$250\text{万元}\times50\%=125\text{万元}$$

税率为40%部分的土地增值额：

$$250\text{万元}\times100\%-250\text{万元}\times50\%=125\text{万元}$$

税率为50%部分的土地增值额：

$$250\text{万元}\times200\%-250\text{万元}\times100\%=250\text{万元}$$

税率为60%部分的土地增值额：

$$750\text{万元}-250\text{万元}\times200\%=250\text{万元}$$

（4）计算应纳土地增值税税额：

$$125\text{万元}\times30\%+125\text{万元}\times40\%+250\text{万元}\times50\%+250\text{万元}\times60\%=362.5\text{万元}$$

本例中增值额占扣除项目比例为200%以上，税率为60%，速算扣除系数为0.35，采用速算扣除法可计算如下：

$$\begin{aligned}\text{应纳税额}&=750\text{万元}\times60\%-250\text{万元}\times0.35\\&=450\text{万元}-87.5\text{万元}\\&=362.5\text{万元}\end{aligned}$$

5. 税收优惠

（1）纳税人建造普通住宅出售时，增值额未超过扣除项目金额20%的，免征土地增值税；增值额超过扣除项目金额20%的，就其全部增值额计税。

（2）对个人转让房地产的，凡居住满5年或以上的，免征土地增值税；满3年未满5年的，减半征收；未满3年的，不实行优惠。

（3）因国家建设需要依法征用、收回的房地产，免征土地增值税。

（4）1994年1月1日前签订的房地产转让合同，无论房地产在何时转让，均免征土地增值税。

（七）契税

1. 纳税人

契税的纳税义务人是境内转移土地、房屋权属承受的单位和个人。单位包括内外资企业、事业单位、国家机关、军事单位和社会团体。个人包括中国公民和外籍人员。

2. 纳税对象

契税的纳税对象是在境内转移土地、房屋权属的行为。具体包括以下五种情况：

（1）国有土地使用权出让（转让方不交土地增值税）。

（2）国有土地使用权转让（转让方还应交土地增值税）。

(3) 房屋买卖（转让方符合条件的还需交土地增值税）。以下几种特殊情况也视同买卖房屋：

1) 以房产抵债或实物交换房屋。

2) 以房产做投资或做股权转让。

3) 买房拆料或翻建新房。

(4) 房屋赠与，包括以获奖方式承受土地房屋权属。

(5) 房屋交换（单位之间进行房地产交换还应交土地增值税）。

3. 计税依据和税率

契税的计税依据是不动产的价格。依不动产的转移方式、定价方法不同，契税计税依据有以下几种情况：

(1) 国有土地使用权出让、土地使用权出售、房屋买卖，以成交价格为计税依据。

(2) 土地使用权赠予、房屋赠予，由征收机关参照土地使用权出售、房屋买卖的市场价格核定。

(3) 土地使用权交换、房屋交换，以所交换的土地使用权、房屋的价格差额为计税依据。

(4) 以划拨方式取得土地使用权，经批准转让房地产时，由房地产转让者补交契税，计税依据为补交的土地使用权出让费用或者土地收益。

(5) 房屋附属设施征收契税的依据

1) 采取分期付款方式购买房屋附属设施土地使用权、房屋所有权的，应按合同规定的总价款计征契税。

2) 承受的房屋附属设施权属如为单独计价的，按照当地确定的适用税率征收契税；如与房屋统一计价的，适用与房屋相同的契税税率。

契税实行3%～5%的幅度税率。

4. 应纳税额

契税应纳税额的计算公式为：

$$契税应纳税额=计税依据\times税率$$

【例8-18】 甲公司2010年发生两笔互换房产业务，并已办理了相关手续。第一笔业务换出的房产价值600万元，换进的房产价值900万元；第二笔业务换出的房产价值800万元，换进的房产价值300万元。已知当地政府规定的契税税率为3%。试确定该公司应缴纳的契税额。

解： 房屋或土地使用权相交换，交换价格相等，免征契税；交换价格不等，由多交付货币、实物、无形资产或其他利益的一方按价差缴纳契税。第一笔交换业务应由甲公司交契税，第二笔交换业务由对方承受方缴纳契税。甲公司应缴契税：

$$(900-600)万元\times3\%=9万元$$

二、与工程财务有关的保险规定

工程保险是承保建筑、安装工程在建筑安装过程中因遭受自然灾害或意外事故的损失给予补偿的保险。工程保险属于财产保险和人身保险的范畴，是业主和承包商转移风险的一种重要手段。

在工程建设领域，通常包括以下险种：

（1）建筑工程一切险，包括建筑工程第三者责任险。

（2）安装工程一切险，包括安装工程第三者责任险。

（3）专业责任险（如勘察设计、工程监理及其他工程咨询机构的职业责任险）。

（4）社会保险（如建筑职工意外伤害险、业主责任险及其他国家法令规定的强制保险）。

（5）信用保险与保证保险（如工程质量保修保险）。

（6）机动车辆险。

（7）十年责任险（房屋建筑的主体工程）和两年责任险（小工程）等。

目前，我国已开办的工程保险包括建筑工程一切险、安装工程一切险和施工人员意外伤害保险；正在逐步推行勘察设计、工程监理及其他工程咨询机构的职业责任险、工程质量保修保险等。这里主要介绍我国建筑工程一切险、安装工程一切险和施工人员意外伤害保险的相关规定。

（一）建筑工程一切险

建筑工程一切险是承保以土木建筑为主体的工程项目在整个建筑期间因自然灾害或意外事故造成的物质损失，以及依法应承担的第三者责任的保险。

1. 被保险人

在工程建设期间，业主和承包商对所建工程都承担有一定风险，即具有可保利益，可向保险公司投保建筑工程一切险。保险公司则可以在一张保险单上对所有涉及该项工程的有关各方都予以合理的保险保障。建筑工程保险一张保单下可以有多个被保险人，这是工程保险区别于其他财产保险的特点之一。建筑工程一切险的被保险人一般可包括以下各方：

（1）业主：建设单位或工程所有人。

（2）承包商：总承包商及分包商。

（3）技术顾问：业主聘请的建筑师、设计师、工程师和其他专业顾问。

（4）其他关系方，如贷款银行或其他债权人。

2. 投保人

（1）全部承包方式，由承包方负责投保。

（2）部分承包方式，在合同中规定由某一方投保。

（3）分段承包方式，一般由业主投保。

（4）施工单位只提供劳务的承包方式，一般也由业主投保。

（二）安装工程一切险

安装工程一切险是以设备的购货合同价和安装合同价加各种费用或以安装工程的最后建成价格为保额的，以重置基础进行赔偿的，专门承保机器、设备或钢结构建筑物在安装、调试期间，由于保险责任范围内的风险造成的保险财产的物质损失和列明的费用的保险。与建筑工程一切险相比，安装工程一切险具有下列特点：

（1）建筑工程保险的标的从开工以后逐步增加，保险额也逐步提高，而安装工程一切险的保险标的一开始就存放于工地，保险公司一开始就承担着全部货价的风险。在机器安装好之后，试车、考核和保证阶段风险最大。由于风险集中，试车期的安装工程一切险的保险费通常占整个工期的保费的1/3左右。

(2) 在一般情况下，建筑工程一切险承担的风险主要为自然灾害，而安装工程一切险承担的风险主要为人为事故损失。

(3) 安装工程一切险的风险较大，保险费率也要高于建筑工程一切险。

建筑工程一切险和安装工程一切险在保单结构、条款内容、保险项目上基本一致，是承保工程项目相辅相成的两个险种。以下主要介绍安装工程一切险与建筑工程一切险的不同部分。

安装工程责任方主要有：业主（应对自然灾害及人力不可抗拒的事故负责）；承包商（应对不属于卖方责任的安装、试车中的疏忽、过失负责）；卖方（应对机器设备本身问题及技术指标导致安装试车过程中的损失负责）。由于安装期间发生损失的原因很复杂，往往各种原因交错，难以截然区分，因此，将有关利益方，即具有可保利益的，都视为安装工程险项下的共同被保险人。

安装工程一切险的被保险人包括：①业主。②承包商（含分包商）。③供货商，即负责提供被安装机器设备的一方。④制造商，即被安装机器设备的制造商，一但因制造商的过失引起的直接损失，即本身部分，不包括在安装工程险责任范围内。⑤技术顾问。⑥其他关系方。

一般来说，在全部承包方式下，由承包商作为投保人投保整个工程的安装工程保险。同时把有关利益方列为共同被保险人。如非全部承包方式，最好由业主投保。

(三) 施工人员意外伤害保险

施工人员意外伤害保险是指建筑企业为施工现场从事施工作业和管理的人员，向保险公司办理建筑意外伤害保险、支付保险费，保险公司对于在施工活动过程中发生的人身意外伤亡事故、对遭受意外伤害的施工人员实施赔付的保险。

在我国，施工人员意外伤害保险属于法定的强制性保险，是保护建筑业从业人员合法权益，转移企业事故风险，增强企业预防和控制事故能力，促进企业安全生产的重要手段。

施工人员意外伤害保险以工程项目或单项工程为单位进行投保。投保人为工程施工单位，工程项目中有分包单位的，由总承包单位统一办理，分包单位合理承担投保费用。施工单位应在工程项目开工前办理完投保手续。鉴于工程建设项目施工工艺流程中各工种调动频繁、用工流动性大，投保应实行不记名和不计人数的方式。

思 考 题

1. 什么是资金成本？
2. 什么是资本结构？什么是最优资本结构？
3. 什么是项目融资？项目融资的主要方式有哪些？
4. 工程项目成本管理的方法有哪些？
5. 简述项目盈利能力分析指标。
6. 简述项目清偿能力分析指标。
7. 简述与工程财务有关的税收。
8. 简述与工程财务有关的保险。
9. 某企业计划筹集资金 100 万元，所得税税率为 33%。有关资料如下：

（1）向银行借款 10 万元，借款年利率为 7%，手续费为 2%。

（2）按溢价发行债券，债券面值 14 万元，溢价发行价格为 15 万元，票面利率为 9%，期限为 5 年，每年支付一次利息，其筹资费率为 3%。

（3）发行优先股 25 万元，预计年股利率为 12%，筹资费率为 4%。

（4）发行普通股 40 万元，每股发行价格 10 元，筹资费率为 6%。预计第一年每股股利 1. 2 元，以后每年按 8% 递增。

（5）其余所需资金通过留存收益取得。

要求：

（1）计算个别资金成本。

（2）计算该企业综合资金成本。

10. 某承包企业承包一工程，计划砌砖工程量 1 200m^3，按预算定额规定，每立方米耗用空心砖 510 块，每块空心砖计划价格为 0. 12 元；而实际砌砖工程量却达 1 500m^3，每立方米实耗空心砖 500 块，每块空心砖实际购入价为 0. 18 元。试用因素分析法进行成本分析。

砌砖工程的空心砖成本计算公式为：

空心砖成本 = 砌砖工程量 × 每立方米空心砖消耗量 × 空心砖价格

附 录

复利系数表

1%的复利系数表

年份	一次支付		等额系列			
	终值系数	现值系数	年金终值系数	年金现值系数	资本回收系数	偿债基金系数
n	*F/P*, *i*, *n*	*P/F*, *i*, *n*	*F/A*, *i*, *n*	*P/A*, *i*, *n*	*A/P*, *i*, *n*	*A/F*, *i*, *n*
1	1.010	0.990 1	1.000	0.991 0	1.010 0	1.000 0
2	1.020	0.980 3	2.010	1.970 4	0.507 5	0.497 5
3	1.030	0.970 6	3.030	2.940 1	0.430 0	0.330 0
4	1.041	0.961 0	4.060	3.902 0	0.256 3	0.246 3
5	1.051	0.951 5	5.101	4.853 4	0.206 0	0.196 0
6	1.062	0.942 1	6.152	5.795 5	0.172 6	0.162 6
7	1.072	0.932 7	7.214	6.728 2	0.148 6	0.138 6
8	1.083	0.923 5	8.286	7.651 7	0.130 7	0.120 7
9	1.094	0.914 3	9.369	8.566 0	0.116 8	0.106 8
10	1.105	0.905 3	10.426	9.471 3	0.105 6	0.095 6
11	1.116	0.896 3	11.567	10.367 6	0.096 5	0.086 5
12	1.127	0.887 5	12.683	11.255 1	0.088 9	0.078 9
13	1.138	0.878 7	13.809	12.133 8	0.082 4	0.072 4
14	1.149	0.870 0	14.974	13.003 7	0.076 9	0.066 9
15	1.161	0.861 4	16.097	13.865 1	0.072 1	0.062 1
16	1.173	0.852 8	17.258	14.719 1	0.068 0	0.058 0
17	1.184	0.844 4	18.430	15.562 3	0.063 4	0.054 3
18	1.196	0.836 0	19.615	16.398 3	0.061 0	0.051 0
19	1.208	0.827 7	20.811	17.226 0	0.058 1	0.048 1
20	1.220	0.819 6	22.019	18.045 6	0.055 4	0.045 4
21	1.232	0.811 4	23.239	18.857 0	0.053 0	0.043 0
22	1.245	0.803 4	24.472	19.660 4	0.050 9	0.040 9
23	1.257	0.795 5	25.716	20.455 8	0.048 9	0.038 9
24	1.270	0.787 6	26.973	21.243 4	0.047 1	0.037 1
25	1.282	0.779 8	28.243	22.023 2	0.045 4	0.035 4
26	1.295	0.772 1	29.526	22.795 2	0.043 9	0.033 9
27	1.308	0.764 4	30.821	23.559 6	0.042 5	0.032 5
28	1.321	0.756 8	32.129	24.316 5	0.041 1	0.031 1
29	1.335	0.749 4	33.450	25.065 8	0.039 9	0.029 9
30	1.348	0.741 9	34.785	25.807 7	0.038 8	0.028 8
31	1.361	0.734 6	36.133	26.542 3	0.037 7	0.027 7
32	1.375	0.727 3	37.494	27.269 6	0.036 7	0.026 7
33	1.389	0.720 1	38.869	27.989 7	0.035 7	0.025 7
34	1.403	0.713 0	40.258	28.702 7	0.034 8	0.024 8
35	1.417	0.705 0	41.660	29.408 6	0.034 0	0.024 0

3%的复利系数表

年份	一次支付		等额系列			
	终值系数	现值系数	年金终值系数	年金现值系数	资本回收系数	偿债基金系数
n	*F/P*, *i*, *n*	*P/F*, *i*, *n*	*F/A*, *i*, *n*	*P/A*, *i*, *n*	*A/P*, *i*, *n*	*A/F*, *i*, *n*
1	1.030	0.970 9	1.000	0.970 9	1.030 0	1.000 0
2	1.061	0.942 6	2.030	1.913 5	0.522 6	0.492 6
3	1.093	0.915 2	3.091	2.828 6	0.353 5	0.323 5
4	1.126	0.888 5	4.184	3.717 1	0.269 0	0.239 0
5	1.159	0.862 6	5.309	4.579 7	0.218 4	0.188 4
6	1.194	0.837 5	6.468	5.417 2	0.184 6	0.154 6
7	1.230	0.813 1	7.662	6.230 3	0.160 5	0.130 5
8	1.267	0.789 4	8.892	7.019 7	0.142 5	0.112 5
9	1.305	0.766 4	10.159	7.786 1	0.128 4	0.098 4
10	1.344	0.744 1	11.464	8.530 2	0.117 2	0.087 2
11	1.384	0.722 4	12.808	9.252 6	0.108 1	0.078 1
12	1.426	0.701 4	14.192	9.954 0	0.100 5	0.070 5
13	1.469	0.681 0	15.618	10.645 0	0.094 0	0.064 0
14	1.513	0.661 1	17.086	11.296 1	0.088 5	0.058 5
15	1.558	0.641 9	18.599	11.937 9	0.083 8	0.053 8
16	1.605	0.623 2	20.157	12.561 1	0.079 6	0.049 6
17	1.653	0.605 0	21.762	13.166 1	0.076 0	0.046 0
18	1.702	0.587 4	23.414	13.753 5	0.072 7	0.042 7
19	1.754	0.570 3	25.117	14.323 8	0.069 8	0.039 8
20	1.806	0.553 7	26.870	14.877 5	0.067 2	0.037 2
21	1.860	0.537 6	28.676	15.415 0	0.064 9	0.034 9
22	1.916	0.521 9	30.537	15.936 9	0.062 8	0.032 8
23	1.974	0.506 7	32.453	16.443 6	0.060 8	0.030 8
24	2.033	0.491 9	34.426	16.935 6	0.059 1	0.029 1
25	2.094	0.477 6	36.495	17.413 2	0.057 4	0.027 4
26	2.157	0.463 7	38.553	17.876 9	0.055 9	0.025 9
27	2.221	0.450 2	40.710	18.327 0	0.054 6	0.024 6
28	2.288	0.437 1	42.931	18.764 1	0.053 3	0.023 3
29	2.357	0.424 4	45.219	19.188 5	0.052 1	0.022 1
30	2.427	0.412 0	47.575	19.600 5	0.051 0	0.021 0
31	2.500	0.400 0	50.003	20.000 4	0.050 0	0.020 0
32	2.575	0.388 3	52.503	20.388 8	0.049 1	0.019 1
33	2.652	0.377 0	55.078	20.765 8	0.048 2	0.018 2
34	2.732	0.366 1	57.730	21.131 8	0.047 3	0.017 3
35	2.814	0.355 4	60.462	21.487 2	0.046 5	0.016 5

4%的复利系数表

年份	一次支付		等额系列			
	终值系数	现值系数	年金终值系数	年金现值系数	资本回收系数	偿债基金系数
n	*F/P*, *i*, *n*	*P/F*, *i*, *n*	*F/A*, *i*, *n*	*P/A*, *i*, *n*	*A/P*, *i*, *n*	*A/F*, *i*, *n*
1	1.040	0.961 5	1.000	0.961 5	1.040 0	1.000
2	1.082	0.924 6	2.040	1.886 1	0.530 2	0.490 2
3	1.125	0.889 0	3.122	2.775 1	0.360 4	0.320 4
4	1.170	0.854 8	4.246	3.619 9	0.275 5	0.235 5
5	1.217	0.821 9	5.416	4.451 8	0.224 6	0.184 6
6	1.265	0.790 3	6.633	5.242 1	0.190 8	0.150 8
7	1.316	0.759 9	7.898	6.002 1	0.166 6	0.126 6
8	1.396	0.730 7	9.214	6.738 2	0.148 5	0.108 5
9	1.423	0.702 6	10.583	7.435 1	0.134 5	0.094 5
10	1.480	0.675 6	12.006	8.110 9	0.123 3	0.083 3
11	1.539	0.649 6	13.486	8.760 5	0.114 2	0.074 2
12	1.601	0.624 6	15.036	9.385 1	0.106 6	0.066 6
13	1.665	0.600 6	16.627	9.985 7	0.100 2	0.060 2
14	1.732	0.577 5	18.292	10.563 1	0.094 7	0.054 7
15	1.801	0.555 3	20.024	11.118 4	0.090 0	0.050 0
16	1.873	0.533 9	21.825	11.652 3	0.085 8	0.045 8
17	1.948	0.513 4	23.698	12.165 7	0.082 2	0.042 2
18	2.026	0.493 6	25.645	12.659 3	0.079 0	0.039 0
19	2.107	0.474 7	27.671	13.133 9	0.076 1	0.036 1
20	2.191	0.456 4	29.778	13.509 3	0.073 6	0.033 6
21	2.279	0.438 8	31.969	14.029 2	0.071 3	0.031 3
22	2.370	0.422 0	34.248	14.451 1	0.069 2	0.029 2
23	2.465	0.405 7	36.618	14.856 9	0.067 3	0.027 3
24	2.563	0.390 1	39.083	15.247 0	0.065 6	0.025 6
25	2.666	0.375 1	41.646	15.622 1	0.064 0	0.024 0
26	2.772	0.306 7	44.312	15.982 8	0.062 6	0.022 6
27	2.883	0.346 8	47.084	16.329 6	0.061 2	0.021 2
28	2.999	0.333 5	49.968	16.663 1	0.060 0	0.020 0
29	3.119	0.320 7	52.966	16.987 3	0.058 9	0.018 9
30	3.243	0.308 3	56.085	17.292 0	0.057 8	0.017 8
31	3.373	0.296 5	59.328	17.588 5	0.056 9	0.016 9
32	3.508	0.285 1	62.701	17.873 6	0.056 0	0.016 0
33	3.648	0.274 1	66.210	18.147 7	0.055 1	0.015 1
34	3.794	0.263 6	69.858	18.411 2	0.054 3	0.014 3
35	3.946	0.253 4	73.652	18.664 6	0.036	0.013 6

5%的复利系数表

年份	一次支付		等额系列			
	终值系数	现值系数	年金终值系数	年金现值系数	资本回收系数	偿债基金系数
n	*F/P*, *i*, *n*	*P/F*, *i*, *n*	*F/A*, *i*, *n*	*P/A*, *i*, *n*	*A/P*, *i*, *n*	*A/F*, *i*, *n*
1	1.050	0.952 4	1.000	0.952 4	1.050 0	1.000
2	1.103	0.907 0	2.050	1.859 4	0.537 8	0.487 8
3	1.158	0.863 8	3.153	2.723 3	0.367 2	0.317 2
4	1.216	0.822 7	4.310	3.546 0	0.282 0	0.232 0
5	1.276	0.783 5	5.526	4.329 5	0.231 0	0.181 0
6	1.340	0.746 2	6.802	5.075 7	0.197 0	0.147 0
7	1.407	0.710 7	8.142	5.786 4	0.172 8	0.122 8
8	1.477	0.676 8	9.549	6.463 2	0.154 7	0.104 7
9	1.551	0.644 6	11.027	7.107 8	0.140 7	0.090 7
10	1.629	0.613 9	12.587	7.721 7	0.129 5	0.079 5
11	1.710	0.584 7	14.207	8.306 4	0.120 4	0.070 4
12	1.796	0.556 8	15.917	8.863 3	0.112 8	0.062 8
13	1.886	0.530 3	17.713	9.393 6	0.106 5	0.056 5
14	1.980	0.505 1	19.599	9.898 7	0.101 0	0.051 0
15	2.079	0.481 0	21.597	10.379 7	0.096 4	0.046 4
16	2.183	0.458 1	23.658	10.837 3	0.093 2	0.043 2
17	2.292	0.436 3	25.840	11.274 1	0.088 7	0.038 7
18	2.407	0.415 5	28.132	11.689 6	0.085 6	0.035 6
19	2.527	0.395 7	30.539	12.085 3	0.082 8	0.032 8
20	2.653	0.376 9	33.066	12.462 2	0.080 3	0.030 3
21	2.786	0.359 0	35.719	12.821 2	0.078 0	0.028 0
22	2.925	0.341 9	38.505	13.163 0	0.076 0	0.026 0
23	3.072	0.325 6	41.430	13.488 6	0.074 1	0.024 1
24	3.225	0.310 1	44.502	13.798 7	0.072 5	0.022 5
25	3.386	0.295 3	47.727	14.094 0	0.071 0	0.021 0
26	3.556	0.281 3	51.113	14.375 3	0.069 6	0.019 6
27	3.733	0.267 9	54.669	14.634 0	0.068 3	0.018 3
28	3.920	0.255 1	58.403	14.898 1	0.067 1	0.017 1
29	4.116	0.243 0	62.323	15.141 1	0.066 1	0.016 1
30	4.322	0.231 4	66.439	15.372 5	0.065 1	0.015 1
31	4.538	0.220 4	70.761	15.592 8	0.064 1	0.014 1
32	4.765	0.209 9	75.299	15.802 7	0.063 3	0.013 3
33	5.003	0.199 9	80.064	16.002 6	0.062 5	0.012 5
34	5.253	0.190 4	85.067	16.192 9	0.061 8	0.011 8
35	5.516	0.181 3	90.320	16.374 2	0.061 1	0.011 1

6%的复利系数表

年份	一次支付		等额系列			
	终值系数	现值系数	年金终值系数	年金现值系数	资本回收系数	偿债基金系数
n	*F/P*, *i*, *n*	*P/F*, *i*, *n*	*F/A*, *i*, *n*	*P/A*, *i*, *n*	*A/P*, *i*, *n*	*A/F*, *i*, *n*
1	1.060	0.943 4	1.000	0.943 4	1.060 0	1.000
2	1.124	0.890 0	2.060	1.833 4	0.545 4	0.485 4
3	1.191	0.839 6	3.184	2.670 4	0.374 1	0.314 1
4	1.262	0.729 1	4.375	3.456 1	0.288 6	0.228 6
5	1.338	0.747 3	5.637	4.212 4	0.237 4	0.177 4
6	1.419	0.705 0	6.975	4.917 3	0.203 4	0.143 4
7	1.504	0.665 1	8.394	5.582 4	0.179 1	0.119 1
8	1.594	0.627 4	9.897	6.209 8	0.161 0	0.101 0
9	1.689	0.591 9	11.491	6.807 1	0.147 0	0.087 0
10	1.791	0.558 4	13.181	7.360 1	0.135 9	0.075 9
11	1.898	0.526 8	14.972	7.886 9	0.126 8	0.066 8
12	2.012	0.497 0	16.870	8.383 9	0.119 3	0.059 3
13	2.133	0.468 8	18.882	8.852 7	0.113 0	0.053 0
14	2.261	0.442 3	21.015	9.295 6	0.107 6	0.047 6
15	2.397	0.417 3	23.276	9.712 3	0.103 0	0.043 0
16	2.540	0.393 7	25.673	10.105 9	0.099 0	0.039 0
17	2.693	0.371 4	28.213	10.477 3	0.095 5	0.035 5
18	2.854	0.350 4	30.906	10.827 6	0.092 4	0.032 4
19	3.026	0.330 5	33.760	11.158 1	0.089 6	0.029 6
20	3.207	0.311 8	36.786	11.469 9	0.087 2	0.027 2
21	3.400	0.294 2	39.993	11.764 1	0.085 0	0.025 0
22	3.604	0.277 5	43.329	12.046 1	0.083 1	0.023 1
23	3.820	0.261 8	46.996	12.303 4	0.081 3	0.021 3
24	4.049	0.247 0	50.816	12.550 4	0.079 7	0.019 7
25	4.292	0.233 0	54.865	12.783 4	0.078 2	0.018 2
26	4.549	0.219 8	59.156	13.003 2	0.076 9	0.016 9
27	4.822	0.207 4	63.706	13.210 5	0.075 7	0.015 7
28	5.112	0.195 6	68.528	13.406 2	0.074 6	0.014 6
29	5.418	0.184 6	73.640	13.590 7	0.073 6	0.013 6
30	5.744	0.174 1	79.058	13.764 8	0.072 7	0.012 7
31	6.088	0.164 3	84.802	13.929 1	0.071 8	0.011 8
32	6.453	0.155 0	90.890	14.084 1	0.071 0	0.011 0
33	6.841	0.146 2	97.343	14.230 2	0.070 3	0.010 3
34	7.251	0.137 9	104.184	14.368 2	0.069 6	0.009 6
35	7.686	0.130 1	111.435	14.498 3	0.069 0	0.009 0

7%的复利系数表

年份	一次支付		等额系列			
	终值系数	现值系数	年金终值系数	年金现值系数	资本回收系数	偿债基金系数
n	$F/P, i, n$	$P/F, i, n$	$F/A, i, n$	$P/A, i, n$	$A/P, i, n$	$A/F, i, n$
1	1.070	0.934 6	1.000	0.934 6	1.070 0	1.000
2	1.145	0.873 4	2.070	1.808 0	0.553 1	0.483 1
3	1.225	0.816 3	3.215	2.623 4	0.381 1	0.311 1
4	1.311	0.762 9	4.440	3.387 2	0.295 2	0.225 2
5	1.403	0.713 0	5.751	4.100 2	0.243 9	0.173 9
6	1.501	0.666 4	7.153	4.7665	0.209 8	0.139 8
7	1.606	0.622 8	8.645	5.389 3	0.185 6	0.115 6
8	1.718	0.528 0	10.260	5.971 3	0.167 5	0.097 5
9	1.838	0.543 9	11.978	6.515 2	0.153 5	0.083 5
10	1.967	0.508 4	13.816	7.023 6	0.142 4	0.072 4
11	2.105	0.475 1	15.784	7.498 7	0.133 4	0.063 4
12	2.252	0.444 0	17.888	7.942 7	0.125 9	0.055 9
13	2.410	0.415 0	20.141	8.357 7	0.119 7	0.049 7
14	2.597	0.387 8	22.550	8.745 5	0.114 4	0.044 4
15	2.759	0.362 5	25.129	9.107 9	0.109 8	0.039 8
16	2.952	0.338 7	27.888	9.446 7	0.105 9	0.035 9
17	3.159	0.316 6	30.840	9.763 2	0.102 4	0.032 4
18	3.380	0.295 9	33.999	10.059 1	0.099 4	0.029 4
19	3.617	0.276 5	37.379	10.335 6	0.096 8	0.026 8
20	3.870	0.258 4	40.996	10.594 0	0.094 4	0.024 4
21	4.141	0.241 5	44.865	10.835 5	0.092 3	0.022 3
22	4.430	0.225 7	49.006	11.061 3	0.090 4	0.020 4
23	4.741	0.211 0	53.436	11.272 2	0.088 7	0.018 7
24	5.072	0.197 2	58.177	11.469 3	0.087 2	0.017 2
25	5.427	0.184 3	63.249	11.653 6	0.085 8	0.015 8
26	5.807	0.172 2	68.676	11.825 8	0.084 6	0.014 6
27	6.214	0.160 9	74.484	11.986 7	0.083 4	0.013 4
28	6.649	0.150 4	80.698	12.137 1	0.082 4	0.012 4
29	7.114	0.140 6	87.347	12.277 7	0.081 5	0.011 5
30	7.612	0.131 4	94.461	12.409 1	0.080 6	0.010 6
31	8.145	0.122 8	102.073	12.531 8	0.079 8	0.009 8
32	8.715	0.114 8	110.218	12.646 6	0.079 1	0.009 1
33	9.325	0.107 2	118.933	12.753 8	0.078 4	0.008 4
34	9.978	0.100 2	128.259	12.854 0	0.077 8	0.007 8
35	10.677	0.093 7	138.237	12.947 7	0.077 2	0.007 2

8%的复利系数表

年份	一次支付		等额系列			
	终值系数	现值系数	年金终值系数	年金现值系数	资本回收系数	偿债基金系数
n	*F/P*, *i*, *n*	*P/F*, *i*, *n*	*F/A*, *i*, *n*	*P/A*, *i*, *n*	*A/P*, *i*, *n*	*A/F*, *i*, *n*
1	1.080	0.925 9	1.000	0.925 9	1.080 0	1.000 0
2	1.166	0.857 3	2.080	1.783 3	0.560 8	0.408 0
3	1.260	0.793 8	3.246	2.577 1	0.388 0	0.308 0
4	1.360	0.735 0	4.506	3.312 1	0.301 9	0.221 9
5	1.496	0.680 6	5.867	3.992 7	0.250 5	0.170 5
6	1.587	0.630 2	7.336	4.622 9	0.216 3	0.136 3
7	1.714	0.583 5	8.923	5.206 4	0.192 1	0.112 1
8	1.851	0.540 3	10.637	5.746 6	0.174 0	0.094 0
9	1.999	0.500 3	12.488	6.246 9	0.160 1	0.080 1
10	2.159	0.463 2	14.487	6.710 1	0.149 0	0.069 0
11	2.332	0.428 9	16.645	7.139 0	0.140 1	0.060 1
12	2.518	0.397 1	18.977	7.536 1	0.132 7	0.052 7
13	2.720	0.367 7	21.459	7.803 8	0.126 5	0.046 5
14	2.937	0.340 5	24.215	8.244 2	0.121 3	0.041 3
15	3.172	0.315 3	27.152	8.559 5	0.116 8	0.036 8
16	3.426	0.291 9	30.324	8.851 4	0.113 0	0.033 0
17	3.700	0.270 3	33.750	9.121 6	0.109 6	0.029 6
18	3.996	0.250 3	37.450	9.371 9	0.106 7	0.026 7
19	4.316	0.231 7	41.446	9.603 6	0.104 1	0.021 4
20	4.661	0.214 6	45.762	9.818 2	0.101 9	0.021 9
21	5.034	0.198 7	50.423	10.016 8	0.099 8	0.019 8
22	5.437	0.184 0	55.457	10.200 8	0.098 0	0.018 0
23	5.871	0.170 3	60.893	10.371 1	0.096 4	0.016 4
24	6.341	0.157 7	66.765	10.528 8	0.095 0	0.015 0
25	6.848	0.146 0	73.106	10.674 8	0.937 0	0.013 7
26	7.396	0.135 2	79.954	10.810 0	0.092 5	0.012 5
27	7.988	0.125 2	87.351	10.935 2	0.091 5	0.011 5
28	8.627	0.115 9	95.339	11.051 1	0.090 5	0.010 5
29	9.317	0.107 3	103.966	11.158 4	0.089 6	0.009 6
30	10.063	0.099 4	113.283	11.257 8	0.088 8	0.008 8
31	10.868	0.092 0	123.346	11.349 8	0.088 1	0.008 1
32	11.737	0.085 2	134.214	11.435 0	0.087 5	0.007 5
33	12.676	0.078 9	145.951	11.513 9	0.086 9	0.006 9
34	13.690	0.073 1	158.627	11.586 9	0.086 3	0.006 3
35	14.785	0.067 6	172.317	11.654 6	0.085 8	0.005 8

9%的复利系数表

年份	一次支付		等额系列			
	终值系数	现值系数	年金终值系数	年金现值系数	资本回收系数	偿债基金系数
n	*F/P*, *i*, *n*	*P/F*, *i*, *n*	*F/A*, *i*, *n*	*P/A*, *i*, *n*	*A/P*, *i*, *n*	*A/F*, *i*, *n*
1	1.090	0.917 4	1.000	0.917 4	1.090 0	1.000 0
2	1.188	0.841 7	2.090	1.759 1	0.568 5	0.478 5
3	1.295	0.772 2	3.278	2.531 3	0.395 1	0.305 1
4	1.412	0.708 4	4.573	3.239 7	0.308 7	0.218 7
5	1.539	0.649 9	5.985	3.889 7	0.257 1	0.167 1
6	1.677	0.596 3	7.523	4.485 9	0.222 9	0.132 9
7	1.828	0.547 0	9.200	5.033 0	0.198 7	0.108 7
8	1.993	0.501 9	11.028	5.534 8	0.180 7	0.090 7
9	2.172	0.460 4	13.021	5.995 3	0.166 8	0.076 8
10	2.367	0.422 4	15.193	6.417 7	0.155 8	0.065 8
11	2.580	0.387 5	17.560	6.805 2	0.147 0	0.057 0
12	2.813	0.355 5	20.141	7.160 7	0.139 7	0.049 7
13	3.066	0.326 2	22.953	7.486 9	0.133 6	0.043 6
14	3.342	0.299 3	26.019	7.786 2	0.128 4	0.038 4
15	3.642	0.274 5	29.361	8.060 7	0.124 1	0.034 1
16	3.970	0.251 9	33.003	8.312 6	0.120 3	0.030 3
17	4.328	0.231 1	36.974	8.543 6	0.117 1	0.027 1
18	4.717	0.212 0	41.301	8.755 6	0.114 2	0.024 2
19	5.142	0.194 5	46.018	8.950 1	0.111 7	0.021 7
20	5.604	0.178 4	51.160	9.128 6	0.109 6	0.019 6
21	6.109	0.163 7	56.765	9.202 3	0.107 6	0.017 6
22	6.659	0.150 2	62.873	9.442 4	0.105 9	0.015 9
23	7.258	0.137 8	69.532	9.580 2	0.104 4	0.014 4
24	7.911	0.126 4	76.790	9.706 6	0.103 0	0.013 0
25	8.623	0.116 0	84.701	9.822 6	0.101 8	0.011 8
26	9.399	0.106 4	93.324	9.929 0	0.100 7	0.010 7
27	10.245	0.097 6	102.723	10.026 6	0.099 7	0.009 7
28	11.167	0.089 6	112.968	10.116 1	0.098 9	0.008 9
29	12.172	0.082 2	124.135	10.198 3	0.098 1	0.008 1
30	13.268	0.075 4	136.308	10.273 7	0.097 3	0.007 3
31	14.462	0.069 2	149.575	10.342 8	0.096 7	0.006 7
32	15.763	0.063 4	164.037	10.406 3	0.096 1	0.006 1
33	17.182	0.058 2	179.800	10.464 5	0.095 6	0.005 6
34	18.728	0.053 4	196.982	10.517 8	0.095 1	0.005 1
35	20.414	0.049 0	215.711	10.568 0	0.094 6	0.004 6

10%的复利系数表

年份	一次支付		等额系列			
	终值系数	现值系数	年金终值系数	年金现值系数	资本回收系数	偿债基金系数
n	$F/P, i, n$	$P/F, i, n$	$F/A, i, n$	$P/A, i, n$	$A/P, i, n$	$A/F, i, n$
1	1.100	0.909 1	1.000	0.909 1	1.100 0	1.000 0
2	1.210	0.826 5	2.100	1.735 5	0.576 2	0.476 2
3	1.331	0.751 3	3.310	2.486 9	0.402 1	0.302 1
4	1.464	0.683 0	4.641	3.169 9	0.315 5	0.215 5
5	1.611	0.620 9	6.105	3.790 8	0.263 8	0.163 8
6	1.772	0.564 5	7.716	4.355 3	0.229 6	0.129 6
7	1.949	0.513 2	9.487	4.868 4	0.205 4	0.105 4
8	2.144	0.466 5	11.436	5.334 9	0.187 5	0.087 5
9	2.358	0.424 1	13.579	5.759 0	0.173 7	0.073 7
10	2.594	0.385 6	15.937	6.144 6	0.162 8	0.062 8
11	2.853	0.350 5	18.531	6.495 1	0.154 0	0.054 0
12	3.138	0.318 6	21.384	6.813 7	0.146 8	0.046 8
13	3.452	0.289 7	24.523	7.103 4	0.140 8	0.040 8
14	3.798	0.263 3	27.975	7.366 7	0.135 8	0.035 8
15	4.177	0.239 4	31.772	7.606 1	0.131 5	0.031 5
16	4.595	0.217 6	35.950	7.823 7	0.127 8	0.027 8
17	5.054	0.197 9	40.545	8.021 6	0.124 7	0.024 7
18	5.560	0.179 9	45.599	8.201 4	0.121 9	0.021 9
19	6.116	0.163 5	51.159	8.364 9	0.119 6	0.019 6
20	6.728	0.148 7	57.275	8.513 6	0.117 5	0.017 5
21	7.400	0.135 1	64.003	8.648 7	0.115 6	0.015 6
22	8.140	0.122 9	71.403	8.771 6	0.114 0	0.014 0
23	8.954	0.111 7	79.543	8.883 2	0.112 6	0.012 6
24	9.850	0.101 5	88.497	8.984 8	0.111 3	0.011 3
25	10.835	0.092 3	98.347	9.077 1	0.110 2	0.010 2
26	11.918	0.083 9	109.182	9.161 0	0.109 2	0.009 2
27	13.110	0.076 3	121.100	9.237 2	0.108 3	0.008 3
28	14.421	0.069 4	134.210	9.306 6	0.107 5	0.007 5
29	15.863	0.063 0	148.631	9.369 6	0.106 7	0.006 7
30	17.449	0.057 3	164.494	9.426 9	0.106 1	0.006 1
31	19.194	0.052 1	181.943	9.479 0	0.105 5	0.005 5
32	21.114	0.047 4	201.138	9.526 4	0.105 0	0.005 0
33	23.225	0.043 1	222.252	9.569 4	0.104 5	0.004 5
34	25.548	0.039 2	245.477	9.608 6	0.104 1	0.004 1
35	28.102	0.035 6	271.024	9.644 2	0.103 7	0.003 7

12%的复利系数表

年份	一次支付		等额系列			
	终值系数	现值系数	年金终值系数	年金现值系数	资本回收系数	偿债基金系数
n	F/P, i, n	P/F, i, n	F/A, i, n	P/A, i, n	A/P, i, n	A/F, i, n
1	1.120	0.892 9	1.000	0.892 9	1.120 0	1.000 0
2	1.254	0.797 2	2.120	1.690 1	0.591 7	0.471 7
3	1.405	0.711 8	3.374	2.401 8	0.416 4	0.296 4
4	1.574	0.635 5	4.779	3.037 4	0.329 2	0.209 2
5	1.762	0.567 4	6.353	3.604 8	0.277 4	0.157 4
6	1.974	0.506 6	8.115	4.111 4	0.243 2	0.123 2
7	2.211	0.452 4	10.089	4.563 8	0.219 1	0.099 1
8	2.476	0.403 9	12.300	4.967 6	0.201 3	0.081 3
9	2.773	0.360 6	14.776	5.328 3	0.187 7	0.067 7
10	3.106	0.322 0	17.549	5.650 2	0.177 0	0.057 0
11	3.479	0.287 5	20.655	5.937 7	0.168 4	0.048 4
12	3.896	0.256 7	24.133	6.194 4	0.161 4	0.041 4
13	4.364	0.229 2	28.029	6.423 6	0.155 7	0.035 7
14	4.887	0.204 6	32.393	6.628 2	0.150 9	0.030 9
15	5.474	0.182 7	37.280	6.810 9	0.146 8	0.026 8
16	6.130	0.163 1	42.752	6.974 0	0.143 4	0.023 4
17	6.866	0.145 7	48.884	7.119 6	0.140 5	0.020 5
18	7.690	0.130 0	55.750	7.249 7	0.137 9	0.017 9
19	8.613	0.116 1	63.440	7.365 8	0.135 8	0.015 8
20	9.646	0.103 7	72.052	7.469 5	0.133 9	0.013 9
21	10.804	0.092 6	81.699	7.562 0	0.132 3	0.012 3
22	12.100	0.082 7	92.503	7.644 7	0.130 8	0.010 8
23	13.552	0.073 8	104.603	7.718 4	0.129 6	0.009 6
24	15.179	0.065 9	118.155	7.784 3	0.128 5	0.008 5
25	17.000	0.058 8	133.334	7.843 1	0.127 5	0.007 5
26	19.040	0.052 5	150.334	7.895 7	0.126 7	0.006 7
27	21.325	0.046 9	169.374	7.942 6	0.125 9	0.005 9
28	23.884	0.041 9	190.699	7.984 4	0.125 3	0.005 3
29	26.750	0.037 4	214.583	8.021 8	0.124 7	0.004 7
30	29.960	0.033 4	241.333	8.055 2	0.124 2	0.004 2
31	33.555	0.029 8	271.293	8.085 0	0.123 7	0.003 7
32	37.582	0.026 6	304.848	8.111 6	0.123 3	0.003 3
33	42.092	0.023 8	342.429	8.135 4	0.122 9	0.002 9
34	47.143	0.021 2	384.521	8.156 6	0.122 6	0.002 6
35	52.800	0.018 9	431.664	8.175 5	0.122 3	0.002 3

15%的复利系数表

年份	一次支付		等额系列			
	终值系数	现值系数	年金终值系数	年金现值系数	资本回收系数	偿债基金系数
n	*F/P, i, n*	*P/F, i, n*	*F/A, i, n*	*P/A, i, n*	*A/P, i, n*	*A/F, i, n*
1	1. 150	0. 869 6	1. 000	0. 869 6	1. 150 0	1. 000 0
2	1. 323	0. 756 2	2. 150	1. 625 7	0. 615 1	0. 465 1
3	1. 521	0. 657 5	3. 473	2. 283 2	0. 438 0	0. 288 0
4	1. 749	0. 571 8	4. 993	2. 855 0	0. 350 3	0. 200 3
5	2. 011	0. 497 2	6. 742	3. 352 2	0. 298 3	0. 148 3
6	2. 313	0. 432 3	8. 754	3. 784 5	0. 264 2	0. 114 2
7	2. 660	0. 375 9	11. 067	4. 160 4	0. 240 4	0. 090 4
8	3. 059	0. 326 9	13. 727	4. 487 3	0. 222 9	0. 072 9
9	3. 518	0. 284 3	16. 786	4. 771 6	0. 209 6	0. 059 6
10	4. 046	0. 247 2	20. 304	5. 018 8	0. 199 3	0. 049 3
11	4. 652	0. 215 0	24. 349	5. 233 7	0. 191 1	0. 041 1
12	5. 350	0. 186 9	29. 002	5. 420 6	0. 184 5	0. 034 5
13	6. 153	0. 165 2	34. 352	5. 583 2	0. 179 1	0. 029 1
14	7. 076	0. 141 3	40. 505	5. 724 5	0. 174 7	0. 024 7
15	8. 137	0. 122 9	47. 580	5. 847 4	0. 171 0	0. 021 0
16	9. 358	0. 106 9	55. 717	5. 954 2	0. 168 0	0. 018 0
17	10. 761	0. 092 9	65. 075	6. 047 2	0. 165 4	0. 015 4
18	12. 375	0. 080 8	75. 836	6. 128 0	0. 163 2	0. 012 3
19	14. 232	0. 070 3	88. 212	6. 198 2	0. 161 3	0. 011 3
20	16. 367	0. 061 1	102. 444	6. 259 3	0. 159 8	0. 009 8
21	18. 822	0. 053 1	118. 810	6. 312 5	0. 158 4	0. 008 4
22	21. 645	0. 046 2	137. 632	6. 358 7	0. 157 3	0. 007 3
23	24. 891	0. 040 2	159. 276	6. 398 8	0. 156 3	0. 006 3
24	28. 625	0. 034 9	184. 168	6. 433 8	0. 155 4	0. 005 4
25	32. 919	0. 030 4	212. 793	6. 464 2	0. 154 7	0. 004 7
26	37. 857	0. 026 4	245. 712	6. 490 6	0. 154 1	0. 004 1
27	43. 535	0. 023 0	283. 569	6. 513 5	0. 153 5	0. 003 5
28	50. 066	0. 020 0	327. 104	6. 533 5	0. 153 1	0. 003 1
29	57. 575	0. 017 4	377. 170	6. 550 9	0. 152 7	0. 002 7
30	66. 212	0. 015 1	434. 745	6. 566 0	0. 152 3	0. 002 3
31	76. 144	0. 013 1	500. 957	6. 579 1	0. 152 0	0. 002 0
32	87. 565	0. 011 4	577. 100	6. 590 5	0. 151 7	0. 001 7
33	100. 700	0. 009 9	664. 666	6. 600 5	0. 151 5	0. 001 5
34	115. 805	0. 008 6	765. 365	6. 609 1	0. 151 3	0. 001 3
35	133. 176	0. 007 5	881. 170	6. 616 6	0. 151 1	0. 001 1

20%的复利系数表

年份	一次支付		等额系列			
	终值系数	现值系数	年金终值系数	年金现值系数	资本回收系数	偿债基金系数
n	F/P，i，n	P/F，i，n	F/A，i，n	P/A，i，n	A/P，i，n	A/F，i，n
1	1. 200	0. 833 3	1. 000	0. 833 3	1. 200 0	1. 000 0
2	1. 440	0. 684 5	2. 200	1. 527 8	0. 654 6	0. 454 6
3	1. 728	0. 578 7	3. 640	2. 106 5	0. 474 7	0. 274 7
4	2. 074	0. 482 3	5. 368	2. 588 7	0. 386 3	0. 196 3
5	2. 488	0. 401 9	7. 442	2. 990 6	0. 334 4	0. 134 4
6	2. 986	0. 334 9	9. 930	3. 325 5	0. 300 7	0. 100 7
7	3. 583	0. 279 1	12. 916	3. 604 6	0. 277 4	0. 077 4
8	4. 300	0. 232 6	16. 499	3. 837 2	0. 260 6	0. 060 6
9	5. 160	0. 193 8	20. 799	4. 031 0	0. 248 1	0. 048 1
10	6. 192	0. 161 5	25. 959	4. 192 5	0. 238 5	0. 038 5
11	7. 430	0. 134 6	32. 150	4. 327 1	0. 231 1	0. 031 1
12	8. 916	0. 112 2	39. 581	4. 439 2	0. 225 3	0. 025 3
13	10. 699	0. 093 5	48. 497	4. 532 7	0. 220 6	0. 020 6
14	12. 839	0. 077 9	59. 196	4. 610 6	0. 216 9	0. 016 9
15	15. 407	0. 064 9	72. 035	4. 675 5	0. 213 9	0. 013 9
16	18. 488	0. 054 1	87. 442	4. 729 6	0. 211 4	0. 011 4
17	22. 186	0. 045 1	105. 931	4. 774 6	0. 209 5	0. 009 5
18	26. 623	0. 037 6	128. 117	4. 812 2	0. 207 8	0. 007 8
19	31. 948	0. 031 3	154. 740	4. 843 5	0. 206 5	0. 006 5
20	38. 338	0. 026 1	186. 688	4. 869 6	0. 205 4	0. 005 4
21	46. 005	0. 021 7	225. 026	4. 891 3	0. 204 5	0. 004 5
22	55. 206	0. 018 1	271. 031	4. 909 4	0. 203 7	0. 003 7
23	66. 247	0. 015 1	326. 237	4. 924 5	0. 203 1	0. 003 1
24	79. 497	0. 012 6	392. 484	4. 937 1	0. 202 6	0. 002 6
25	95. 396	0. 010 5	471. 981	4. 947 6	0. 202 1	0. 002 1
26	114. 475	0. 008 7	567. 377	4. 956 3	0. 201 8	0. 001 8
27	137. 371	0. 007 3	681. 853	4. 963 6	0. 201 5	0. 001 5
28	164. 845	0. 006 1	819. 223	4. 969 7	0. 201 2	0. 001 2
29	197. 814	0. 005 1	984. 068	4. 974 7	0. 201 0	0. 001 0
30	237. 376	0. 004 2	1 181. 882	4. 978 9	0. 200 9	0. 000 9
31	284. 852	0. 003 5	1 419. 258	4. 982 5	0. 200 7	0. 000 7
32	341. 822	0. 002 9	1 704. 109	4. 985 4	0. 200 6	0. 000 6
33	410. 186	0. 002 4	2 045. 931	4. 987 8	0. 200 5	0. 000 5
34	492. 224	0. 002 0	2 456. 118	4. 989 9	0. 200 4	0. 000 4
35	590. 668	0. 001 7	2 948. 341	4. 991 5	0. 200 3	0. 000 3

25%的复利系数表

年份	一次支付		等额系列			
	终值系数	现值系数	年金终值系数	年金现值系数	资本回收系数	偿债基金系数
n	*F/P*, *i*, *n*	*P/F*, *i*, *n*	*F/A*, *i*, *n*	*P/A*, *i*, *n*	*A/P*, *i*, *n*	*A/F*, *i*, *n*
1	1.250	0.800 0	1.000	0.800 0	1.250 0	1.000 0
2	1.563	0.640 0	2.250	1.440 0	0.694 5	0.444 5
3	1.953	0.512 0	3.813	1.952 0	0.512 3	0.262 3
4	2.441	0.409 6	5.766	2.361 6	0.423 5	0.173 5
5	3.052	0.327 7	8.207	2.689 3	0.371 9	0.121 9
6	3.815	0.262 2	11.259	2.951 4	0.338 8	0.088 8
7	4.678	0.209 7	15.073	3.161 1	0.316 4	0.066 4
8	5.960	0.167 8	19.842	3.328 9	0.300 4	0.050 4
9	7.451	0.134 2	25.802	3.463 1	0.288 8	0.038 8
10	9.313	0.107 4	33.253	3.570 5	0.280 1	0.030 1
11	11.642	0.085 9	42.566	3.656 4	0.273 5	0.023 5
12	14.552	0.068 7	54.208	3.725 1	0.268 5	0.018 5
13	18.190	0.055 0	68.760	3.780 1	0.264 6	0.014 6
14	22.737	0.044 0	86.949	3.824 1	0.261 5	0.011 5
15	28.422	0.035 2	109.687	3.859 3	0.259 1	0.009 1
16	35.527	0.028 2	138.109	3.887 4	0.257 3	0.007 3
17	44.409	0.022 5	173.636	3.909 9	0.255 8	0.005 8
18	55.511	0.018 0	218.045	3.928 0	0.254 6	0.004 6
19	69.389	0.014 4	273.556	3.942 4	0.253 7	0.003 7
20	86.736	0.011 5	342.945	3.953 9	0.252 9	0.002 9
21	108.420	0.009 2	429.681	3.963 1	0.252 3	0.002 3
22	135.525	0.007 4	538.101	3.970 5	0.251 9	0.001 9
23	169.407	0.005 9	673.626	3.976 4	0.251 5	0.001 5
24	211.758	0.004 7	843.033	3.981 1	0.251 1	0.001 2
25	264.698	0.003 8	1 054.791	3.984 9	0.251 0	0.001 0
26	330.872	0.003 0	1 319.489	3.987 9	0.250 8	0.000 8
27	413.590	0.002 4	1 650.361	3.990 3	0.250 6	0.000 6
28	516.988	0.001 9	2 063.952	3.992 3	0.250 5	0.000 5
29	646.235	0.001 6	2 580.939	3.993 8	0.250 4	0.000 4
30	807.794	0.001 2	3 227.174	3.995 1	0.250 3	0.000 3
31	1 009.742	0.001 0	4 034.968	3.996 0	0.250 3	0.000 3
32	1 262.177	0.000 8	5 044.710	3.996 8	0.250 2	0.000 2
33	1 577.722	0.000 6	6 306.887	3.997 5	0.250 2	0.000 2
34	1 972.152	0.000 5	7 884.609	3.998 0	0.250 1	0.000 1
35	2 465.190	0.000 4	9 856.761	3.998 4	0.250 1	0.000 1

30%的复利系数表

年份	一次支付		等额系列			
	终值系数	现值系数	年金终值系数	年金现值系数	资本回收系数	偿债基金系数
n	F/P, i, n	P/F, i, n	F/A, i, n	P/A, i, n	A/P, i, n	A/F, i, n
1	1.300	0.769 2	1.000	0.769 2	1.300 0	1.000 0
2	1.690	0.591 7	2.300	1.361 0	0.734 8	0.434 8
3	2.197	0.455 2	3.990	1.816 1	0.550 6	0.250 6
4	2.856	0.350 1	6.187	2.166 3	0.461 6	0.161 6
5	3.713	0.269 3	9.043	2.435 6	0.410 6	0.110 6
6	4.827	0.207 2	12.756	2.642 8	0.378 4	0.078 4
7	6.275	0.159 4	17.583	2.802 1	0.356 9	0.056 9
8	8.157	0.122 6	23.858	2.924 7	0.341 9	0.041 9
9	10.605	0.094 3	32.015	3.019 0	0.332 1	0.031 2
10	13.786	0.072 5	42.620	3.091 5	0.323 5	0.023 5
11	17.922	0.055 8	65.405	3.147 3	0.317 7	0.017 7
12	23.298	0.042 9	74.327	3.190 3	0.313 5	0.013 5
13	30.288	0.033 0	97.625	3.223 3	0.310 3	0.010 3
14	39.374	0.025 4	127.913	3.248 7	0.307 8	0.007 8
15	51.186	0.019 5	167.286	3.268 2	0.306 0	0.006 0
16	66.542	0.015 0	218.472	3.283 2	0.304 6	0.004 6
17	86.504	0.011 6	285.014	3.294 8	0.303 5	0.003 5
18	112.455	0.008 9	371.518	3.303 7	0.302 7	0.002 7
19	146.192	0.006 9	483.973	3.310 5	0.302 1	0.002 1
20	190.050	0.005 3	630.165	3.315 8	0.301 6	0.001 6
21	247.065	0.004 1	820.215	3.319 9	0.301 2	0.001 2
22	321.184	0.003 1	1 067.280	3.323 0	0.300 9	0.000 9
23	417.539	0.002 4	1 388.464	3.325 4	0.300 7	0.000 7
24	542.801	0.001 9	1 806.003	3.327 2	0.300 6	0.000 6
25	705.641	0.001 4	2 348.803	3.328 6	0.300 4	0.000 4
26	917.333	0.001 1	3 054.444	3.329 7	0.300 3	0.000 3
27	1 192.533	0.000 8	3 971.778	3.330 5	0.300 3	0.000 3
28	1 550.293	0.000 7	5 164.311	3.331 2	0.300 2	0.000 2
29	2 015.381	0.000 5	6 714.604	3.331 7	0.300 2	0.000 2
30	2 619.996	0.000 4	8 729.985	3.332 1	0.300 1	0.000 1
31	3 405.994	0.000 3	11 349.981	3.332 4	0.300 1	0.000 1
32	4 427.793	0.000 2	14 755.975	3.332 6	0.300 1	0.000 1
33	5 756.130	0.000 2	19 183.768	3.332 8	0.300 1	0.000 1
34	7 482.970	0.000 1	24 939.899	3.332 9	0.300 1	0.000 1
35	9 727.860	0.000 1	32 422.868	3.333 0	0.300 0	0.000 0

35%的复利系数表

年份	一次支付		等额系列			
	终值系数	现值系数	年金终值系数	年金现值系数	资本回收系数	偿债基金系数
n	*F/P, i, n*	*P/F, i, n*	*F/A, i, n*	*P/A, i, n*	*A/P, i, n*	*A/F, i, n*
1	1.350 0	0.740 7	1.000 0	0.740 4	1.350 0	1.000 0
2	1.822 5	0.548 7	2.350 0	1.289 4	0.775 5	0.425 5
3	2.460 4	0.406 4	4.172 5	1.695 9	0.589 7	0.239 7
4	3.321 5	0.301 1	6.632 9	1.996 9	0.500 8	0.150 8
5	4.484 0	0.223 0	9.954 4	2.220 0	0.450 5	0.100 5
6	6.053 4	0.165 2	14.438 4	2.385 2	0.419 3	0.069 3
7	8.172 2	0.122 4	20.491 9	2.507 5	0.398 8	0.048 8
8	11.032 4	0.090 6	28.664 0	2.598 2	0.384 9	0.034 9
9	14.893 7	0.067 1	39.696 4	2.665 3	0.375 2	0.025 2
10	20.106 6	0.049 7	54.590 2	2.715 0	0.368 3	0.018 3
11	27.149 3	0.036 8	74.697 6	2.751 9	0.363 4	0.013 4
12	36.644 2	0.027 3	101.840 6	2.779 2	0.359 8	0.009 8
13	49.469 7	0.020 2	138.484 8	2.799 4	0.357 2	0.007 2
14	66.784 1	0.015 0	187.954 4	2.814 4	0.355 3	0.005 3
15	90.158 5	0.011 1	254.738 5	2.825 5	0.353 9	0.003 9
16	121.713 9	0.008 2	344.897 0	2.833 7	0.352 9	0.002 9
17	164.313 8	0.006 1	466.610 9	2.839 8	0.352 1	0.002 1
18	221.823 6	0.004 5	630.924 7	2.844 3	0.351 6	0.001 6
19	299.461 9	0.003 3	852.748 3	2.847 6	0.351 2	0.001 2
20	404.273 6	0.002 5	1 152.210 3	2.850 1	0.350 9	0.000 9
21	545.769 3	0.001 8	1 556.483 8	2.851 9	0.350 6	0.000 6
22	736.788 6	0.001 4	2 102.253 2	2.853 3	0.350 5	0.000 5
23	994.664 6	0.001 0	2 839.041 8	2.854 3	0.350 4	0.000 4
24	1 342.797	0.000 7	3 833.706 4	2.855 0	0.350 3	0.000 3
25	1 812.776	0.000 6	5 176.503 7	2.855 6	0.350 2	0.000 2
26	2 447.248	0.000 4	6 989.280 0	2.856 0	0.350 1	0.000 1
27	3 303.785	0.000 3	9 436.528 0	2.856 3	0.350 1	0.000 1
28	4 460.110	0.000 2	12 740.313	2.856 5	0.350 1	0.000 1
29	6 021.148	0.000 2	17 200.422	2.856 7	0.350 1	0.000 1
30	8 128.550	0.000 1	23 221.570	2.856 8	0.350 0	0.000 0
31	10 973.54	0.000 1	31 350.120	2.856 9	0.350 0	0.000 0
32	14 814.28	0.000 1	42 323.661	2.856 9	0.350 0	0.000 0
33	19 999.28	0.000 1	57 137.943	2.857 0	0.350 0	0.000 0
34	26 999.03	0.000 0	77 137.223	2.857 0	0.350 0	0.000 0
35	36 448.69	0.000 0	104 136.250	2.857 1	0.350 0	0.000 0

40%的复利系数表

年份	一次支付		等额系列			
	终值系数	现值系数	年金终值系数	年金现值系数	资本回收系数	偿债基金系数
n	*F/P*, *i*, *n*	*P/F*, *i*, *n*	*F/A*, *i*, *n*	*P/A*, *i*, *n*	*A/P*, *i*, *n*	*A/F*, *i*, *n*
1	1.400	0.714 3	1.000	0.714 3	1.400 1	1.000 1
2	1.960	0.510 3	2.400	1.224 5	0.816 7	0.416 7
3	2.744	0.365 4	4.360	1.589 0	0.629 4	0.229 4
4	3.842	0.260 4	7.104	1.849 3	0.540 8	0.140 8
5	5.378	0.186 0	10.946	2.035 2	0.491 4	0.091 4
6	7.530	0.132 9	16.324	2.168 0	0.461 3	0.061 3
7	10.541	0.094 9	23.853	2.262 9	0.442 0	0.042 0
8	14.758	0.067 8	34.395	2.330 6	0.429 1	0.029 1
9	20.661	0.048 5	49.153	2.379 0	0.420 4	0.020 4
10	28.925	0.034 6	69.814	2.413 6	0.414 4	0.014 4
11	40.496	0.024 7	98.739	2.438 3	0.410 2	0.010 2
12	56.694	0.017 7	139.234	2.456 0	0.407 2	0.007 2
13	79.371	0.012 6	195.928	2.468 6	0.405 2	0.005 2
14	111.120	0.009 0	275.299	2.477 5	0.403 7	0.003 7
15	155.568	0.006 5	386.419	2.484 0	0.402 6	0.002 6
16	217.794	0.004 6	541.986	2.488 6	0.401 9	0.001 9
17	304.912	0.003 3	759.780	2.491 8	0.401 4	0.001 4
18	426.877	0.002 4	106.697	2.494 2	0.401 0	0.001 0
19	597.627	0.001 7	1 491.567	2.495 9	0.400 7	0.000 7
20	836.678	0.001 2	2 089.195	2.497 1	0.400 5	0.000 5
21	1 171.348	0.000 9	2 925.871	2.497 9	0.400 4	0.000 4
22	1 639.887	0.000 7	4 097.218	2.498 5	0.400 3	0.000 3
23	2 295.842	0.000 5	5 373.105	2.499 0	0.400 2	0.000 2
24	3 214.178	0.000 4	8 032.945	2.499 3	0.400 2	0.000 2
25	4 499.847	0.000 3	11 247.110	2.499 5	0.400 1	0.000 1
26	6 299.785	0.000 2	15 746.960	2.499 7	0.400 1	0.000 1
27	8 819.695	0.000 2	22 046.730	2.499 8	0.400 1	0.000 1
28	12 347.570	0.000 1	30 866.430	2.499 8	0.400 1	0.000 1
29	17 286.590	0.000 1	43 213.990	2.499 9	0.400 1	0.000 1
30	24 201.230	0.000 1	60 500.580	2.499 9	0.400 1	0.000 1

45%的复利系数表

年份	一次支付		等额系列			
	终值系数	现值系数	年金终值系数	年金现值系数	资本回收系数	偿债基金系数
n	*F/P*，*i*，*n*	*P/F*，*i*，*n*	*F/A*，*i*，*n*	*P/A*，*i*，*n*	*A/P*，*i*，*n*	*A/F*，*i*，*n*
1	1.450 0	0.689 7	1.000	0.690	1.450 00	1.000 00
2	2.102 5	0.475 6	2.450	1.165	0.858 16	0.408 16
3	3.048 6	0.328 0	4.552	1.493	0.669 66	0.219 66
4	4.420 5	0.226 2	7.601	1.720	0.581 56	0.131 56
5	6.409 7	0.156 0	12.022	1.867	0.533 18	0.083 18
6	9.294 1	0.107 6	18.431	1.983	0.504 26	0.054 26
7	13.476 5	0.074 2	27.725	2.057	0.486 07	0.036 07
8	19.540 9	0.051 2	41.202	2.109	0.474 27	0.024 27
9	28.334 3	0.035 3	60.743	2.144	0.466 46	0.016 46
10	41.084 7	0.024 3	89.077	2.158	0.461 23	0.011 23
11	59.572 8	0.016 8	130.162	2.168	0.457 68	0.007 68
12	86.380 6	0.011 6	189.735	2.196	0.455 27	0.005 27
13	125.251 8	0.008 0	267.115	2.024	0.453 26	0.003 62
14	181.615 1	0.005 5	401.367	2.210	0.452 49	0.002 49
15	263.341 9	0.003 8	582.982	2.214	0.451 72	0.001 72
16	381.845 8	0.002 6	846.324	2.216	0.451 18	0.001 18
17	553.676 4	0.001 8	1 228.170	2.218	0.450 81	0.000 81
18	802.830 8	0.001 2	1 781.846	2.219	0.450 56	0.000 56
19	1 164.104 7	0.000 9	2 584.677	2.220	0.450 39	0.000 39
20	1 687.951 8	0.000 6	3 748.782	2.221	0.450 27	0.000 27
21	2 447.530 1	0.000 4	5 436.743	2.221	0.450 18	0.000 18
22	3 548.918 7	0.000 3	7 884.246	2.222	0.450 13	0.000 13
23	5 145.932 1	0.000 2	11 433.182	2.222	0.450 09	0.000 09
24	7 461.601 5	0.000 1	16 579.115	2.222	0.450 06	0.000 06
25	10 819.322 0	0.000 1	24 040.716	2.222	0.450 04	0.000 04
26	15 688.017 0	0.000 1	34 860.038	2.222	0.450 03	0.000 03
27	22 747.625 0	0.000 0	50 548.056	2.222	0.450 02	0.000 02
28	32 984.056 0		73 295.681	2.222	0.450 01	0.000 01
29	47 826.882 0		106 279.740	2.222	0.450 01	0.000 01
30	69 348.978 0		154 106.620	2.222	0.450 01	0.000 01

50%的复利系数表

年份	一次支付		等额系列			
	终值系数	现值系数	年金终值系数	年金现值系数	资本回收系数	偿债基金系数
n	$F/P, i, n$	$P/F, i, n$	$F/A, i, n$	$P/A, i, n$	$A/P, i, n$	$A/F, i, n$
1	1.500 0	0.666 7	1.000	0.667	1.500 00	1.000 00
2	2.250 0	0.444 4	2.500	1.111	0.900 00	0.400 00
3	3.375 0	0.296 3	4.750	1.407	0.710 53	0.210 53
4	5.062 5	0.197 5	8.125	1.605	0.623 03	0.123 08
5	7.593 8	0.131 7	13.188	1.737	0.575 83	0.075 83
6	11.390 6	0.087 8	20.781	1.824	0.548 12	0.048 12
7	17.085 9	0.058 5	32.172	1.883	0.531 08	0.031 08
8	25.628 9	0.039 0	49.258	1.922	0.520 30	0.020 30
9	38.443 4	0.026 0	74.887	1.948	0.513 35	0.013 35
10	57.665 0	0.017 3	113.330	1.965	0.508 82	0.008 82
11	86.497 6	0.011 6	170.995	1.977	0.505 85	0.005 85
12	129.746 3	0.007 7	257.493	1.985	0.503 88	0.003 88
13	194.619 5	0.005 1	387.239	1.990	0.502 58	0.002 58
14	291.929 3	0.003 4	581.859	1.993	0.501 72	0.001 72
15	437.893 9	0.002 3	873.788	1.995	0.501 14	0.001 14
16	656.840 8	0.001 5	1 311.682	1.997	0.500 76	0.000 76
17	985.261 3	0.001 0	1 968.523	1.998	0.500 51	0.000 51
18	1 477.891 9	0.000 7	2 953.784	1.999	0.500 34	0.000 34
19	2 216.837 8	0.000 5	4 431.676	1.999	0.500 23	0.000 23
20	3 325.256 7	0.000 3	6 648.513	1.999	0.500 15	0.000 15
21	4 987.885 1	0.000 2	9 973.770	2.000	0.500 10	0.000 10
22	7 481.827 6	0.000 1	14 961.655	2.000	0.500 07	0.000 07
23	11 222.742 0	0.000 1	22 443.483	2.000	0.500 04	0.000 04
24	16 834.112 0	0.000 1	33 666.224	2.000	0.500 03	0.000 03
25	25 251.168 0	0.000 0	50 500.337	2.000	0.500 02	0.000 02

参考文献

[1] 齐宝库，黄如宝．工程造价案例分析［M］．北京：中国城市出版社，2010.
[2] 潘艳珠．工程技术经济［M］．北京：机械工业出版社，2010.
[3] 渠晓伟．建筑工程经济［M］．北京：机械工业出版社，2007.
[4] 时思．工程经济学［M］．北京：科学出版社，2004.
[5] 赵阳，齐晓琳，孙秀伟．工程经济学［M］．北京：北京理工大学出版社，2009.
[6] 徐佳芳．建筑施工企业会计［M］．北京：中国建筑工业出版社，2008.
[7] 吴锋，叶锋．工程经济学［M］．北京：机械工业出版社，2006.
[8] 刘晓君，刘洪玉．工程经济学［M］．北京：中国建筑工业出版社，2007.
[9] 蒋太才．技术经济学基础［M］．北京：清华大学出版社，2006.
[10] 田恒久．工程经济学［M］．武汉：武汉理工大学出版社，2004.
[11] 刘玉明．工程经济学［M］．北京：清华大学出版社，北京交通大学出版社，2006.
[12] 全国造价工程师职业资格考试培训教材编审组．工程造价管理基础理论与相关法规．北京：中国计划出版社，2006.
[13] 于立君．建筑技术经济分析［M］．北京：中国建筑工业出版社，2007.
[14] 关柯．建筑工程经济与企业管理［M］．北京：中国建筑工业出版社，2008.
[15] 全国一级建造师职业资格考试用书编写委员会．建设工程经济［M］．北京：中国建筑工业出版社，2006.
[16] 章喆，胡毓．建筑工程经济［M］．郑州：黄河水利出版社，2010.
[17] 张宜松．建筑工程经济与管理［M］．北京：化学工业出版社，2009.
[18] 潘艳珠，侯聪霞．工程经济学［M］．北京：清华大学出版社，2006.
[19] 刘伊生．工程造价管理基础理论与相关法规［M］．北京：中国计划出版社，2009.
[20] 缪长江．建设工程经济［M］．北京：中国建筑工业出版社，2010.
[21] 周慧珍．投资项目评估［M］. 2 版．大连：东北财经大学出版社，1999.
[22] 王力．项目评估［M］．大连：东北财经大学出版社，2004.
[23] 张勤，张建高．水工程济经［M］. 7 版．北京：中国建筑工业出版社，2007.
[24] 全国造价工程师执业资格考试培训教材编审委员会．工程造价案例分析［M］．北京：中国城市出版社，2003.
[25] 注册资询工程师（投资）考试教材编写委员会．项目决策分析与评价［M］．北京：中国计划出版社，2003.
[26] 全国造价工程师执业资格考试培训教材编审委员会。工程造价计价与控制［M］．北京：中国计划出版社，2009.
[27] 全国建筑业企业项目经理培训教材编审委员会．施工项目成本管理［M］．北京：中国建筑工业出版社，2005.
[28] 陈金良．工程经济与工程财务［M］．北京：中国水利水电出版社，2011.
[29] 袁建国．财务管理［M］．大连：东北财经大学出版社，2003.
[30] 徐道宣．财务管理［M］．北京：科学出版社，2004.
[31] 田家富．基础会计［M］．北京：科学出版社，2004.
[32] 刘晓君．建筑技术经济学［M］．北京：中国建筑工业出版社，2003.